Antonius Anthus

Vorlesungen über die Esskunst

Die Andere Bibliothek

Begründet von Hans Magnus Enzensberger

»Ernst ist das Leben, heiter ist die Kunst.«

Antonius Anthus
Vorlesungen über die Eßkunst

Herausgegeben und mit einem Nachwort versehen
von Alain Claude Sulzer

Mit Vignetten von Stephan Jon Tramèr

Eichborn Verlag Frankfurt am Main 2006

ISBN 3-8218-4578-3

Inhalt

Vorwort
Seite 7

Erste Vorlesung
Einleitendes – Weltanschauung des Eßkünstlers – Begriff, Wert und Bedeutung der Eßkunst
Seite 9

Zweite Vorlesung
Geschichtliches
Seite 27

Dritte Vorlesung
Ethnographisches
Seite 47

Vierte Vorlesung
Verhältnis der Eßkunst zu den andern schönen Künsten
Seite 73

Fünfte Vorlesung
Moralische Beziehungen
Seite 99

Sechste Vorlesung
Diätetik des Eßkünstlers
Seite 119

Siebente Vorlesung
Prinzip der Eßkunst
Seite 141

Achte Vorlesung
Elementarunterricht
Seite 165

NEUNTE VORLESUNG
Höhere Kunstregeln
Seite 191

ZEHNTE VORLESUNG
Spezielle Eßbarkeiten
Seite 215

ELFTE VORLESUNG
Vom Trinken
Seite 241

ZWÖLFTE VORLESUNG
Schlußbetrachtungen
Seite 263

Anmerkungen
Seite 275

Alain Claude Sulzer
Gipfel und Blüte der Eßkunst
Seite 299

Zu den Autoren
Seite 315

Zu den Vignetten
Seite 315

Vorwort

In der teuren und werten Stadt, innerhalb deren Ringmauern ich den schönsten Teil meiner Tage verlebte, hatte sich ein Verein mehrerer kunstsinniger und gelehrter Eßliebhaber gebildet, welche am ersten Sonnabend eines jeden Monats wechselsweise bei einem der Mitglieder zu einem ausgewählten Mahl sich zu versammeln und über mancherlei Kunstgegenstände freundlich zu unterhalten pflegten. Ich hatte die unverdiente Ehre, Mitglied dieses schönen Vereins zu sein.

Dieses Beisammensein war viel zu anmutig, als daß man sobald nach vollbrachtem Essen sich hätte trennen mögen. Einige ältere Mitglieder waren aber ihr Mittagsschläfchen gewohnt, welches sie nicht aufzugeben willens waren. Von diesen ging der Vorschlag aus: Da die durchdachten Satzungen der Gesellschaft das Spiel nach Tisch untersagten, so möchte es sich wohl eignen, dem Essen Vorträge über das Essen folgen zu lassen und das Ganze mit schönem Trinken zu beschließen.

Der Antrag fand Beifall, und das Los, diese Vorträge zu halten, traf mich.

Keines der vorhandenen Lehrbücher – heißt es in hundert Vorreden – genügte mir; ich mußte also selbst eins schreiben. Mir konnte um so weniger eines genügen, weil noch gar keins da ist. So entstanden denn diese Vorlesungen, welche ich, überarbeitet, lediglich deshalb dem Druck übergebe, weil ich dem gar zu starken, jahrelangen Andringen der sehr verehrten Herren, welche sie mit ihrer Gegenwart beehrt hatten, nicht länger zu widerstehen vermag. Denn ich bin ein Mensch und trage ein Herz im Busen.

Wie manche Schwierigkeiten ein nicht selbstgewählter, sondern äußerlich gegebener Stoff zu überwinden gibt, erfahren die Künstler öfter, als ihnen lieb ist. Inwiefern es mir nun gelang, meiner Aufgabe zu entsprechen, unterstelle ich – unbeschadet meiner eigenen Meinung, die ich für mich behalte – einer besseren Einsicht meiner sehr verehrten Leser.

Eine Rechtfertigung ist oft von einer Entschuldigung kaum zu unterscheiden und nützt gerade da am wenigsten, wo sie am nötigsten scheint. So begnüge ich mich denn, nur noch zu bemerken, daß vorliegendes Büchlein nicht bei nüchternem Magen oder im Zustande des Hungerns, sondern am füglichsten nach Tisch, und zwar nicht auf einmal, sondern nach und nach zu lesen wäre.

Wollte ein und der andere meiner sehr verehrten Leser diese Vorlesungen vorlesen, so würde er, wenn er sie vorher durchgelesen, finden, daß sie manche deklamatorisch dankbaren und ausdrucksvollen Stellen enthielten und daß man noch allerlei heraus- und hineinlesen könnte.

Übrigens sind sie zwar zunächst für sinnige Eßliebhaber bestimmt, doch wird auch jeder Gelehrte und Künstler, der Philosoph, Zahnarzt, Philolog und Pädagog, Bürstenbinder, Chemiker, Koch, Staatsmann, Gastwirt, Messerschmied, Schauspieler, Wurstfabrikant etc., kurz jeder Gebildete wohl dies und jenes ihm speziell Zusagende oder nicht Zusagende darinnen antreffen. Und hiermit sei der geneigte Leser Gott befohlen, oder wie man sonst gar lieb sagte: *Vale faveque, lector benevole!*

»Der Verfasser« oder »Antonius Anthus« pflegt man unter die Vorreden zu schreiben, um, gleich nach dem Titelblatt, seinen werten Namen nochmals anzubringen.

Weltanschauung des Eßkünstlers – Begriff, Wert und Bedeutung der Eßkunst

GOETHE LÄSST in seinen »Wahlverwandtschaften« den Architekten sagen: »Wenn Sie wüßten, wie roh selbst gebildete Menschen sich gegen die schätzbarsten Kunstwerke verhalten, Sie würden mir verzeihen, wenn ich die meinigen nicht unter die Menge bringen mag. Niemand weiß eine Medaille am Rand anzufassen; sie betasten das schönste Gepräge, den reinsten Grund, lassen die köstlichsten Stücke zwischen dem Daumen und Zeigefinger hin- und hergehen, als wenn man Kunstformen auf diese Weise prüfte. Ohne daran zu denken, daß man ein großes Blatt mit zwei Händen anfassen müsse, greifen sie mit einer Hand nach einem unschätzbaren Kupferstich, einer unersetzlichen Zeichnung usw.«

Es ist mit dem Essen geradeso. Da stopft einer gedankenlos zu jedem Bissen und überhaupt so viel Brot in den Mund, daß er unmöglich den spezifischen Geschmack irgendeiner Speise perzipieren kann. Sein Nachbar zerreißt, Grimm im Antlitz, mit kannibalischer Roheit einen Krebs, an die qualvolle Hinrichtung Ravaillacs erinnernd, des fanatischen Mörders jenes Gütigsten der Könige, welcher jedem seiner Untertanen ein Huhn im Reis wünschte. Unterdessen ist ein dritter noch beim Rindfleisch und versichert, mit der Gabel in der rechten Hand, habe er gesottenes Rindfleisch, so frage er nach nichts weiter. Wenn nur, meint er, der frische Gurkensalat ausgepreßt worden wäre, so wäre er besser. Ein anderer kaut mit vieler Anstrengung den harten Teig einer Straßburger Gänseleberpastete und meint, er äße was. Leute, welche sich anmaßen, tranchieren zu können, ermangeln der ersten Grundbegriffe und schneiden das Fleisch parallel mit der Faser. Der spricht bei einem Gansbauch wehmütig von dem Tod seiner Frau und von der Vergänglichkeit alles Irdischen, jener hält jedes Wort für einen verlornen Bissen und verschlingt, düster kauend, fünferlei zugleich.

So sieht man denn selbst sogenannte Gebildete – subjektiv stumpf, objektiv peinigend – ganz ohne Bewußtsein, ohne Sinn, Gefühl, Plan und Gedanken, ja selbst ohne Behagen die lieblichsten, durch die Natur vorgebildeten, durch die Kochkunst veredelten Produkte naturalistisch und roh sich aneignen. In Anerkennung dieser Tatsachen begegnen sich selbst die sonst durchaus und entschieden verschiedenen Charaktere Börne und Rumohr in der bestimmtesten, um so gewichtigeren, Übereinstimmung.

Und doch verhält sich keine willkürliche Tätigkeit des Menschen Sein und Art des Seins so unmittelbar bedingend und modifizierend. Wie aber Millionen Nichtblinde sterben, ohne sehen gelernt zu haben, also auch ißt eine gleiche Legion, ohne zu schmecken, bis sie nicht mehr ißt. »Ach, er ißt nicht mehr«, sagt man mit menschlicher Wehmut, wenn ein Mensch aufgehört hat zu essen, d.h. zu sein. Diese nahe an Identität streifende Verschmelzung des Bedingenden mit dem Bedingten hat auch die scharf klare römische Sprache längst erkannt und deshalb auch ein Wort für Sein und Essen, welches letztere denn buchstäblich der deutschen Zunge sich einverleibte.

Hunger und Liebe hält nach Schiller die Welt zusammen, und Goethe sagt in seiner Künstler-Apotheose bedeutungsvoll:

»So lang er kau'n und küssen kann.«

Somit und auch durch die Allgemeinheit der unbedingten Anerkennung ist zwar das leer Absolute der Eßnotwendigkeit, als gemeiner Notdurft, schlechthin zugestanden, aber das Essen weder in seiner Natur- noch Kunst-Bedeutung irgend begriffen.

Sollten die Nationen ewig in dieser Borniertheit verharren, soll es nie tagen, soll der Instinkt sich nie zum Bewußtsein verklären?

Ein passionierter Kunst- und Menschenfreund, kann ich den Jammer nicht länger mit ansehen und entledige mich dieses Dranges, indem ich der Nachsicht einer sehr verehrten Versammlung das ergebenst empfehle, was ich über diesen Gegenstand erfahren und gedacht und mitzuteilen eben im Begriff stehe.

Bekanntlich sieht die Natur gerade so aus, wie man sie anschaut. Welt und Weltanschauung sind zwar zwei ganz verschiedene Dinge, aber trotzdem ist die Welt relativ um kein Haar anders, als sie angeschaut wird, ja für den einzelnen genau so, wie er dressiert wurde, sie zu betrachten. Als ich ein Knabe war, sah ich, wie mir's vom Schulmeister gesagt worden war, in der Natur Stein-, Pflanzen- und Tierreich oder, wie es hieß, Wesen, welche nicht leben und nicht empfinden, Wesen, welche leben aber nicht empfinden, und Wesen, welche leben und empfinden. Welche Beschränktheit, welche Unrichtigkeiten, welche Trivialitäten! Für die Weltanschauung des Essers ist dergleichen völlig unfruchtbar, höchstens geht daraus, in Beziehung auf das Menschenreich, das wenig tröstliche Resultat hervor, daß sehr viele Mitglieder desselben weder zu empfinden noch zu leben wissen.

Eine lebendigere, freundlichere, höhere und jedenfalls appetitliche Lebensansicht sieht die Natur zunächst als genießbar an. Die ungenießbare Natur kommt dabei kaum in Betracht. Denn die Sache scheint durch die nicht unbeträchtliche Anzahl derer, welche im Entwicklungsgange des Menschengeschlechts auf dem Wege des Experiments zur Ermittlung des Genießbaren zufällig in Ungenießbares bissen und deshalb ins Gras beißen mußten, größtenteils schon erledigt. – Auch die Eßkunst hat ihre Märtyrer. – Wollte man darüber klagen, daß in jenen Urzeiten noch keine medizinische Fakultät existierte, so könnte vielleicht zur Beruhigung dienen, daß später von derselben auf demselben Wege das Versäumte mit Wucher eingebracht wurde.

Beliebter Kürze willen der Triplizität von Mineral, Pflanze und Tier folgend, sehen wir auf jener ersten Stufe Wesen, welche, mit Ausnahme des Salzes und Wassers, weder eßbar sind noch essen; auf der zweiten eßbare, aber nicht essende Wesen; auf der dritten Stufe endlich Wesen, welche essen und gegessen werden.

Der zivilisierte Mensch erhebt sich zur höchsten Stufe, indem er zwar infolge seiner höheren Organisation notwendig auch der Eigenschaft nicht ermangeln darf, eßbar zu sein, dies jedoch ist und ißt, ohne selber gegessen zu werden, es müßte denn von Unzivilisierten geschehen.

Man tadle die nach dieser Einteilung sich ergebenden geringen Ausnahmen nicht. Wohl uns und der Wissenschaft, wenn nur irgendeine der vielen naturhistorischen Klassifikationen sich derselben Bestimmtheit, Einfachheit, Schärfe und strengen Ordnung erfreute, wie die eben ausgesprochene!

So betrachtet denn der Eßkünstler Himmel, Erde und Meer als Speisekammer und die drei Reiche der Natur als verschiedene Fächer derselben und, mit Ausnahme des wenigen, bedeutungslosen Ungenießbaren, alle Wesen als eßbar oder doch mitessend. Welch eine lebendige, liebliche Fülle der Betrachtung, welcher Reichtum von Assonanzen und Assoziationen des Genusses aller Art, nur einigermaßen getrübt durch den Seitenblick auf das sterile Mineralreich, welches, als solches und unmittelbar, verhältnismäßig so wenig kontribuiert. Und doch, wie wichtig und unentbehrlich ist dies wenige: Wasser und Salz, ohne die man nicht kochen kann.

Bedeutungsvolle Wahrheiten ergeben sich durch die sich nun erschließenden Naturgesetze: Wie unter den Planeten der stärkere sich zum Herrn des schwächeren macht und diesen zwingt, um ihn herumzulaufen – er selber läuft wieder um die Sonne –, so essen sich auch die den Erdball bewohnenden Naturwesen je nach Rang und Stand, und zwar auch so, daß je immer die Subalternen gegessen werden – bis zum Menschen herauf, der sie so ziemlich alle ißt. Das gegessene Naturwesen wird auf diese Weise immer einem höheren Organismus assimiliert, und jedes Natur-Avancement wird somit durch das Essen vermittelt. Das Essen bezweckt also Aneignung von Stoffen aus der Außenwelt zum Behuf der Perfektion. Je höher das Wesen, um so willkürlicher, mannigfaltiger, geschmackvoller kann es essen. Das unvollkommene Tier, und so auch der menschliche Säugling, assimiliert zunächst nur Flüssiges. Daß der Strauß Steine frißt, spricht nicht für dessen größere Vervollkommnung.

Je unvollkommener eine Organisation ist, desto weniger hat sie einen individualisierten Eßapparat, desto weniger ist sie geschickt, das Nahrungsmittel vorher selbst vorzubereiten. Je höher, je vielseitiger entwickelt eine Organisation, um so vielfacherer und edlerer Nahrung ist sie bedürftig und fähig, und kochen und braten kann bloß der Mensch!

Mit welchem Hochgefühl kann der Mensch auf die Wesen unter ihm herabschauen! Welche Beschränktheit, Einseitigkeit, ja langweilige Einerleiheit der niederen Eßverhältnisse! So ist der Seidenwurm auf den Maulbeerbaum, selbst das edle Roß auf Heu und Hafer beschränkt!

Daß bei den Pflanzen von keinem eigentlichen Essen die Rede sein kann, wird sich aus dem Begriffe des Essens später ergeben. Die *Dionaea muscipula* fängt zwar Mücken, weiß sie aber nicht zu essen. Indessen scheint doch schon hier eine Eßsehnsucht symbolisch angedeutet und vorgebildet. Wie aber die Gelehrten noch darüber schwitzen, zu bestimmen, wo die Pflanze zum Tier wird, wo die Grenzen des Pflanzen- und Tierreiches festzustecken seien, ebenso schwierig ist es, zu bestimmen, welcher unteren Tierreihe man zuerst die Fähigkeit eines eigentlichen Essens zuzugestehen hat.

Auf der ersten Stufe sind die Zoophyten eigentlich bloße Mägen. Der Polyp, bei dem es erst der Mühe wert ist, anzufangen, zerteilt sich oben in mehrere Arme oder lebendig bewegliche Zweiglein, womit er andere kleinere Wassertierchen hascht und sie zu einem zwischen den Armen stehenden Munde bringt, der zu einer Art Magen führt und ebensowohl zum Einschlucken als auch zum Wiederausstoßen der Excreta dient.

Die bereits ziemlich entwickelten Kauwerkzeuge der Echinodermen befähigen nun schon eher zu eigentlichem Essen.

Bei den Mollusken zeigen sich nach und nach schon Spuren von Zähnen, Lippen, und was die Hauptsache ist: Fühlfäden als Zungen-Vicarii, endlich wirkliche Zähne und etwas entschiedenere Zungen.

Die Gliedertiere wiederholen in ihren unteren Klassen die Unvollkommenheiten der genannten Reihen. Doch entwickelt sich hier der Eßapparat schon bedeutend. So haben die Krustazeen bereits Mandibeln und Maxillen. Die Insekten sind zwar in Beziehung auf das Quantum günstig gestellt, da z. B. Raupen in 24 Stunden wenigstens dreimal soviel zu Leibe nehmen, als sie wiegen. Hier ist scheinbar der Mensch in *désavantage,* aber eben nur scheinbar, wie sich ergeben wird.

Die Fische haben nun schon einen großen Sprung vor den genannten Klassen voraus: tüchtige Zähne, knöcherne Kinnladen und dito Backen, Zungenbein und einen sehr entwickelten Muskelapparat zum Beißen und Kauen. Indessen ist eben doch ihre Zunge noch keine rechte Zunge, kein ausgebildetes Geschmacksorgan. Dies gilt auch von den Amphibien. – Trügt aber nicht alles, so schmeckt es allen diesen Wesen, auch ohne ausgeprägtere Zungen, sehr wohl.

Die Vögel haben zwar einen Schnabel, an dem jedoch eigentliche Zähne fehlen, welcher daher nicht Kau-, sondern Beißorgan ist. Die Artikulationen dieses Schnabels oder dieser Schnäbel sind merklich freier und vollkommner, das Zungenbein nähert sich dem der Mammalien, und doch ist noch nicht bei allen Vögeln die Zunge eigentliches Geschmacksorgan. Es ist gewiß nicht überflüssig, darauf aufmerksam zu machen, daß nicht jede Zunge ein wirkliches Geschmacksorgan ist. Begegnete mir doch erst neulich ein junger Kunstkritiker, der sogar seinen Schnabel für eine Zunge hielt.

Unter den Mammalien erfreuen sich Fledermäuse, Raubtiere, Affen und auch der Mensch – den ich jedoch, wie ich vorsichtigerweise ausdrücklich und nachdrücklich versichere, weit entfernt bin, hierher zu rechnen – aller drei Arten von Zähnen, Unterkieferbewegung und weicher, biegsamer, fleischiger, knorpelloser Zungen sowie Gaumensegel. Interessant sind hier besonders noch die Backentaschen sowie die Mägen der Wiederkäuer.

Viel zu lang wäre es nun, zu beschreiben, auf wie unendlich verschiedene Art und Weise, oft sehr sonderbar, diese Tiere und Tierlein alle zu essen pflegen; als beachtungswert mag aber noch hervorgehoben werden, daß manches für eine Tierart eßbar und gedeihlich ist, welches einer andern Verderben bringt, wie ja auch bei den Menschen dem einen oft etwas schmeckt, welches ein anderer mit aller Anstrengung nicht imstande ist auszuhalten. Bekannt ist die Einteilung in Pflanzenfresser und Fleischfresser. Der Mensch nun ist von der Natur angewiesen, weder ausschließlich Herbivor noch Carnivor zu sein; er soll beides in sich versöhnen und verklären. Nur keine Einseitigkeit! Ebensowenig lauter van Huysums als lauter Wouwermans!

Tiedemann findet einen besondern Grund für diesen doppelten Eßberuf des Menschen darin, daß die Affen, namentlich die Orang-Utangs, deren Digestionsorgane denen des Menschen am ähnlichsten sind, gleichfalls Nahrungsmittel aus beiden Reichen genießen.

Aus dieser zweiseitigen Eßaufgabe des Menschen, deren anatomische und physiologische Begründung ich hier nicht näher nachzuweisen willens bin, werden sich im Verlaufe der Vorlesungen sehr wichtige Eßregeln entwickeln lassen.

Wie aber der Geschmackssinn im Menschen vor allen anderen Sinnen zuerst erwacht und in Tätigkeit tritt, so verläßt er ihn auch zuletzt und tröstet ihn noch mit rührender Treue, wenn die übrigen Sinne schon zu erlöschen beginnen. Welche mächtige Anregung liegt in diesen Verhältnissen zu dessen fleißiger, ernster Ausbildung, und wie dankbar und lohnend ist solches Bestreben!

Alle genannten Tiere nun und, wie man leider nicht in Abrede stellen kann, gar viele Menschen essen zwar, fühlen die Notwendigkeit, zu essen, leben oft bloß, um essen zu können, und leben bloß menschlich, indem sie essen, streben nicht selten unter Risiko der drohendsten Gefahren, etwas zu essen zu bekommen; wenn sie es nun aber haben, verschlucken sie's ohne rechten Genuß, in ungeeigneter Verbindung, mit ungedeihlichem Erfolge, schmeckend und doch geschmacklos, ohne Sinn und Bewußtsein. Gibt es doch der Unglücklichen unter den Menschen nicht wenige, welche gar keinen Begriff davon haben, daß man sich auf das Mittagessen freuen kann, die hastig nur damit fertig zu werden streben und dies mit so wenig Anteil tun, daß sie abends oft nicht mehr wissen, was sie zu Mittag gegessen, denen das Essen, statt ein heiterer, schöner Genuß, ein unangenehmes, lästiges Geschäft zu sein scheint, das sie denn auch auf eine Weise vollbringen, die man nicht ohne das tiefste Mitleid betrachten kann. Wie manche fühlen sich bei einer Einfachheit und Ärmlichkeit befriedigt, welche nahe an das Tierische streift!

Es gibt sonderbare Menschen. Im dritten Teil der 1806 zu Augsburg erschienenen »Unterhaltungen über den Menschen« sagt der Verfasser: »Welcher Nachdenkende könnte ohne Wehmut, daß der Mensch sich so sehr von einfacher Natur entfernen konnte, einen Speisezettel bei dem Restaurateur Very in Paris lesen und darauf 150 Speisen, 55 feine Weine und 25 Liköre finden?« – Es ist gar nicht zu begreifen, wie man hier Wehmut empfinden soll, es müßte denn darüber sein, daß man nicht gleich alle 150 Speisen essen kann.

Andere eifern gegen das Essen, weil sie sich den Magen verdorben haben; der frommen Füchse nicht zu gedenken, welche die zu hoch hängenden Trauben als sauer verschreien.

Eine große Menge derer, welche wohl schmecken und denken könnten, lungern und hungern, durch allerlei transzendenten Wahn verblendet, äffenden ungenießbaren Schaugerichten nach und halten wirkliches Essen für gemeine Notdurft, welcher unterworfen zu sein sie schmerzlichst beklagen. Daß man beim Essen die Lachmuskeln in Bewegung setzen muß, ist ihnen ein Greuel; sie möchten gern die langgezognen ernsthaften Mienen auch beim Essen beibehalten und bedenken nicht, daß nur das Tier stets ernsthaft ist, Lachen aber, wie Kochen, zu den Vorzügen des Menschen gehört. Übrigens vergessen die Leute, daß es ja nur an ihnen liegt, wenn sie im Essen nichts Tieferes sehen. Man höre Novalis und nehme ein Exempel dran: »Das Essen ist ein akzentuiertes Leben. Essen, Trinken und Atmen entspricht der dreifachen Abteilung der Körper in feste, flüssige und luftige. Der ganze Körper atmet, nur die Lippen essen und trinken; gerade das Organ, das in mannigfachen Tönen das wieder aussendet, was der Geist bereitet und durch die übrigen Sinne empfangen hat. Die Lippen sind für die Geselligkeit so viel: wie sehr verdienen sie den Kuß! Jede sanfte, weiche Erhöhung ist ein symbolischer Wunsch der Berührung. So ladet uns alles in der Natur figürlich und bescheiden zu seinem Genusse ein!« – In Schuberts »Symbolik des Traums« heißt es: »Jede Lebensbewegung ist ein Nahrungnehmen, ein Ansichziehen der niederen Basis.« – Man kann darüber beliebig weiter nachdenken, und wer was exquisit Tiefsinniges hierüber will, lese Jacob Böhmes vierten »Sendbrief«, V. 12 bis 14.

Endlich kommt nun aber vollends noch eine Menge Volks, groß und klein, statt eines menschlichen Appetits rohen Hunger mitbringend, ohne Geschmack und Kritik, ohne Sinn und Witz, und prätendiert gleichwohl, auch essen zu können. Das Allererschütterndste ist aber, wenn Leute, die nicht einmal essen können, kochen und tranchieren wollen. Vielleicht mäkeln und tadeln solche auch die angedeutete Lebensansicht. Mögen sie's! Ich erspare mir die Mühe, mit unmusikalischen Menschen über den Zauber der Melodie und Harmonie zu reden, und spreche hier ein für allemal aus, daß diese Vorlesungen für Sinnbegabte, für Gesunde und für Männer bestimmt sind.

Man erwartet vielleicht eine Apologie über die dargelegte ungeheure Eßtendenz der Natur. Es kommt mir aber kurios vor, das Daseiende erst rechtfertigen zu wollen. Sollte es nicht so sein, so wär's gewiß anders. Wer aber dergleichen weiter ausgeführt haben will, sei auf des seligen Engel »Philosophen für die Welt«, welcher vielleicht älteren Literaten noch bekannt ist, und zwar auf die Abhandlung »Der Habicht«, verwiesen, wo das Unnötige in nötiger Breite zu finden.

Mir ist's genug, daß die Sache wahr und schön ist. Obgleich zunächst nur von jenem die Rede sein soll, will ich doch schon hier im allgemeinen auch dieses berücksichtigen. Wer könnte, frage ich, in der Anschauung dieser zum Teil essenden, zum Teil gegessen werdenden Wesen das schöne Wechselspiel der Komi-Tragödie des Lebens verkennen? Genuß und Untergang in der appetitlichsten Verklärung, welches freilich mit klassischer Ruhe und Klarheit angeschaut werden will. Oder kann das Tote jemals lieblicher scheinen, als insofern es als eßbar betrachtet wird? Ist denn ein Kalbsbraten als Symbol des Todes nicht um vieles freundlicher als der schwermütige Genius mit der umgekehrten Fackel? Wär's nicht schön, hätte Goethe nicht gesungen:

»So frißt's Würmlein frisch Keimlein-Blatt,
Das Würmlein macht das Lerchlein satt,
Und weil ich auch bin zu essen hier,
Mir das Lerchlein zu Gemüte führ'.«

Es findet hier wohl schicklich die Mitteilung eines Tagebuch-Fragmentes, als Ergebnis einer in früherer Zeit gemachten südlichen Meerfahrt, ihre Stelle.

»Als ich so in der heiligen Stille der Nacht hinabsah vom Bord auf das unermeßliche, geheimnisvolle, fischwimmelnde Meer und mir dessen Bewohner vergegenwärtigte, wie sie wechselsweise gegenseitig nach einander schnappen und sich fressen, trat die ungeheure Weltbedeutung des Essens in ihrer ganzen erschütternden Mächtigkeit vor meine Seele. Ich wandte meinen Blick ab vom Ungeheuren und vermittelte den menschlichen Schauder, wie Goethe, durch Bilder. – Gleich lieblichen Tönen aus der Ferne, gleich fröhlichen Erinnerungen des seligen Knabenalters, drängte sich der Wohlgeruch und Geschmack leckerer Bricken, Forellen, Hechte, Lachse, Stockfische vor meine Seele und weckte die lieblichsten Assoziationen an die über allen Ausdruck erhabene Eigentümlichkeit der Austern, den unaussprechlichen Wohlgeschmack gebratenen Karpfen-Rogens, die pikante Entschiedenheit des Kaviars und anderer Neptunischer Gaben.

Der erfrischende Morgen war gekommen. Meine Blicke wandten sich aufwärts zu der lichten Bläue des Himmels. Scharen von wilden Enten schwebten in der Luft. Welche Reminiszenzen! Sauergebraten wilde Enten!

Das Ufer war nicht mehr ferne. Schon schimmerte das lichte Grün junger Lorbeerbäume herüber und bildete durch die würzigen Blätter einen harmonischen Einklang in das durch die wilden Enten von süßer Sehnsucht leise bewegte Gemüt. Die delikate Seelerche strich am Ufer hin und bot sich dem lüsternen Auge dar. Ein Geier stürzte aus der Höhe zur Meeresfläche und holte sich ein Fischlein zum Frühstück. Wir selbst saßen gemächlich auf dem Verdeck und bewillkommten – buchstäblich wie Goethe sagt – den Morgenstern mit Bratwürsten in der Hand und einem vortrefflichen Glas Zyperwein.

Immer näher kamen wir der fruchttragenden Mutter Erde. Herden von Schafen und Rindern weideten und fraßen von dem großen, immer für sie gedeckten grünen Tische. Ach, es muß der entzückendste Gedanke sein, den ein Ochs haben kann, wenn er, so weit sein Auge reicht, den saftgrünen Grasboden überblickend, sich sagt: Dies alles ist eßbar und schmeckt so süß und liegt mir vor der Nase, und ich brauche bloß meinen Kopf zu bücken, so hab' ich's.

Wie mütterlich liebend sorgt doch die Natur für alle ihre Kinder, und wie oft wird sie verkannt, die Gütige! Sie bietet das Lieblichste und Beste dar, und ihre närrischen Kinder mögen's nicht und weinen.« – Soweit das Fragment.

Nur kurz will ich darauf hindeuten, in welch innigem Zusammenhang mit der Eßkunst die nobelsten Beschäftigungen und Amüsements: Jagd, Vogelfang und Fischerei stehen, ja wie sie zunächst erst durch jene Beziehung einen so reizenden Naturgenuß gewähren.

Es gilt aber noch weiter zu erwägen, wie die Einsichts- und Geschmackvolleren der Menschen die Bedeutung des Essens mit dem Leben überhaupt, sowohl dem öffentlichen als Privatleben, auf das innigste und freundlichste verkettet, welche ebenso altehrwürdigen als immer aufs neue liebenswürdigen Gewohnheiten und Gebräuche denn auch schon ziemlich in der ganzen Welt Eingang gefunden.

Wie zart schmiegt sich der Geburt eines Menschen der Taufschmaus an! Wie bedeutend berührt sich das Brautbette und die Tafel des Hochzeitsmahls! Wie tröstend wird selbst der bittre Schmerz tiefbetrübter Trauergäste durch süße Torten und Kuchen und herzerquickende Weine gemildert und beschwichtigt!

Das kleinste Familienereignis wie die wichtigste weltgeschichtliche Begebenheit, eine Verlobung wie eine Krönung, eine gewonnene Schlacht wie eine verlorene Doktordisputation, der Ausbau einer Kleinkinderschule wie eines Ständehauses, eine silberne oder goldne Hochzeit wie ein Friedensschluß, ein Reichstag wie ein Meisterwerden – wie wird, wie kann alles das anders zelebriert, ja überhaupt festlich verwirklicht werden als durch Essen? Hält doch selbst der Ärmste einen Festtag ohne Braten für einen Widerspruch.

»Vor Tisch und nach Tisch« nennt man schön und passend die zwei Hälften des Tages als der Zeit, in welcher der Mensch wacht, wirkt und ißt. Mit dem Abendessen nimmt der Mensch vom Tage wie vom Essen Abschied, und der Schlaf wird deshalb auch mit Recht ein Bruder des Todes genannt.

Nach alledem sollte man nun freilich sich zur Annahme berechtigt glauben, so allgemeine Anerkennung und Ausübung müßte auch allgemein Sinn und Bewußtsein für die Sache aufgeschlossen haben. Daß dem aber nicht so sei, wurde schon gezeigt und beklagt.

Und nun zur Beantwortung der Frage: Was heißt, menschlicherweise zu reden, Essen?

Das Essen ist ein Kunstwerk, welches, wie jedes andere, mit kluger Wahl des Gegenstandes, mit innerlicher und äußerlicher Zweckmäßigkeit, nach richtiger Proportion, mit Geschmack, ohne Übereilung und Überladung, für den Essenden nicht nur, sondern auch für den Anschauenden erfreulich ausgeführt sein will. *Der Mensch ißt wie ein Mensch, wenn er gute und angemessene Produkte der Natur und Kunst in gehöriger Menge und Verbindung, mit Heiterkeit, Ruhe, Sinn und Bewußtsein, auf subjektiv und objektiv angenehme und geschmackvolle Weise sich schmecken läßt.*

Welch gewichtiger Sinn in wenig Worten! Schon eine kurze vorläufige Prüfung derselben wird ihre Bedeutung und die Notwendigkeit weiterer und näherer Erörterung ergeben.

Fichte in seiner »Anleitung zum seligen Leben« sagt: »Die Vorlesungen, welche ich hiermit eröffne, haben sich angekündigt als die Anweisung zu einem seligen Leben.

Uns fügend der gemeinen und gewöhnlichen Ansicht, welche man nicht berichtigen kann, ohne fürs erste an dieselbe anzuknüpfen, konnten wir nicht umhin, uns also auszudrücken: ohnerachtet der wahren Ansicht nach in dem Ausdrucke ›seliges Leben‹ etwas Überflüssiges liegt. Nämlich, das Leben ist notwendig selig, denn es ist die Seligkeit; der Gedanke eines unseligen Lebens hingegen enthält einen Widerspruch.« – Ebenso ergeht es auch mir. Denn der Ausdruck »gut und angemessen« enthält etwas Überflüssiges, da gute Speisen notwendig auch angemessen sein müssen und umgekehrt. Ferner kann man eine Speise, die nicht gut ist, unmöglich sich schmecken lassen, essen und sich's schmecken lassen ist aber notwendig ein und dasselbe, und eine nicht schmackhafte Speise steht mit sich selbst in Widerspruch, hebt sich somit selbst auf, ist also gar keine Speise, ist etwas, was man eben nicht ißt, nicht essen soll.

Meine Entschuldigung ist teils die Fichtes, teils rechtfertigen sich die gebrauchten Ausdrücke durch die Wichtigkeit ihrer Bedeutung. Wie schwierig sind die Fragen: Was soll man essen? Welche Speisen sind gut, sind angemessen? Wie müssen sie bereitet sein? Wieviel davon, in welcher Verbindung soll man sie essen? Was ist geschmackvoll? Was schmeckt angenehm? Was hat das Recht, angenehm zu schmecken? Wer hat Geschmack? Wer hat Recht, wenn er sagt: ich habe Geschmack?

In Erwägung, daß nur die wenigsten Speisen im Naturzustande eßbar sind; in Erwägung, daß der gehässige Ausspruch des menschenfreundlichen Misanthropen Rousseau: *»Tout est bien, sortant des mains de l'auteur des choses: tout dégénère entre les mains de l'homme«* – wie er überhaupt nichts gilt, so am allerwenigsten für die in Rede stehende Beziehung in Anwendung kommen kann; in Erwägung endlich, daß gerade unsere Aufgabe darin besteht, das Essen der instinktischen, bewußtlosen Naturroheit zu entreißen und der Kunst zu vindizieren, es als Eßkunst zu konstruieren – mußte die Definition der Eßkunst notwendig der Kochkunst gedenken (die übrigens besser Bratkunst genannt werden sollte), auf welcher sie als ihrer Basis ruht; denn der Eßkünstler verhält sich zum Kochkünstler wie der Schauspieler zum dramatischen Dichter. Wer Vorlesungen über Eßkunst hält, verhält sich wie der Dramaturg. Daß dem wirklich so sei, wird später zur Evidenz klar werden. Aber selbst wenn sich der Esser zum Kocher nur verhielte wie der Beschauer eines Bildes zum Maler desselben, wären Regeln unerläßlich. Leider, daß wir noch keine Seh- und Hörkunst besitzen! Eine Anleitung, Kunstprodukte vernünftiger Weise zu Leibe zu nehmen oder, wie man auch sagt, sich zu Gemüte zu ziehen, ist notwendiger als eine, sie hervorzubringen. Keine Theorie ist imstande, einen Raffael, einen Michelangelo, einen Mozart zu bilden; wohl aber kann sie jedem empfänglichen Menschen Lust und Sinn zu deren Genuß und Verständnis aufschließen. Übrigens kann auch der Dümmste, ohne den Anstand zu verletzen, eine fürstliche Gemäldesammlung anschauen, wenn er zu schweigen oder ein paar auf alles passende Phrasen weiß. Man setze ihn aber an die fürstliche Tafel und bemerke, welche Verstöße ein Mensch ohne einige Kenntnisse der Eßkunst verschuldet. Schon hieraus wird allen Eltern und Erziehern, Großvätern und Großmüttern die Wichtigkeit unseres Gegenstandes einleuchtend werden.

Über die Bedeutung der Kochkunst (welche hier mit der der Eßkunst zusammenfällt) in agrikoler, staatswirtschaftlicher, kommerzieller und andrer Beziehung hat Herr von Rumohr Treffliches gesagt, welches jedoch schon deshalb hier nicht wiederholt sein soll, weil dieser um die Kunst überhaupt wie um die Koch- und (also auch Eß-)Kunst so sehr verdiente Schriftsteller im Verlaufe dieser Vorträge gehörigen Orts noch vielfach zur Sprache kommen wird. Den Wert der Lebensmittel für den Staat, als dessen Grundlage, haben Quesnay, Turgot, Garnier und Schmalz bereits in eignen (physiokratischen) Systemen ins hellste Licht gestellt, und schon Voltaire hat gesagt, daß die ungeheuren ägyptischen Pyramiden nichts gekostet hätten als Zwiebeln.

Als Kunst wird sich aber die Eßkunst zunächst durch folgendes legitimieren.

Die Zeiten scheinen – gottlob, wenn sie es in der Tat auch wären! – vorbei, wo man (z. B. Sulzer und Beattie) darüber stritt, ob der Zweck der Kunst das Angenehme oder das Nützliche sei. Selbst von diesem niedrigen und beschränkten Standpunkte aus betrachtet sind die Ansprüche der *Eßkunst* gerechtfertigt, da gerade in ihr das *utile* mit dem *dulce* auf das innigste versöhnt, vermischt, vereint ist. Das Horazische *delectare* – nahe verwandt mit dem Eßterminus »delikat« – überbietet der Eßkünstler im hohen Grade. Während nämlich Poeten gar oft durch Vorlesen ihrer Sonette, Oden und Trauerspiele zwar sich selber bestens delektieren, diejenigen aber, welche zuhören müssen, auf das peinigendste ennuyieren, wird ein Mensch, welcher mit zierlichem Behagen, mit Geschmack und Liebe zu essen weiß, jedem gesunden Sinne einen angenehm ergötzlichen Anblick gewähren.

Man hat (z. B. Kausch) den Punkt, wo alle schönen Künste zusammentreffen, das Ziel, wohin sie insgesamt kollinieren, im Interesse, und zwar in einem angenehmen Interesse, finden wollen. Ich möchte nun wohl ein allgemeineres, entschiedeneres, wärmeres, angenehmeres, interessanteres Interesse wissen als das Essen. Ebenso verhält sich die Sache, wenn man mit Sulzer das Wesen der Künste in Einprägung sinnlicher Kraft setzt.

Das, worauf Winckelmann so besonders drang, das Übertreffen der Wirklichkeit, die stete Aufforderung: die Kunst soll die Natur übertreffen, gilt bei unserer Frage im vollgültigsten Sinne. Der Mensch soll nicht essen wie das Tier, der Zivilisierte nicht wie der Wilde, der »schönsinnige Mensch soll auch schön essen und den Stoff vergeistigen« – die Natur durch den Geist beherrschen. »Die Gesetze, nach welchen der Künstler verfährt, sind allerdings zwar Naturgesetze, aber er verfolgt sie mit Bewußtsein und Freiheit.«

Der Eßkünstler ist aber der eigentliche *magister naturae, directeur de la nature.*

»Es soll die bildende Kunst eine stumme Dichtkunst sein.« – »Das Schöne soll das Wahre sein in der vollendetsten Form.«

Dies wenige mag mehr als genug sein. Was ist damit gesagt? – Der *horror vacui* ist besondere Pflicht des Künstlers, also auch des Eßkünstlers, und also lass' ich's genug sein.

Viel ließe sich sagen über die Veredlung der Menschheit durch die Eßkunst. Wozu aber solche Redereien? Wird sich die Menschheit es angelegen sein lassen, die Eßkunst zu veredeln, so wird umgekehrt die reziproke Rückwirkung nicht ausbleiben. Doch wird auch darüber besonders zu differieren Anlaß nicht ausbleiben, wie denn dieser Zyklus von Vorlesungen keine irgend beachtungswerte Richtung und Beziehung, welche der Gegenstand darbietet, außer acht lassen wird.

Denn habe ich in dieser ersten Vorlesung nur Einleitendes und Andeutendes über die Weltanschauung des Eßkünstlers, über Begriff, Wert und Bedeutung der Eßkunst geben können, so werde ich in der zweiten von deren historischer Entwicklung und Ausbildung einen Umriß zu geben beflissen sein. Die dritte Vorlesung verspricht einen ethnographischen Überblick des Gegenstandes. Den Vorwurf der vierten Vorlesung wird das Verhältnis der Eßkunst zu den anderen schönen Künsten bilden, und in der fünften werden die moralischen Beziehungen der Eßkunst besprochen werden. Das Verhältnis der Eßkunst zur Diätetik sowie Näheres über Eßkunde zu erörtern bleibt der sechsten Vorlesung vorbehalten. Erst in der siebenten wird ein Prinzip der Eßkunst aufzustellen versucht werden können – der schlagendste Beweis eines gründlich wissenschaftlichen Verfahrens.

Mit je engeren Kreisen wir nun den Gegenstand werden umschlossen haben, je näher wir ihm gerückt, je spezieller klar und genießbar er geworden, um so reicher und interessanter wird er sich uns auch zeigen, so daß die eigentliche Aufgabe in zwei Vorlesungen zerfällt. Demgemäß wird die achte Vorlesung einen exoterischen Präparanden-Unterricht, die Elementarerziehung zum Essen, die neunte jedoch höhere Kunstregeln für Esoteriker zu entwickeln haben. Eine besonders appetitliche Vorlesung dürfte wohl die zehnte werden, welche es lediglich mit Eßbarkeiten, mit einzelnen Eßobjekten zu tun hat.

Da es eine unverantwortliche Einseitigkeit verriete, beim Essen des Trinkens nicht zu erwähnen, so wird diesem die ganze elfte Vorlesung gewidmet sein. In der zwölften folgt ein kurzes Dessert vermischter Schlußbetrachtungen.

Ich liebe die Überraschungen nicht; soll ich aber überrascht werden, so ziehe ich eine unangenehme einer angenehmen Überraschung (als Überraschung) vor. Denn bei der angenehmen komme ich um die Vorfreude des Genusses, welche oft mehr wert ist als der Genuß selber; bei der unangenehmen aber wird mir die ärgerliche Erwartung erspart. Bin ich zu Tische geladen und weiß, was ungefähr aufgetragen wird, so kann ich so ziemlich bemessen, was mir davon behagen wird, was ich mir zu versprechen habe, und nun entweder gar nicht kommen oder mich auf dies und jenes besonders spitzen. Dies nun sind die Gründe, durch welche bewogen ich meinen Prospektus gab.

Voressen haben die Aufgabe, und wär' es auch nur durch ihre Leerheit, den Appetit auf die folgenden Speisen zu reizen und zu determinieren. Sie sind noch keine eigentlichen Essen selbst. Diese erste Vorlesung soll nichts sein als ein Voressen, von dem ich nur wünsche, daß es nicht schon den Appetit fürs übrige genommen haben möge.

Mit Bedacht gebe ich folgende Verse Goethes schon am Schluß dieses Anfangs und nicht an dem des Endes, wo sie für eine anmaßliche Erfüllung gelten könnten, während ich damit doch nur eine bescheidene hoffende Andeutung bezeichnen will. Der Meister sagt aber:

»Ich habe gespeiset; nun speis' ich erst gut!
Bei heiterem Sinne, mit fröhlichem Blut
Ist alles an Tafel vergessen.
Die Jugend verschlingt nur, dann sauset sie fort;
Ich liebe zu tafeln am lustigen Ort,
Ich kost' und ich schmecke beim Essen.«

ZWEITE VORLESUNG

Geschichtliches

DIE MIT SINN und Urteil die gigantischen Blätter der Weltgeschichte unseres kleinen Planeten überblickten, haben es längst erkannt und beklagt, wie oft mühsam errungene Zivilisation von ihrem strahlendsten Gipfel plötzlich wieder herabstürzt und in der Nacht der Barbarei versinkt. Wem drängen sich nicht schaudrig wehmütige Erinnerungen an die großen Namen Griechenland und Rom hier auf? – Im Vaterlande Aristipps gehört gegenwärtig ein Stück Bockfleisch zu den Leckerbissen, und die gewaltige Roma, welche drei Apicier hervorbrachte, lungert jetzt unter der neueren Institution der Fasttage!

Während die Helden Homers schon mit Sinn und Geschmack zu schmausen wußten, ließen sich spätere Spartaner auf die Geschmacklosigkeit einer miserablen schwarzen Suppe reduzieren, ja waren so roh, unwissend und ohne Sinn für den Eßgenius, daß sie den Nauklides des Landes verweisen wollten, weil der Treffliche in seinem wohlgemästeten Bäuchlein ein Dokument ausgebildeteren Geschmacks nicht verhehlen konnte.

Der berühmte römische Staatsmann, Jurist und Redner, der Konsul Quintus Hortensius, verdiente sich den Dank seiner Zeitgenossen dadurch, daß er die erste Anleitung gab, Pfauen zuzurichten und zu essen. Marcus Aufidius Lurco erfand die Kunst, Pfauen zu mästen, wodurch er sich, beiläufig gesagt, in kurzer Zeit 60000 Sesterzien verdiente. Auch von den alten Griechen wurden die Pfauen sehr geschätzt. Wer mästet und richtet gegenwärtig noch Pfauen zu, wer ißt sie? – Ausonius feierte mit Begeisterung das Lob der Austern in seinen Gedichten. Von diesem Dichter an verloren sie auf einmal ihr Ansehen und blieben Jahrhunderte hindurch verrufen und verkannt.

Der weltbekannte Mäcen hat das Verdienst, die Welt auf das delikate Fleisch der Eselsfüllen aufmerksam gemacht zu haben und sie dafür zu interessieren. Bald nach seinem Tode erlosch in der Nation die Teilnahme dafür, und man entbehrte diesen Genuß, bis der sinnige Kanzler von Frankreich, der Kardinal Antoine du Prat, ihn wiedererweckte. Aber trotz der Schmackhaftigkeit und Gedeihlichkeit dieser Speise, die dem wohlgesinnten Mann so gut anschlug, daß er seinen Tisch konkav ausschneiden lassen mußte, um für seinen Bauch Platz zu gewinnen, trotz der Macht dieses Beispiels wurde die Sache von Mit- und Nachwelt vergessen.

Meine Herren, drei Jahrhunderte sind seitdem hinabgerollt ins Meer der Ewigkeit, und ich bin meines Wissens der erste, der wieder davon spricht. Welcher Wandel und Wechsel des Weltlaufs!

Plinius erzählt, daß zu Trajans Zeit der Stör, der doch früher sehr geschätzt wurde, ganz in Unwert war. Ähnlich ging es, nach des Horatius Zeugnis, mit dem Seefische Rhombus, den Störchen und den gebratenen Wassertauchern.

Nicht bloß die Ansichten über Wert und Unwert einzelner Speisen, auch die über das Essen selbst sind diesen weltgeschichtlichen Schwankungen unterworfen. Wie hätte noch vor wenigen Jahrzehnten ein Mensch zum Doktor werden können ohne Doktorschmaus, und wer denkt heutzutage noch daran? Sie sind aber auch danach, die heutigen Doktoren, welche so geschmacklos kreiert werden. Keine ruhige Beschaulichkeit, kein solides auf sich selbst Ruhen, kein freudiges Behagen an den Doktrinen um ihrer selbst willen mehr, sondern überall ungeduldiges Zappeln und Überpurzeln, überall ein unseliges, unruhiges Rennen, Streben und Trachten, überall Unzufriedenheit und Essenwollen statt friedlichen Essens selber!

Als ich examiniert wurde, standen weingefüllte, blinkende Gläser, appetitlich aufgeschnittene Schinken, Zungen und Zervelatwürste, Torten und Kuchen auf der ehrwürdigen Tafel. Es mahnte an die dem Zerberus dargebotenen Kuchen. Essende Examinatoren sind nicht halb so ernst und furchtbar. Wie freundlich war das alles! Das encouragierte, das hob und verschönerte das ganze, sonst lästige Geschäft, und man entwickelte die tiefsten und umfassendsten Kenntnisse auf die leichteste und anmutigste Weise. Freilich, bei den gegenwärtig üblichen Gesinnungs-Examinibus haben weder Examinatoren noch Examinanden mehr rechten Appetit.

Ob ich nun gleich solche traurige Rezidive im Kulturgang des Menschengeschlechts nicht umhin kann zuzugestehen, sehe ich doch meine fröhliche Überzeugung von einem Fortschreiten im allgemeinen und ganzen auch bei Erwägung des Gegenstandes, über welchen ich hier vorzutragen die Ehre habe, auf das glänzendste bestätigt. Ist ja doch gegenwärtig irgendein reisender Handlungsdiener besser bedient als die Götter Griechenlands, die nicht einmal Gabeln und Servietten kannten.

Wie hoch aber die seligen Götter das Essen schätzten, lehrt ihr Verkehr mit dem Menschenvolk, mochte er sich nun liebend oder zürnend äußern. Welche Gnaden verdienten sich Philemon und Baucis von Zeus für einen Gänsebraten, wie dankbar war Ceres gegen Celeus für ein Abendessen! Eines der segensvollsten Geschenke, welche den Bewohnern von Delos für ihre Gastfreundschaft gegen Latona zuteil wurde, war die Entdeckung, Hühner zu mästen und fett zu machen. Aristäus, ein Sohn des Apollo und der Cyrene, war Erfinder des Käses. Die Menschheit wußte das zu würdigen und erwies ihm deshalb gleiche göttliche Ehre wie dem Bacchus, ja sie erteilte ihm sogar den Zunamen Jupiter Aristäus. (Auch bei den Römern klingt noch dergleichen nach. Fulvius Herpinus wurde unter die Götter versetzt, weil er das Schneckenmästen erfand.)

Wenn aber die Götter recht hart strafen wollten, so geschah es immer in Beziehung aufs Essen, wie bei uns heutzutage auch noch durch die Schärfung: »bei Wasser und Brot« üblich ist. Dem Frevler Phineus schickten sie die unappetitlichsten Harpyen, die ihm alle Speisen, welche er genießen wollte, entrissen oder besudelten. Dem Tantalus ging's bekanntlich noch schlimmer. Denn während dem Phineus der Appetit verdorben wurde, was freilich immer hart genug ist, wurde Tantalus zu einem ewigen ungestillten Appetit verdammt, und diese Strafart wurde auch von denkenden Menschen aller Zeiten als die furchtbarste erkannt. Einige neuere Melancholiker, die nicht zu essen verstanden, hielten sie gar für ein Symbol des Loses der Sterblichen überhaupt. Solche närrische Lebensansichten entspringen daraus, wenn Begriff, Wert und Bedeutung des Essens im Menschen nicht zum Durchbruch kommen. Die alten Menschen vor alters waren gescheiter und lustiger als jetzt die jungen. Ohne zu lamentieren, ließ man sich's damals schmecken. Gegenwärtig ist in der Welt ein Gezier und Gesperr, eine überschwengliche Hungerleiderei und Ernsthaftigkeit, bei deren Betrachtung man öfter einen solchen Appetit bekommt, daß man beinahe selber nichts essen mag. Es war doch wahrlich etwas, als die arme Niobe an einem Tag zwölf Kinder,

»Sechs der lieblichen Töchter und sechs aufblühende Söhne«,

verlor.

»Dennoch dachte der Speise die Trauernde, müde der Tränen.«

Bei uns, wenn eine Kleinigkeit vorfällt, z. B. einer Frau der Mann stirbt, glaubt sie, es schickt sich nicht, wenn sie zu Mittag ißt, und sie trinkt bloß ein paar Tassen Kaffee.

Das beste Geschenk, welches Prometheus den Menschen, nachdem er sie gemacht hatte, geben zu können glaubte, war das Feuer, das er den Göttern stahl. Nun konnten die Sterblichen braten, kochen, backen und dämpfen, und die Götter hatten wenig mehr vor ihnen voraus. Die Furchtbarkeit der Strafe, womit Prometheus belegt wurde, beweist hinlänglich, welches Gewicht die Götter auf das Feuer, als *conditio sine qua* keine Koch- und Eßkunst denkbar ist, legten.

Es ist zum Erbarmen, wenn man die Schilderungen über das Elend der Menschen liest, als sie noch kein Feuer hatten und ehe Vesta sie gelehrt, sich auf dem heiligen Herde die nährende Kost zu bereiten. So nährten sich nach dem Zeugnis des Aelianus die alten Arkadier hauptsächlich von Eicheln, die Athenienser von Feigen, die Tirynthier von Holzäpfeln, die Indier von Rohr, die Karmanen von Halmen, die Möotier und Sauromaten von Hirse. Welche tierischen Zustände!

Aber selbst mit der Gabe des Feuers war's doch nicht getan, solange man nicht ans Fleischessen ging. Wie die Viehzucht überhaupt einen Fortschritt der Menschheit bezeichnet, welche vorher nur ackerbauend und herbivorisch lebte, ebenso verhält es sich mit dem Übergang zum Fleischessen. Leider hielt der ultrakonservative Triptolemus durch ein Verbot das Volk von diesem Fortschritt lange genug zurück, bis die Menschen so klug wurden, sich an jenes Verbot nicht mehr zu kehren.

Hiermit fängt eine neue Epoche der Zivilisation an. Lust, Kraft und Mut erwacht, eine heitere Morgenröte beleuchtet die Fluren, die Helden essen Ochsen- und Lammbraten, und Homer beginnt zu singen.

Ich kann mir es nicht versagen, einige bezügliche Stellen meinem sehr verehrten Auditorium ins Gedächtnis zu rufen. Für die Einsicht in die schlechthin absolute Notwendigkeit und Bedeutung des Essens sprechen zuerst die Verse:

»Wohl ist jeglicher Tod graunvoll den elenden Menschen,
Doch ist Hungers Sterben das jammervollste Verhängnis.«

Ferner sagt der göttliche Dulder Odysseus:

»Aber laßt mich genießen des Mahles, wie sehr ich betrübt bin.
Nichts unbändiger doch denn die Wut des leidigen Magens,
Der an seinen Bedarf mit Gewalt jedweden erinnert,
Auch den Bekümmerten selbst, dem Gram die Seele belastet.
So ist mir auch belastet mit Gram die Seele, doch immer
Speise verlangt er und Trank gebieterisch; und mir entrückt er
All mein Leid aus dem Sinn, bis seine Begier ich gesättigt.«

– – –

»Aber des Magens Wut, des verderblichen, kann man unmöglich
Bändigen« usw. –
»Seinethalb gehen selbst schönrudrige Schiffe gerüstet
Durch das verödete Meer« usw.

Durchaus findet sich bei Homer kein gekochtes Fleisch, sondern immer Braten. Die Worte:

»Schnitten behend in Stücken das Fleisch und steckten's an Spieße,
Brieten sodann vorsichtig und zogen es alles herunter«

sind in der »Iliade« und »Odyssee« gleich stereotyp und wiederholen sich unzählige Male. Ein merkwürdiger Umstand! Auch hier, wie so oft sonst, findet sich das Bessere, Zweckmäßigere, Geschmackvollere vor dem Schlechteren, Verfehlten, Ungenießbaren und bestätigt wieder jene schon angedeuteten rezidiven Schwankungen in der Weltgeschichte. Nachdem die Homerischen Menschen aus rein menschlichem ästhetischen Sinn Gebratenes dem Gesottenen vorzogen, steht in der späteren Zeit ein Celsus auf, ein Autor, welcher sich unter anderm auch mit Medizin befaßte, eigentlich aber als Hofmeister und Sekretär des Kaisers Tiberius funktionierte, und will irrtümlich das Gegenteil.

»Ja, was kein Verstand der Verständigen sieht,
Das übet in Einfalt ein kindlich Gemüt.«

Schon hieraus mag erkannt werden, was noch öfter dargetan werden wird, daß das Schönste zugleich das Beste und Zweckmäßigste ist. Und wer zweifelt daran, daß das Volk der alten Hellenen das schönsinnigste der Welt gewesen?

Vor Ganymed verwaltete Hebe, Junos Tochter, das Amt, den Nektar einzuschenken, bis sie durch einen Fehltritt desselben verlustig wurde, indem sie einst im Fallen, durch eine unanständige Stellung, die Grazie entweihte, welche bei diesem hohen Götteramte jede Bewegung begleiten mußte. – Ein Volk, das sich solche Götter bildet, fühlt, was Grazie ist, und muß auch schön gegessen haben.

Wie trefflich spricht sich der vielgenannte Odysseus am Hofe des Alkinoos, des Fürsten der Phäaken, hierüber aus:

»Denn ich kenne gewiß kein angenehmeres Trachten,
Als wenn festliche Freud' im ganzen Volk sich verbreitet
Und hoch Schmausende rings in den Wohnungen horchen dem Sänger,
Sitzend in langen Reih'n, da voll vor ihnen die Tafeln
Stehn mit Brot und Fleisch, und lieblichen Wein aus dem Milchkrug
Schöpfet der Schenk, und tragend umher eingießt in die Becher.
So was däucht mir im Geiste die seligste Wonne des Lebens.«

Scheint auch Odysseus dies zunächst *ad captandam benevolentiam* der Phäaken ausgesprochen zu haben, so sieht man doch leicht, wie sehr es ihm vom Herzen ging, und wer stimmte nicht bei?

Auch an anderen Stellen werden Lautenspiel und Gesang als Zierden des Mahles gepriesen. Schon findet sich auch in dieser Zeit, z. B. im Hause des Odysseus, an Menelaos' Hofe etc., ein eigner Zerleger (δαιτρός).

In der »Iliade« schmausen Sieger und Besiegte vor und nach den Kämpfen, was nicht anders denn als vernünftig betrachtet werden kann. Charakteristisch spricht sich die Hospitalität in dem Gebrauche aus, nicht abzutragen. Alle Speisen blieben auf dem Tische, bis die Gäste gingen. Besuchende müssen zuerst essen und trinken, ehe sie davon reden dürfen, weshalb sie kommen und was sie eigentlich wollen. Auch höhere Beziehungen werden immer durch Essen und Trinken vermittelt. Opfern kommt nie ohne Essen vor.

Als der göttliche Sauhirt den Odysseus, welchen er nur für einen Bettler hielt, bewirtete, nahm er nicht weniger als zwei Ferkel

»– und opferte beide zum Gastmahl –
Sengt' alsdann und zerschnitt, und steckte das Fleisch an die Spieße.
Als nun gar es gebraten, da trug er's hin vor Odysseus,
Brätelnd noch an den Spießen, mit weißem Mehle bestreuet.«

Das δέρμ' αὐτοῖς ὀβελοῖσιν, welches Voß, das Original übertreffend, so delikat mit: *brätelnd noch an den Spießen* übersetzt, ist eine der appetitlichsten klassischen Stellen, die ich kenne und die ich nie lesen kann, ohne daß mir das Wasser im Munde zusammenläuft. Überhaupt wußte man dazumal zu leben. Schon zum Frühmahl schlachten die Genossen dem Achilleus ein Schaf, dickwollig und groß, und es ist der Mühe wert, wenn man sich zu Tische setzt.

»Viele der mutigen Stier' umröchelten blutend das Eisen,
Abgewürgt, auch viele der Schaf' und meckernden Ziegen,
Viel weißzahnige Schweine zugleich, voll blühenden Fettes,
Sengeten sie ausstreckend in lodernder Glut des Hephaistos.
– – –
Also den ganzen Tag bis spät zur sinkenden Sonne
Schmausten sie.« –

Aber nicht bloß weidliche Schafe, weißzahnige Schweine, schwerwandelnde Rinder, gefeistete Ziegen, fette Mastschweine – auch Austern wurden (Iliad. XV, 746) schon gespeist. Fische scheinen wenig geachtet gewesen zu sein. Von den Vegetabilien kommt zunächst »mutstärkendes Brot« und Mehl, »das Mark der Männer«, vor. Wir begegnen aber auch schon künstlicheren Konstruktionen, wie z. B. Geißmagen mit Fett und Blut gefüllt und auf glühenden Kohlen gebraten, auch fleißig umgewendet, womit der schlaflos sich umherwälzende göttliche Dulder Odysseus verglichen wird. Hier ist also schon ein Prototyp der vielen später entstandenen Sippen des Gattungsbegriffes: Wurst. Ferner scheint ein Weinmus – bestehend aus trunkeinladenden Zwiebeln, gelblichem Honig und dem heiligen Kerne des Mehles mit auf eherner Raspel geriebenem Ziegenkäse und pramnischem Wein zusammengemengt – sehr beliebt gewesen zu sein. In der »Iliade« bereitet es die lockige, den Göttinnen vergleichbare Hekamede vor den Augen der Gäste – ein lieblich anmutiges Akzidens! –, und in der »Odyssee« bedient sich die göttliche Kirke desselben als Köder. Kirke läßt nun zwar die Zwiebeln weg, mischt aber unheilsame Kräuter hinzu. Übrigens ist das Epitheton der Zwiebeln: ποτῷ ὄψον, welches Voß sehr schön mit »trunkeinladend« übersetzt, der sprechendste Beweis vorgeschrittener Zivilisation und bewußten Plans.

Es darf nicht übersehen werden, wie sinnig man schon die besten Bissen zu wählen wußte. So wird z. B. des Rückenstücks der Braten als vorzüglich öfter gedacht. Die Schenkel, als das Beste, opferte man den Göttern, welcher fromme Gebrauch freilich der Erfindung der Schinken sehr im Wege stand.

Welche erhöhte Qualität und Güte des Fleisches durch das Verschneiden erzielt werden kann, scheint der damaligen Zeit noch unbekannt gewesen zu sein. Es wird dessen nirgends erwähnt, im Gegenteil ist von Mastebern die Rede, die Freier der Penelope aßen immer zunächst die männlichen Schweine etc.

Was der Lotos der Lotophagen, welcher durch seinen Wohlgeschmack selbst das Vaterland vergessen machte, eigentlich gewesen sei, wage ich nicht zu entscheiden. Möchten gelehrtere Forscher die Eßkunde mit Aufklärungen hierüber bereichern, wenn die Sache, wie ich vermute, nicht vielmehr in das Gebiet des Trinkens einschlägt.

Nachdem der Speisen und der lecker bereiteten Mahle gebührend gedacht ist, darf das Trinken nicht unerwähnt bleiben. Dieses fehlte nie, ja die Homerischen Helden tranken, wenn auch keinen Elfer, doch (nach Odyss. III, 391) elfjährigen Wein. Ein bedeutender Fortschritt in der Kultur! Nachdem sie geschmaust und das Herz mit Speise gestärket, vergaßen sie des Trinkens keineswegs, und der Refrain eines Gastmahls heißt immer: »nachdem die Begierde des Tranks und der Speise gestillt war«, oder: »uns mit Fleisch und lieblichem Weine erquickend«, etc.

Das alles nun halte man mit den oben erwähnten Eicheln, Holzäpfeln, Hirse und Halmen zusammen und urteile, ob das Menschengeschlecht vorgeschritten.

Was nun das Eßgeräte und das Verfahren beim Essen betrifft, so war jedenfalls durch Erfindung des Tisches schon viel gewonnen. Da man nicht füglich ohne Tisch essen kann, so war es historisch notwendig, daß der Tisch erfunden wurde, woraus folgt, daß er wirklich erfunden werden mußte, wie er denn auch erfunden wurde. Es ist gar nicht zu bezweifeln, daß der Tisch lediglich des Essens wegen erfunden wurde. Wird ja noch heute Tisch und Essen synonym gebraucht: vor und nach Tisch, ein guter Tisch etc. War aber einmal der Tisch erfunden, so gab sich der Stuhl von selbst.

Vor und zu den Zeiten Homers nun aß man sehr vernünftig an Tischen sitzend. Wir stoßen nun aber schon wieder auf einen Rückschritt; denn in späterer Zeit wurde die Sitte der Perser, beim Essen halb zu liegen, fast allgemein angenommen. Dieses wäre gar nicht auszuhalten gewesen, hätte man die Lagerstätten nicht mit beweglichen Kissen bedeckt, welche jeder Gast nach Belieben sich zurechtlegen konnte. Aber auch so noch war es unbequem und unschicklich zugleich. Denn es wurden zu drei Seiten der Tafel Kissen gelegt, so daß die vierte für die Dienerschaft frei blieb. Die Gäste lagen auf der linken Seite, den Kopf nach der Tafel zu gewendet und die Füße nach der Ecke gekehrt, mit der rechten Hand über sich selber hinüberlangend, die Speisen greifend und essend. Auf diese Weise kehrte jeder dem andern den Rücken zu. Wollte nun einer mit dem andern reden, so mußte er sich erst umwenden.

Da sie, wie die Engländer, keine Suppe aßen, so brauchten sie wohl auch keine Löffel. Dabei bleibt es freilich unklar, wie sie z. B. mit dem genannten Weinmus zurechtkamen; es müßte denn dieses so dünnflüssig gewesen sein, daß man's trinken konnte. Vielleicht tunkten sie es mit Brotstücken aus. Die Gabeln sind eine Erfindung viel späterer Zeit; über die der Löffel gelang es leider meinen historischen Forschungen nicht, Bestimmtes zu ermitteln. Es läßt sich nicht leugnen, daß Götter, Helden und Menschen unmittelbar mit den Fingern gegessen haben. Ich übersehe diese Schattenseite keineswegs, erkenne sie vielmehr mit tiefem Bedauern vollkommen an. Wäre sie aber nicht, so hätten wir ja gar zu wenig zum voraus.

War nun die Vorzeit des schönen Griechenlands schon in so vielem ausgebildet, hatte Solon schon das zarte Gesetz gegeben, daß die Bräute vor dem Hymensfeste einen Quittenapfel essen mußten, um die Lieblichkeit des Kusses zu erhöhen – so zeigen sich noch lange nachher andere Nationen in tiefer Barbarei befangen.

Die Ägypter aßen, nach Prosper Alpins ausführlichen Berichten, höchst ärmlich und tranken keinen Wein. In der Regel mit einem Gerichte zufrieden, welches meistens aus Reis oder anderen Hülsenfrüchten, Gemüsen oder Wurzeln oder aus Milch bestand, aßen sie nur noch ausnahmsweise Fische oder Kamelfleisch, und ob sie gleich das Verschneiden schon kannten, wandten sie es doch zunächst nur auf Schafböcke an. Daß das Volk Zwiebeln und Kohl anbetete, ist bekannt. Freilich sind die ägyptischen Zwiebeln von ganz besonderem Wohlgeschmack. Erst zu Prosper Alpins Zeit fingen wenige Gebildetere, von fremden Kaufleuten belehrt, an, Hühnerfleisch zu essen. Was läßt sich aber auch von dieser wunderlichen und tristen Nation erwarten?

Wenn Winckelmann es nicht über sein ästhetisches Herz bringen konnte, zu sagen, daß die jungen Ringer unter den Griechen *Käse* zur Speise erhielten, und es für schöner hielt, dafür *Milchspeise* zu setzen, so kommt auch mir es hart an, zu berichten, daß die alten Römer in der ersten Zeit fast ganz allein von einem *Breie* gelebt haben, welcher von Kornmehl, bisweilen auch von Spelz, Weizen, Hafer bereitet wurde. Nach Cäsars Beschreibung lebten die alten Helveti beinahe von gleicher Speise, und Plinius berichtet, die deutschen Völker bedienten sich außer dem Haferbrei keines andern. Tacitus fügt Holzäpfel und saure Milch hinzu.

Doch ich eile, von solchen Objekten wegzukommen; nur will ich noch erwähnen, daß man auf die Kraft und Körperstärke dieser schlecht essenden Völker nicht so stark pochen sollte. Die Homerischen Roastbeef-Helden schleuderten mit einer Hand Steine, welche wohl ein Dutzend solcher späterer Breiesser zusammengenommen nicht einmal heben konnten. Und dann ist erst noch die Frage: was die alten Deutschen wohl ohne ihr Bier gewesen wären.

Die philosophischen Gastmähler der Griechen verdienen mehr durch das, was dabei gesprochen, als was gegessen wurde, Rücksicht, und es möge genügen, ihrer erwähnt zu haben.

Wie die Römer ihre Bildung überhaupt den Griechen verdanken, so kam ihnen auch von daher zuerst die Ahnung, es gäbe was anderes und Besseres als Brei. Selbst die ersten Elementarbegriffe, wie z. B. das Brot, erhielten sie von den Griechen. (Eine rundgeschnittene Scheibe Brot, die später nach dem Gebrauch den Armen geschenkt wurde, vertrat jahrhundertelang die Stelle des Tellers.) Wie aber die Bewohner der neuen amerikanischen Welt sich ihr bißchen Bildung fix und fertig aus Europa kommen lassen und sich damit zu überkleistern suchen, so gut es eben geht – ähnlich verhielten sich die Römer zu den Griechen. Ohne eigentlichen Sinn, ohne jenes zarte innerliche Verständnis nahmen sie, was zu nehmen war, und hätten gern noch mehr genommen, suchten *pro captu* damit zurechtzukommen, entstellten, übertrieben, manierierten, überluden aber (mit *Asa foetida* und Salmiak) bis zur Unkenntlichkeit der nachgeahmten und entstellten Urbilder. Homer und Virgil!

Wie lieblich sind die mimischen Tänze bei den Gastmählern der Griechen; wie abscheulich die Tierhatzen und Zerfleischungen der Gladiatoren bei denen der Römer!

Man stößt allenthalben auf griechische Reminiszenzen. So war es, nach Macrobius, in Rom Mode, in dem Bauche eines Schweines mehrere andere Tiere zu braten, was man, mit feiner Anspielung auf das Trojanische Roß, ein Trojanisches Schwein nannte. Es ist immerhin etwas Klassisches bei solchen Essen. Auf einer Nachbildung des mehrgedachten Homerischen Weinmuses gab das römische Frühstück eine mit gekochten Eiern, Zwiebeln, Weihrauch und Pfeffer gefüllte Wurst. Welche unnatürliche Übermengung und Verkünstlung! Austern von Lucrin und in Schnee gekühlter Sorrento-Wein, die dazugegeben wurden, *allein* hätten jedenfalls von edlerer Simplizität gezeugt.

Allerdings macht sich eine gewisse Großartigkeit bei den alten Römern geltend, welcher man Anerkennung, ja Bewunderung nicht versagen kann. So wurden z. B. einmal für den Antonius und *einige wenige* Freunde acht wilde Schweine gebraten, die man alle in kleinen Zwischenräumen an den Spieß gesteckt hatte. Als Philotas, der Arzt, sein Erstaunen über diese Zurüstungen zu erkennen gab, antwortete der Koch, daß man deswegen so viele Braten zubereite, damit gewiß einer dann, wenn Antonius ihn fordere, den höchsten Grad von Vortrefflichkeit erreicht haben möge, welcher höchste Grad von Vollkommenheit in den Meisterstücken der Kochkunst, wie in anderen Werken des Genies, kurz dauernd und schnell vorübergehend sei. Wer wollte nicht einem Lucull Gerechtigkeit widerfahren lassen, der in seinen Palästen mehrere Speisesäle einrichten ließ, die, je nach dem Namen einer Gottheit benannt, dem Haushofmeister zugleich Einrichtung und Kostenaufwand der darin anzuordnenden Gastmähler bezeichneten, indem z.B. eine Mahlzeit im Saale des Apollo gewöhnlich 6250, nach anderen 100000

Taler kostete. Bei einer Kollation, welche der Komödiant Äsopus gab, soll sogar eine einzige der Schüsseln 250000 Taler gekostet haben. Da ich den damaligen Münzfuß und anderes nicht näher kenne, bescheide ich mich, über diese Angaben entscheiden zu wollen.

Groß gedacht sind die Etablissements zur Mästung von Fischen aller Arten aus allen Wassern und Meeren, von Vögeln aller Zonen, von Schnecken, Austern, Wildschweinen etc., die so allaugenblicklich genießbar zu Diensten standen. Von gründlichen Studien zeugt die Kunst, Austern lange frisch zu erhalten, welche einer der drei Apicier, die zu Rom lebten, erfand und so ausbildete, daß er dem Kaiser Trajan ins ferne Land der Parther ohne Eisenbahnen dergleichen noch frisch übermitteln konnte. Wie glücklich ist auch das Aperçu: Schweine mit trocknen Feigen zu mästen! Ebenso verdienen die innen versilberten kupfernen Kochgeschirre, wie sie in Herculaneum gefunden und, gleich nobel und zweckmäßig, neuerdings von den Engländern wieder eingeführt wurden, alles Lob.

Dagegen ist's durchaus absurd, teure Speisen ebendeshalb, und bloß weil sie teuer sind, für delikat zu halten, Wohlschmeckendes dagegen deshalb zu verachten, weil's wohlfeil ist, und der unsinnige römische Luxus mit Pfauenzungen etc. ist sattsam bekannt. So wurden römischen Gästen selbst kostbare Perlen, die nach gar nichts schmecken, zu trinken gegeben.

Wie schon bemerkt, drückt der Mangel der Gabeln Griechen wie Römer, letzteren muß jedoch der Fortschritt zu den Servietten zugestanden werden. Winckelmann bemerkt: wie unter den Griechen keine Schnupftücher gebräuchlich waren, sondern selbst Personen von Stande mit dem Mantel die Tränen abtrockneten, so wurden auch die Servietten bei den Römern allererst in den späteren Zeiten üblich. Der eingeladene Gast brachte aber dieses Tuch *(mappa)* selbst mit.

Aber zu welch wirklich schauderhaftem Gebrauch dienten diese sogenannten Servietten? Wenn dem Gast Speisen besonders schmeckten, so wickelte er sie, mit Erlaubnis des

Wirts, in die Serviette und schickte sie so nach Hause. Leider fand sich diese widerliche Heimschlepperei auch bei den Athenern. Jeder Gast brachte seinen Bedienten mit und ließ durch diesen alles, was er von den verschiedenen Gerichten, wovon jedem Gast eine reichliche Portion vorgesetzt wurde, nicht selber aufaß und was irgend transportabel war, z. B. Stücke von gebratenem Wildpret, Würste, Hühner, Fische, wildes Geflügel, Kuchen etc., in einen zu diesem Zwecke mitgebrachten Korb oder Sack stecken und nach Hause tragen. Bei Spießbürger-Gastmählern findet man diese Gewohnheit leider noch heutzutage auch bei uns.

Dagegen verdiente die Sitte, daß das Vorschneiden in besonderen Schulen regelmäßig gelehrt wurde, bei uns wiedereingeführt zu werden. Daß aber bei großen Gastmählern die römischen Vorschneider nach dem Takt der Tafelmusik tranchierten, spricht wieder für jene gerügte Übertreibung.

Man hat den Römern vorgeworfen, daß sie Ratten gegessen hätten. Winckelmann weist nach, daß es eine Art Feldmäuse gewesen sei, die sich in Kastanienwäldern aufhielten und nährten und welche überdies noch in eigenen Behältnissen *(glinarium)* gefüttert und fett gemacht wurden. Auch dies verdiente Wiedereinführung. Sonderbar ist's, was ebenfalls Winckelmann dartut, daß nämlich die Zitronen von den Römern nicht gegessen, überhaupt nicht zu Speisen verwendet wurden. Doch ich beschränke mich hier billig, so leicht es mir auch wäre, noch Unendliches aus den speziell über antikes Essen handelnden Antiquaren Stuckius, Puteanus, Manelphus, Ursinus, Ciacconius, Bulengerus, Thomasini, Lipsius, Framondus, Patius, Cornarius und andern anzuführen.

Die sehr passende römische Einteilung der Essenszeiten in zwei Mahlzeiten, *déjeuner à la fourchette* und *dîner,* ist meinem sehr verehrten Auditorium noch von der Schule her hinlänglich bekannt, und ich will an den Umstand, daß dieselbe Einteilung, welche noch ins Mittelalter hinein sich erhielt, später erlosch und erst in der neuen Zeit von Franzosen und Engländern und in der gebildeten Welt in großen Städten und Häusern überhaupt nach Verdienst gewürdigt und wieder eingeführt wurde, nur die tröstliche Bemerkung knüpfen, daß, wenn auch das Wahre zuweilen durch die Nacht einbrechender Barbarei vernichtet scheint, doch immer wieder safranfarbige morgenrötliche Tage einer neueren Zeit es von frischem wecken und reifen.

Ehe ich nun der dicken Nacht, oder wie andere lieber wollen: des romantischen Zwielichts, oder nach dem vielfarbigen Chateaubriand: der goldnen Zeit des Mittelalters gedenke (denn die Zeit der Völkerwanderungen war keine Essenszeit), werfe ich noch billig einen Blick auf Karl den Großen. Seine Mahlzeiten bestanden gewöhnlich aus vier Gerichten, worunter Eier mit Wildpret. – Kalbsnieren, Hechtschwänze, Barbenköpfe und Gänsehaut galten für große Leckerbissen. Wildpret, Rinder, Schweine, Ziegen, Tauben, Fasanen, Enten, Rebhühner, Gänse, Fische, Obst, Gemüse, Milch, Butter, Käse, Eier, Mehl, Weinessig, Honig, Getreide, Hirse, Senf etc. mußten auf seinen Gütern stets reichlich in Vorrat gehalten werden. Aber die von der Kirche gebotenen Fasten wurden so unsinnig respektiert, daß Fleischessen an einem Fasttage mit Todesstrafe bedroht war.

Könige und Fürsten sendeten ärztliche und theologische Zeugnisse an den Papst ein und baten untertänigst, Fleisch essen zu dürfen. Auch auf einzelne Speisen donnerte der Pontifex herab. Der Papst Zacharias verbot sogar Hasenbraten. Unter Papst Johann XXII. stritten die Franziskaner darüber, ob sie die Suppe, welche sie äßen, wirklich besäßen oder die bloße Nutznießung davon hätten. Da bloß drei bis vier davon als Ketzer verbrannt, aber weder Throne gestürzt noch Länder verheert wurden, rechnet es Voltaire zu den *sottises paisibles*.

Beten, Kasteien, Fasten und hungrige Wallfahrten reißen immer mehr ein, und die Bannstrahlen der Päpste verderben vollends alle Eßlust. Die zarten Troubadours finden Walfischfleisch gut; doch ergötzen sie noch – ein Nachklang griechischer Zeit! – durch süße Liebesgesänge beim Gastmahl, bis sie den Vorlesungen ungenießbarer Erbauungsschriften weichen müssen, die ihre Stelle einnehmen.

Was hilft es, daß die Kreuzfahrer Pfirschen, Kirschen, Pflaumen etc. vom Orient mit zurückbringen? Wer versteht sie mit Sinn zu essen?

Die Salernitanische Schule macht Verse über das, was gesund, zuträglich und gedeihlich zu essen sei; an das mit Geschmack und Sinn Essen, an schön Essen denkt niemand. Mischt sich was von Kunst ein, so ist's auf fratzenhafte Weise. Man trägt Bäckereien von obszönen Formen auf und macht plumpe, schlechte Witze darüber. Der Hanswurst springt zur Belustigung der Gäste in eine eigens dazu bereitete Pastete – ein Divertissement, welches bis in die Zeiten Shakespeares hinaufreicht –, und die unsinnigsten Schaugerichte nehmen Platz auf der Tafel.

Außer dem wahrscheinlich sehr nötigen Händewaschen vor dem Essen findet sich nichts Griechisches mehr. (Die Grazie war fast bis zum Schnarchen eingeschlafen.) Dieses Gebrauches wegen hieß der zur Tafel rufende Hörnerschall das Wasserblasen.

Ich verkenne nicht, was das Mittelalter Schönes und Großes in der Baukunst z. B. bildete; für die Eßkunst aber leistete es fast nichts. Mehr geschah für das Trinken.

Strenge Gebote schrieben in dieser romantischen Zeit den Menschen vor, was und wieviel sie essen durften. Den Reichen waren nur zwei Gerichte und zwei Arten Fleisch gestattet. Kaufleute und Handwerker durften nur bei einer Mahlzeit Fleisch essen und sollten sich bei der andern mit Milch, Butter und Gemüse begnügen. Es versteht sich von selbst, daß von diesen Verboten Prälaten und Barone ausgenommen waren. Diese durften essen, soviel und was sie wollten.

Doch auch diese Zeit ging, zum Leidwesen mancher heutiger Liebhaber, endlich, wie alles, zu Ende. Papst Leo X. führte eine kostbarere Tafel als alle seine Vorgänger. Einer seiner Einnehmer, Augustin Chigi, bewirtete ihn einstmals zugleich mit dem ganzen heiligen Kollegium und den fremden Gesandten. Bei jedem neuen Gange von Gerichten wurden die gebrauchten Gefäße, obgleich durchaus von Silber, in den Tiber geworfen, und zum Schluß lauter auf die mannigfaltigste Art zugerichtete Papageienzungen aufgetragen. – Ein altrömischer Nachklang! – Es ist klar, daß der Diener wohl den Herrn nicht überbot. Durch ein neuerfundenes Ragoût konnte man sich bei Leo in die höchste Gunst setzen. Er selbst erfand eine Gattung kleiner Würste, über deren Kostbarkeit sein Nachfolger, Hadrian VI., der den Posten in den Rechnungen fand, erschrak. Obgleich dieser den Fisch Merlus so über die Maßen liebte, daß derselbe, zur Lust der römischen Fischer, bald nach seinem Antritt des Pontifikats im Preise stieg, war Hadrian doch sonst frugal. Leo aber war es in keiner Beziehung. Er brauchte Geld. Der *commis voyageur* Tetzel machte nur zu gute Geschäfte, bis die weltgeschichtliche Katastrophe anbrach.

Für die Geschichte der Eßkunst ist das Wichtigste dieser Epoche die Erfindung der Gabeln, welche für sie ebenfalls eine Epoche bezeichnet. Sie kommen in Frankreich zuerst um diese Zeit, in England viel später vor. Die reizende Maria Stuart bediente sich noch der Finger statt der Gabel. Sie wurden von Eisen, und zwar anfangs nur zweizackig, gefertigt. Es ist augenfällig, daß die späteren drei- oder vierzackigen Eßgabeln zweckmäßiger sind. Dagegen deuten die neueren, ganz silbernen Gabeln, mit denen man nichts fest anstechen kann, mit denen nur mit Gefahr, unterwegs umzuwerfen, etwas zum Mund zu führen ist und deren man sich nur mehr wie löcheriger Schaufeln bedienen kann, offenbar auf einen Rückschritt.

Gleichzeitig mit den Gabeln fanden die Servietten allgemeinere Aufnahme, welche als eigentliche Servietten zuerst zu Reims in Frankreich gemacht wurden.

Was aber für die Wissenschaften die Erfindung der Buchdruckerkunst und für die Kriegskunst die des Schießpulvers, das ist für die Eßkunst die Erfindung der Gabeln und Servietten.

Wie nun von dem kunstsinnigen Italien aus die feinere Koch- und Eßkunst durch die Mediceischen Prinzessinnen an den französischen Hof und von da nach Deutschland und die übrige zivilisierte Welt kam und sich bis auf unsere Zeit weiter ausbildete, hat bereits Herr von Rumohr trefflich dargetan, worauf ich verweise.

Mögen die gegebenen Andeutungen genügen, um zu zeigen, wie die Menschheit vom Essen zur Eßkunst sich emporzuarbeiten gerungen.

Wie aber die älteren Helden überhaupt mehr durch die Stärke ihrer Knochen und die Kraft ihrer Muskeln vor der übrigen Herde hervorragten, wie überhaupt da die Quantität den Ausschlag gab, so haben auch diejenigen, welche in früheren Zeiten im Essen Ausgezeichnetes leisteten, es zunächst durch die Massenhaftigkeit und Menge des Genossenen bewährt. Milo von Kroton, so erzählt die Sage, schlug mit einem Streich einen Ochsen tot, lud ihn auf die Schulter und trug ihn im Lauf davon – aß ihn aber auch vollkommen auf. Lepräus Elaus, mit dem Zunamen: der Ochsenfresser, tat es ihm gleich und überwand in einem Eßwettstreite selbst die gewaltige Kraft des Herakles. Der berühmte Musiker und Tänzer Herodot von Megara aß gewöhnlich 20 Pfund Fleisch und ebensoviel Brot. Kaiser Maximinius verzehrte auf einmal 40–60 Pfund Fleisch und trank einen Eimer Wein dazu. Aber er zog auch einen stark beladenen Wagen mit einer Hand und schlug einem Pferd mit einem einzigen Streich alle Zähne in den Rachen.

Eine spätere Zeit setzte nun die eigentliche Form in die Kraft des Kopfes. Es galt Plan, Gedanken, Bewußtsein. Es galt Sinn, Wahl, Kunst!

Ludwig XIII. machte Konfitüren, Ludwig XV. kochte sich seinen Kaffee selbst. – Friedrich der Große ließ sich jeden Abend den Küchenzettel für den folgenden Tag mit derselben Pünktlichkeit wie irgendeinen Rapport bringen. Mit Interesse las er ihn durch, freute sich, wenn er Lieblingsspeisen (Polenta und Aalpastete) darauf fand, wie ein Mensch, wählte und korrigierte. Der Tiefdenker Kant besorgte mit liebendem Eifer seinen Tisch und erging sich gesprächsweise gar gern über das Essen.

Nach den »Mémoires« des berühmten Kochkünstlers Carème, welcher den sehr wahren Satz ausspricht, daß die Personen, welche zu essen verstehen, ebenso selten seien wie große Kochkünstler, war Napoleon weder ein Esser noch ein Kenner; weder Cambacérès noch Savary verstanden zu essen. Die echten Esser meiner Zeit, sagt Carème, waren der Fürst von Talleyrand, Murat, Junot, Fontanes, der Kaiser Alexander, Georg IV. und der Marquis von Cussy.

Vor ein paar Jahrtausenden fraß, wie bemerkt, Milo einen ganzen Ochsen – vor ein paar Jahren machte ein Pariser Restaurateur das Anerbieten, 500 Menschen mit zwei Sous für jeden täglich zu ernähren, und zwar einzig durch *Dämpfe,* die sich aus den Knochen von Fleisch, Suppen und Braten verbreiten. Er behauptet (auf den Erfahrungssatz gestützt, daß die meisten Köche wenig essen und doch dick werden), daß er acht Tage in diesen nahrhaften Dünsten leben könne, ohne etwas zu essen.

Was folgt daraus und aus allem? – Ich denke, zunächst nichts anderes, als daß es Aufgabe unserer Zeit sei, Quantitatives mit Qualitativem, Formales mit Materialem, das Schöne mit dem Kräftigen, das Strenge mit dem Zarten, das Starke mit dem Milden zu verbinden, beides gemeinsam in Bewußtsein und Freiheit, natur- und kunstgemäß in Wahrheit und Schönheit wissenschaftlich zu begründen, zu entwickeln, zu verschmelzen, der Menschen-Idee lebendig näherzubringen, praktisch zu verwirklichen.

Tu' ich, will ich denn nicht ebendies? Und werden denn die nun immer mehr aufs Eigentliche kommenden und immer interessanter werdenden Vorträge etwas anderes zum Ziele haben?

DRITTE VORLESUNG

Ethnographisches

NACHDEM ICH in der letzten Vorlesung die Entwicklung der Eßkunst sukzessiv in der Zeit, im progressiven Nacheinander zu skizzieren versuchte, wird es Aufgabe der heutigen sein, mit Hervorhebung des ethnographischen Momentes den Gegenstand nach seiner Koexistenz und Dimension im Raume, nach seinem konkreten Nebeneinander anzudeuten, d. h. auf deutsch: Ich werde heute davon sprechen, wie die verschiedenen Völker essen.

Dabei kommt nun das Essen der Wilden, so wie das mancher Zahmen, mehr nur in Betracht, um anzudeuten, wie man nicht essen soll.

Während uns aber über das Essen wilder Völker, aus dem so wenig zu lernen ist, die speziellsten Schilderungen der Reisebeschreiber zu Gebote stehen, versäumen gegenteils Reisende, welche zivilisierte Nationen besuchen, zwar nicht, genau zu berichten, bei welchen vornehmen oder sonst berühmten Personen sie zu Tisch gebeten waren – ein Umstand, der den Leser ganz kalt läßt –; gerade über das aber, was interessant und woraus etwas zu lernen wäre: was sie nämlich dort gegessen und wie man überhaupt dort zu essen pflegt, erfährt man nichts. Hier ist noch eine bedauerliche Lücke unserer Doktrin.

Wie Selbstanschauung künstlerischer Ausbildung erst Vollendung gibt und zur Vervollkommnung einer jeglichen Kunst Reisen unerläßlich sind, so auch zu der der Eßkunst. Es soll in der Wissenschaft, es soll in der Kunst nichts leerer Name, nichts begriffsloses Wort bleiben. Die meisten Menschen sind bloß deshalb so dumm, weil sie mit den Worten, die sie gebrauchen und hören, keine Begriffe verbinden, weil sie sich bei den Worten nichts denken.

Für den Eßkünstler ist es nun wahrhaft peinigend, eine Speise nennen zu hören, bei der er sich nichts denken kann. So ist gewiß ein indianisches Vogelnest für den, der noch keins gegessen hat, eines der kläglichsten Probleme. Welcher Nachgenuß dagegen, von einer Speise zu lesen oder zu hören, die man kennt, die man schon gegessen hat, bei der man sich etwas Bestimmtes vorstellen kann! Wie manches Vorurteil wird berichtigt, mit dem man sich ohne Reisen zeitlebens geschleppt hätte. So meinen z. B. gar viele, daß man in katholischen Ländern, besonders in Klöstern, die ausgezeichnetsten Stockfische fände. Ich traf sie aber auch bei Protestanten von derselben Qualität. Wird ja doch der Mensch, wie der Fisch, neutral geboren, und es ist sehr zufällig, wo und wie er appretiert wird.

Das Wichtigste bleibt immer, das Gute, Zweckmäßige, Schöne, sei es nun der Eßobjekte schlechthin oder der Bereitungsart oder der Verbindung, des Zusammenessens oder der Art des Genießens überhaupt, welches man in der Fremde erlernte, auch der einheimischen Kunst einzuverleiben, diese dadurch zu erweitern, zu erheben, zu vervollständigen, zu reinigen, versteht sich mit steter Berücksichtigung und Schonung des Nationalgefühls.

So sei denn unsere Reise begonnen, und es ist billig, da anzufangen, von wo überhaupt die Zivilisation ausging, vom Osten nämlich, und zunächst vom himmlischen Reich.

Als eigentümlich charakteristisch steht der Chinese dadurch da, daß er alles ißt, was er haben kann. Falken, Eulen, Adler, Störche, Fleisch von alten Zugochsen, Pferdefleisch, Hunde, Katzen, Ratten, Mäuse stehen überall öffentlich zum Verkauf und bilden die beliebtesten Speisen. Reisende versichern, daß die gemästeten Katzen, die sich auf der Tafel der Reichsten finden, gar nicht übel schmeckten. Dagegen konnten dieselben den gedämpften Nachteulen und gekochten bebrüteten Eiern keinen rechten Geschmack abgewinnen. Wie bei uns passionierte Austernesser, gibt es dort eigentliche Hunde-Gourmands. Doch wird Schweinefleisch im allgemeinen jedem andern vorgezogen und bildet immer die Basis ihrer Ragoûts. Nach den Zeugnissen der Reisenden läßt sich nichts Schmackhafteres finden als ein chinesischer Schinken, wie denn überhaupt ihr Schweinefleisch durch ihre treffliche Mastung viel besser sein soll als das unsrige. – Daß wir ihnen den Zucker verdanken, ist bekannt. – Die Chinesen sind sehr geschickte Köche und wissen mit einigen Bohnen, Reis, Korn und ein paar Gewürzen und Kräutern eine Menge, wie es heißt, wohlschmeckende Gerichte zu bereiten. Wie der Tee das Getränk *par excellence,* so ist die gewöhnlichste allgemeinste Speise der Reis. In Kanton wird eine Art Hohlhippen von Weizen gemacht, die, mit verschiedenen Kräutern, welche den Appetit erwecken, zugerichtet, sehr gut schmecken. Eine der wohlfeilsten und beliebtesten Speisen besteht in großen (5–6 Zoll dicken) Kuchen von Bohnenteig, welche roh oder in Wasser mit Kräutern gekocht oder in Butter gebraten, auch getrocknet und geräuchert mit Kümmel bestreut, verspeiset zu werden pflegen. Man zieht sie selbst jungen Hühnern vor.

Die gewöhnlichsten Formen sind Ragoûts von gehacktem Fleisch mit Kräutern und Hülsenfrüchten, Suppen von Schweineschmalz mit Kraftbrühen von Schweinen, Enten, Hühnern und Hachés von, je nach der Jahreszeit, verschiedenen Kräutern. Das vorzüglichste von allen chinesischen Gerichten, welches bei den großen Gastereien nie fehlen darf, sind Hirschsehnen und die berühmten Vogel- oder Schwalbennester. Erstere werden in der Sonne getrocknet, in Pfeffer und Muskat zusammengerollt, aufbewahrt, und wenn man sie geben will, in Reiswasser eingeweicht und mit einer Kraftbrühe von Ziegenfleisch mit Gewürzen gekocht. – Die Vogelnester aber findet man auf der Küste von Tongking, von Java und Cochinchina in den Felsen. Sie scheinen anfangs weiß; trocken werden sie graulich, hart und durchsichtig. Sie sehen aus wie eine eingemachte Zitrone und geben den Speisen einen vortrefflichen Geschmack. – Sie bestehen aus Seegewächsen, besonders Tang-Arten, die sehr klebrig und gallertartig sind, vermischt mit manchen Teilen von Seetieren und dem Schleim des Drüsenmagens.

Bärenpfoten und Füße von verschiedenen anderen Tieren, welche man gesalzen aus Siam, Kambodscha und der Tartarei bringt, sind bloß Leckerbissen für die Vornehmen. Dem Geflügel, den Hasen, Kaninchen und anderm Wildpret, so wohlfeil es auch in den größeren Städten zu haben ist, zieht doch der Chinese Hunde- und Pferdefleisch vor.

Das Unerträglichste aber der chinesischen Gastmähler ist die chinesische Höflichkeit. Welche unausstehlichen Komplimente und Zeremonien! Unsere deutschen großen und kleinen Krähwinkel – die großen sind's oft mehr als kleine – erscheinen fast ungeniert dagegen.

Man hat in China zwei Gattungen von Gastmählern: ein gewöhnliches von zwölf bis fünfzehn Schüsseln und ein feierliches, bei welchem achtzig Schüsseln auf jeder Tafel mit vielerlei Gepränge aufgetragen werden.

Um das Zeremoniell gehörig zu beobachten, müssen die Gäste durch drei Billets eingeladen werden. Das erste Mal ein oder zwei Tage vorher, das zweite Mal am Morgen des

Festes, um die Gäste an ihr Engagement zu erinnern, mit der Bitte, es nicht zu brechen, das dritte Mal, wenn alles angeordnet ist. Der Wirt will dadurch seine Ungeduld, die Eingeladenen bei sich zu sehen, an den Tag legen.

Der mit Blumentöpfen, Malereien und Porzellan gezierte Saal enthält so viel Tafeln, als Gäste erscheinen sollen. Selten werden, wegen der Menge der Eingeladenen, zwei, noch seltner drei Gäste an einen Tisch gesetzt. Diese stehen nach der Reihe an den Wänden, und die Gäste sitzen einander gegenüber in Armstühlen. Jede Tafel ist wie ein Altar vorn mit einem gestickten seidenen Tuch behangen, und zwar weder mit Tischtüchern noch Servietten belegt, doch sehr schön lackiert. An beiden Seiten stehen pyramidalische Schauessen.

Sowie der Herr vom Hause seine Gäste in den Saal geführt hat, begrüßt er einen nach dem andern, und nachdem er sich in einer kostbaren Tasse Wein hat bringen lassen, wendet er sich mit dem Gesichte gegen den großen Hof des Hauses und geht nach dem Ende des Saales hin. Hier hebt er die Augen gen Himmel und gießt etwas Wein auf den Boden, um damit anzuzeigen, daß er alles, was er besitze, der Gunst des Himmels zu danken habe. Hierauf läßt er wieder eine große silberne oder porzellanene Schale mit Wein füllen und setzt sie auf den Tisch, der für ihn bestimmt ist. Vorher macht er aber dem Vornehmsten der Gesellschaft eine Verbeugung, und dieser erwidert diese Höflichkeit damit, daß er außerordentlich geschäftig tut, eine ähnliche Schale mit Wein zu füllen und diese auf den Tisch des Wirts, der allemal der niedrigste ist, zu setzen und ihn auf diese Art der Mühe zu überheben. Der Herr des Hauses hält ihn davon durch andere Komplimente ab etc. etc.

Der Haushofmeister bringt sodann statt der Gabeln Stäbchen von Elfenbein und legt sie parallel auf jeden Tisch. Endlich führt der Herr des Hauses seinen vornehmsten Gast zu seinem mit Auszeichnung verzierten Lehnstuhl, und ladet ihn unter neuen Verbeugungen ein, sich darauf zu setzen. Dieser verbittet die Ehre, und der Wirt will sie allen Anwesenden anbieten, die aber durchaus nicht zugeben, daß er sich so viele Mühe geben soll.

So lange steht noch jedermann. – Endlich setzt man sich. In diesem Augenblick treten vier oder fünf Schauspieler in den Saal und begrüßen die Gesellschaft mit vier Verbeugungen, die so tief sind, daß sie den Fußboden mit der Stirne berühren. Dem Vornehmsten der Gesellschaft wird nun ein Buch präsentiert, in dem fünfzig oder sechzig Komödien mit goldnen Buchstaben aufgezeichnet sind, welche die Schauspieler auswendig wissen, damit er eine davon wählen soll. Er schlägt es aber ab, und mit dem Ersuchen, solches zu tun, wird es seinem Nachbarn gegeben und von diesem an einen andern, bis es an allen Tischen gewesen ist und wieder an den ersten zurückkommt. Endlich läßt er sich erbitten, öffnet das Buch, sieht einen Augenblick hinein und wählt das Stück, welches seiner Meinung nach der Gesellschaft am angenehmsten ist. Die Schauspieler lassen jedermann den Titel sehen, und alles gibt durch Kopfnicken seinen Beifall. Eine Ouvertüre mit Trommeln, Trompeten und Pfeifen, in Spontinis Geschmack, kündigt nun den Beginn der Komödie an, welche die Frauenzimmer außerhalb des Saales hinter Jalousien mit ansehen dürfen etc.

Bis jetzt hat noch kein Mensch einen Bissen gegessen. Man fängt immer das Fest mit einem Glase puren Weins an. Der Haushofmeister ruft, mit einem Knie an der Erde: »Meine Herren, man bittet Sie, die Schale zu nehmen.« Sogleich ergreift ein jeder die seinige, hebt sie bis an den Kopf in die Höhe, bringt sie wieder bis unter den Tisch und trinkt sie dann ganz langsam in drei oder vier Zügen aus. Man wendet hinterdrein die Schalen um, um zu zeigen, daß sie geleert sind. Dies wird zwei- bis dreimal repetiert. Währenddem wird auf jede Tafel eine Schüssel mit Ragoût aufgetragen, welches so bereitet ist, daß man kein Messer weiter dazu braucht. Der Haushofmeister bittet, man möge essen, und jeder bedient sich nun mit vieler Geschicklichkeit seiner zwei Stäbchen. Sobald man aufgehört hat, von einer Speise zu essen, bringen die Diener eine andere und präsentieren Wein, unterdessen der Haushofmeister unablässig zum Essen und Trinken nötigt. Zwanzig bis achtzig Schüsseln folgen einander auf diese Art, und man ist verbunden, ebensovielmal zu trinken. Die Schüsseln werden nicht weggenommen, wenn andere aufgesetzt sind, sondern sie bleiben alle bis zum Ende des Gastmahls stehen. Zwischen sechs und sechs oder fünf und fünf Schüsseln werden Brühen und kleine Kuchen oder Pastetchen serviert, die man mit den Stäbchen hineintunkt. Bis dahin wird nichts als Fleisch gegessen; aber nun fängt der Tee an. Dieser, wie der Wein, wird warm gegeben, und die Diener sind beständig beschäftigt, *warmen Wein (!)* einzuschenken und den kaltgewordnen wegzunehmen. Die letzte Schüssel muß in dem Augenblick aufgesetzt werden, in dem die Komödie zu Ende geht, und wenn nun noch Reis, Wein und Tee serviert ist, so wird aufgestanden. Die Gäste machen dem Wirt ihre Komplimente, und dieser führt sie in den Garten oder in ein anderes Zimmer.

Es ist aber noch nicht überstanden. Wenn das Dessert von achtzig Schüsseln mit Konfitüren, Gelées, Früchten, Schinken, getrockneten und gesalzenen Enten, Seefischen etc. in Ordnung gebracht ist, so gibt ein Diener dem Herrn kniend hiervon Nachricht. Sogleich schweigt die ganze Gesellschaft. Der Wirt steht auf und bittet seine Gäste, wieder in den Saal zu gehen. Im Anfange stellt sich alles zusammen, endlich nimmt jeder nach einigen Zeremonien seinen Platz ein. Nun kommen größere Tassen, und man ist genötigt, mehr zu trinken. Es fängt zur Abwechslung so ziemlich wieder alles von vorn an, es wird wieder eine Komödie gewählt und gespielt etc. etc.

Beim Anfange des Nachtisches läßt sich jeder Gast kleine Paketchen von rotem Papier bringen, die ein Trinkgeld für den Koch, Haushofmeister, die Schauspieler und Diener enthalten. Jeder von diesen bringt sein Paketchen dem Herrn vom Hause, der nach einigen Schwierigkeiten erlaubt, es anzunehmen etc.

Gewöhnlich dauert ein solches Fest vier bis fünf Stunden. Es fängt abends an und endigt um Mitternacht. Mit hundert

Zeremonien geht die Gesellschaft auseinander. Am andern Morgen schickt jeder Gast ein Billet, worin er seine gehorsamste Danksagung abstattet.

Ich bitte, etwas verschnaufen zu dürfen; denn die Sache war anstrengend.

Von den ostindischen Kolonien der Europäer, wo man (d. h. die dortigen Europäer) in der Regel sehr reichlich, gut und fein speist, schweige ich billig, da sich je die einzelnen Eßarten nach dem speziellen Mutterlande richten, wovon besonders gehandelt werden wird.

Den Hindus, Persern, Arabern, Mauren und anderen Orientalen fehlt der eigentliche Eßsinn fast gänzlich. Reisende können ihr Erstaunen über die unglaublich geringe Quantität von Nahrung nicht genug ausdrücken, mit der jene Völker sich begnügen. Diese ist noch dazu meist pflanzlich und von der ermüdendsten, sterilsten Einerleiheit. Reis, Mais, Datteln! – Datteln, Mais, Reis! – Ist es denn ein Wunder, wenn so Millionen, die kein Fleisch essen, von wenigen Roastbeef essenden Engländern leicht im Zaume gehalten werden?

Als eigentümlich verdient das Heuschreckenessen Erwähnung. Perser und Araber, besonders die Beduinen, essen sie sehr gerne. Sie werden etwas geröstet, an der Sonne getrocknet, in große Säcke gefüllt und etwas Salz zugemischt. Sie kommen als kein besonderes Mahl auf den Tisch, sondern jeder nimmt eine Handvoll, wenn er hungrig ist. Die Beduinen essen sie ganz. Die wenigen Syrer, welche sie essen mögen, brechen den Kopf ab und nehmen die Eingeweide heraus, ehe sie sie trocknen. Forbes sah sie, nachdem durch das Braten Beine und Flügel beseitigt waren, mit Milch und Datteln oder mit Salz und Gewürzen zugerichtet essen. Prokesch fand übrigens bei den Beduinen die Tafel nicht übel, lobt das in Butter geröstete Schaffleisch, das in Asche gebratene junge Kamelfleisch und das gute Weizenbrot, vor allem aber die herzliche Freundlichkeit und den zarten gastfreundlichen Takt seiner Wirte. Zum Getränk gab's freilich nur Kamelmilch.

Der vornehmen Araber in Syrien und Palästina gewöhnliche Art zu essen ist aber folgende: Auf der Erde sind verschiedene Teppiche ausgebreitet, und in die Mitte wird eine lange Tafel gesetzt, welche nur eine Spanne hoch von der Erde und 1½ Ellen breit ist und mit keinem Tischtuche oder sonst etwas bedeckt wird. Verschiedene große Schüsseln mit Pilau oder dickgekochtem Reis stehen auf derselben verteilt, und in der Mitte wird ein ganzer, großer, gekochter Hammel aufgesetzt, der in seinem Wanst eine Fülle von einer andern Art Pilau hat. Übersteigt die Anzahl der Gäste dreißig Personen, so wird mehr als ein Hammel aufgetragen. Viele kleine Schüsseln mit gekochtem Gemüse und auf mancherlei Art zugerichtetem Fleische und Näpfe voll geronnener saurer Milch werden zwischen dem Hauptgerichte eingeschoben. Dünne und ziemlich schlecht gebackene Kuchen vertreten die Stelle des Brotes. Einige beinerne oder hölzerne Löffel machen das ganze Tischgerät aus. Ist nun das Essen aufgetragen, so waschen sich alle sorgfältig die Hände, legen die Fußbekleidung ab und stellen sich vor die Tafel. Der Wirt tut ein Gebet an Gott, die übrigen desgleichen, und dann lassen sich alle mit kreuzweis untergeschlagenen Füßen auf die Teppiche nieder. Einer der Diener breitet ein großes Tischtuch über die Knie von allen, und das Essen beginnt. Obgleich Löffel auf der Tafel liegen, bedienen sie sich doch derselben wenig, sondern fahren ohne Umstände mit der Hand in den Pilau, nehmen, so viel sie in die hohle Hand fassen können, machen einen Kloß daraus und essen so, indem sie bald von diesem, bald von jenem Gerichte etwas zumischen.

Wasser ist neben der Milch das gewöhnliche Getränk, welches von den aufwartenden Dienern gefordert und aus irdenen Trinkgefäßen oder aus Kokosnüssen, selten aus Gläsern, getrunken wird.

Die bei der Tafel zugebrachte Zeit ist sehr kurz. Alle stehen zugleich auf, danken Gott, waschen sich wieder mit gleicher Sorgfalt die Hände und den Mund und nehmen an einer andern Tafel Platz, welche mit Früchten und süßen

Sachen besetzt ist. Nachdem sie davon weniges genossen haben, wird die Tafel weggenommen, und ohne von ihren Plätzen aufzustehen, trinken sie Kaffee, rauchen Tabak und bleiben lange beieinander sitzen. Unterdessen gehen die Leute des Hausherrn und nach ihnen die Jungen an der ersten Tafel zu Tische, sich an dem, was darauf geblieben ist, zu sättigen, und zuletzt werden die Überbleibsel der ersten und zweiten Tafel in die geheimen Zimmer der Damen getragen.

Die wenigen Ausnahmen, welchen man in dieser östlichen Ärmlichkeit begegnet, sind von der unerfreulichsten Art, so z. B. das garstige Fressen auf Malabar, wo, nach Große, als Maßstab eines solennen Gastmahls die Anzahl der Gäste gilt, welche dabei zerplatzten.

Griechenland ist noch in seiner Regeneration begriffen, und es dürfte wohl nicht lange mehr dauern, bis ein kultivierteres Essen die zu hoffende Zivilisation überhaupt als Vorläufer verkündet. Gegenwärtig aber findet der Eßkünstler seine Rechnung dort nicht. Bock- und Hammelfleisch, Hühner, Reis und Karutzen (kleine Kürbisse) bekommt man bald satt. Feigen, Trauben, Granaten, Orangen und Äpfel findet man bloß zur bestimmten Jahreszeit. Kirschen, Pflaumen und Birnen selten; Himbeeren, Johannis- und Stachelbeeren niemals.

Diesen Mangel an soliden Substanzen sucht die griechische (und die türkische) Kochkunst durch formale Überladung, Überpfefferung und Überfettung zu maskieren. Es ist dieselbe Pauvretät wie bei den Kartoffelmahlzeiten, wo die verschiedensten Gerichte eben doch nur aus Kartoffeln bestehen. So kommt Reis sechsmal verschieden, bald als Pilau, bald in Weinblättern, bald gebacken etc., das Hammelfleisch bald mit weißer, bald mit brauner Tunke, also dasselbe immer wieder unter anderer Zurichtung vor, wie die Crescendos Rossinis. Selten sieht man ein großes, derbes Stück auf der Tafel, alles ist klein zerstückelt und sehr weich, weil man meistens ohne Messer und Gabel ißt.

Daß Öl die Stelle der Butter vertritt, will ich um so weniger tadeln, als ich selbst z. B. einen in Öl statt in Schmalz gebackenen Fisch viel schmackhafter finde, wenn nur überhaupt nicht alles so fett zubereitet würde. Doch gehört das nun einmal zu jener Überkleisterung.

Was Lord Byron von Kreta sagt, gilt von ganz Griechenland:

»– Rind ist rar auf diesen ochsenlosen Inseln.
Bockfleisch und Zicklein, Schöps ist üblich dort;
Und kommt ein Feiertag einmal, sofort
Läßt man ein Stück an rohen Spießen brinseln,
Doch dies geschieht zuweilen nur, höchst selten.«

Fast ebenso sieht es in Konstantinopel aus. Von Fleisch ißt man meistens Hammel und Lamm, gekocht oder gebraten, und zwar so weich, daß man es mit den Fingern zerreißen kann, da Messer und Gabeln ungebräuchlich sind – wenig Wildpret, Vögel (namentlich gemästete junge Kraniche), Fische und Krustazeen; dafür aber Kaviar und Käse. Aus dem Pflanzenreiche: Kürbisse, Koloquinten, Malven, Lattich, Orangen, Wassermelonen, Feigen, Weintrauben, Reis, Backwerk, eingemachtes Obst; zum Getränke: Wasser, Kaffee und zuweilen Scherbet (ausgepreßte Weinbeeren in Wasser mazeriert).

Täglich wird nur einmal und bloß zur dürftigen Sättigung gegessen. Zwischen Vornehmen und Gemeinen ist hinsichtlich der Nahrung sehr wenig Unterschied.

Welch elendes Essen! Was ist aber auch aus der Türkei geworden! Möchte der reformierende Mahmud auch diesem wichtigen Zweige seine Aufmerksamkeit zuwenden, wie er für seine Person bereits in Beziehung auf den Champagner getan. Auch Messer und Gabel soll der hochstehende Reformer, wenigstens in seiner nächsten Umgebung, schon eingeführt haben.

Es ist nicht unersprießlich, einen Augenblick bei der Reflexion zu verweilen – nicht bei der, daß die Türken vorwärts und wir rückwärts sollen, denn das führt zu nichts, sondern bei der: welche rückwirkende Kraft die Eßkunst auf die Kochkunst ausübt. Oder ist es gleichgültig, daß man das

Fleisch zu einer ebenso geschmack- als kraftlosen Weichheit überkocht und überbratet, bloß um es, in Ermangelung der für die Eßkunst unsäglich wichtigen Messer und Gabeln, mit den Fingern zerreißen zu können?

Auch darauf mag hingedeutet sein, daß die Türken sich keiner Zahnbürsten bedienen, die ja aus den Borsten des verhaßten Schweins zusammengesetzt sind, und daß sie deshalb und in Folge des schlechten Essens mit 45 Jahren meistens keine oder doch ganz verdorbene Zähne haben. Ein ausübender Eßkünstler aber ohne gute Zähne ist ein Raffael ohne Hände.

Ich berühre nun andere mehr außereuropäische Verhältnisse nur kurz. Was läßt sich auch von dem Seehunds- und Walfischtran zu Kamtschatka, von den Fledermäusen zu Timor, von den wilden Hunden und faulen Fischen zu Grönland viel sagen? Fast ist's besser, ganz davon zu schweigen. Essen doch die Kalmücken sogar etwas, das ich nur mit dem geburtshilflichen (nicht kulinarischen) lateinischen Terminus *placenta* zu bezeichnen wage.

Zur augenfälligen Bestätigung des schon von Herrn von Rumohr ausgesprochnen Satzes: daß der Mensch ist wie er ißt, nenne ich nur noch die Ostjäken, die nicht einmal eine bestimmte Zeit zum Essen haben, sondern sich, je nachdem dieser oder jener gerade Hunger oder was zu essen hat, an dem immer in der Mitte der Hütte brennenden Feuer kochen oder braten. Doch fressen sie ihre Fische, oder noch lieber deren Fett allein, auch häufig roh. Ebenso: Hirn, Herz, Lunge, Leber und das Mark des erlegten Wildprets. Ihren Götterbildern schmieren sie das Maul mit Fischfett.

Über die Menschenfresser sage ich gar nichts. Wer recht deutlich hierüber, namentlich wie sehr man sich vor ihnen fürchten könnte, berichtet sein will, lese die berühmte brasilianische Reise von Spix und Martius. Auch die Ton- und Erdenesser sowie die Betelkauer verschiedener Nationen verdienen keine nähere Erwähnung.

Von Afrika erwähne ich nur, und zwar kurz, die zivilisierteren südlichsten und nördlichsten Punkte. Entdeckungsreisen ins Innere von Afrika sind bekanntlich sehr mißlich und würden uns auch zu geringe Resultate gewähren.

In Oran ißt man häufig Omelettes von Straußeneiern, und die Löwen- und Schakalsbraten finden viele Liebhaber. Dagegen sollen gebratene Affen ein ganz absonderliches Bild darbieten und, indem sie an einen heiligen Laurentius, Bartholomäus und andere schauderhaft entstellte Märtyrer erinnern, für feinere Geschmäcke sehr viel Abstoßendes haben.

Die wohlhabenderen Kolonisten am Kap, besonders die holländischen, zeichnen sich mehr durch die Frequenz ihrer Mahlzeiten, deren sie nicht weniger als sieben täglich zu halten pflegen, als durch irgendwelche Besonderheiten der Speisen oder des Essens aus. Morgens um sechs Uhr wird Kaffee mit Backwerk genommen, welches mit Recht eigentlich für nichts gerechnet wird. Um neun Uhr kommt das wirkliche Frühstück, welches aus Eiern, Fischen, Zungen, Wildpretkeulen und vortrefflichem Tee besteht. – Dieser Tee mag aber so vortrefflich sein als immer möglich, so paßt er nicht zu dem übrigen. – Um elf Uhr folgt ein sogenanntes Tiffin oder Gabelfrühstück, welches die Mitte hält zwischen dem eigentlichen Frühstück und dem Mittagessen. Dieses findet um zwei Uhr statt und besteht aus einer Menge der mannigfaltigsten Gerichte. Gegen drei Uhr wird Kaffee mit trefflichem Gebäck gegeben, um sechs Uhr versammelt sich die Familie zum Tee, und um neun Uhr beschließt ein reichliches Abendessen aus warmen Speisen das mühselige Tagewerk.

Wieder nördlich springend, gedenke ich nur noch der Madeira erzeugenden Kanarischen Inseln. Unzweckmäßig für diese heiße Gegend wird da um zwölf Uhr zu Mittag gegessen; passend ist's dagegen, daß man, um Störungen zu verhüten, alle Türen nach der Straße zu bis um drei Uhr nachmittags schließt.

In vornehmen Häusern besteht die erste Schüssel in einer Suppe von Rindfleisch, Hammelfleisch, Schweinefleisch, Speck, Karotten, Rüben, Kartoffeln, Erbsen, Zwiebeln und

Safran, welches alles zusammengekocht und, wenn es in die Schüssel gegossen wird, mit dünnen Brotschnitten vermehrt wird. Das zweite Gericht bilden Braten etc. Das dritte ist das *Olio* oder die Ingredienzen, aus denen die Suppe gemacht war. – Den Beschluß macht das Dessert, das aus Konfekt und Früchten besteht. Wein, pur und mit Wasser vermischt, ist das Getränk bei Tisch, sobald aber das Tischtuch weggenommen ist, trinkt man keinen Wein mehr. Die ausgebrachten Gesundheiten sind: »Ihre Gesundheit, mein Herr oder Madame!« – und die Antwort: »Ich wünsche Ihnen, tausend Jahre zu leben!«, oder: »Wohl bekomme es Ihnen!« –

Gleich nach dem Essen setzt man eine große, massiv silberne, mit Wasser gefüllte Schüssel auf den Tisch, worein die ganze Gesellschaft ihre Hände auf einmal steckt und wäscht. Wenn dies geschehen, spricht ein Diener, der an dem andern Ende des Tisches steht, folgendes Gebet: »Hochgelobt und gepriesen sei das allerheiligste Sakrament des Altars und die klare und reine Empfängnis der allerheiligsten Jungfrau, in Gnaden empfangen von dem ersten Augenblick ihrer natürlichen Existenz. Meine Damen und Herrn, wohl bekomme es Ihnen!« – Hierauf macht er einen tiefen Bückling, und jeder entfernt sich, um die Siesta zu halten. Wenn Leute von Stand ein Traktament geben, so ist allemal ein Mönch dabei, der gewöhnlich der Beichtvater des Hauses ist. Bei Morgen- und Abendbesuchen präsentiert man Schokolade und Backwerk, an Sommerabenden aber Gefrornes. Zwischen acht und neun Uhr wird die Abendmahlzeit gehalten, und dann legt man sich zu Bette.

Doch es ist Zeit, im zivilisierten Europa zu landen. – Was Goethe über Sizilien berichtet, sticht stark gegen den alten »sizilianischen Luxus« ab. In der Herberge zu Caltanisetta war gar keine Gelegenheit zum Kochen. Mit Mühe erlangten die Reisenden von einem Bürger Herd und Holz, Küchen- und Tischgeräte. Sie selbst kauften eine Henne, und der Vetturino holte Reis, Salz und Spezereien. In Catania fanden sie zwar eine Henne in Reis gekocht, die aber durch unmäßigen Safranzusatz kaum genießbar war. Der Vetturino aß mit größtem Appetit rohe Artischocken und Kohlrabi. Doch fand Goethe die Gartenfrüchte herrlich, besonders den Salat von Zartheit und Geschmack wie eine Milch, Öl und Wein gut, Fische die besten und zartesten, sogar bis Palermo sehr gutes Rindfleisch.

Neapel bietet mehr Ausbeute. Winckelmann äußert sich mit Entzücken über den zarten Blumenkohl von zwei Spannen im Durchmesser (sein Lieblingsgericht) und die köstliche *Lacrima Christi,* und es bekam ihm sehr wohl. Er schreibt: »Das Gerücht, als ob ich krank sei, ist dermaßen falsch, daß ich mich niemals besser befunden habe, und da mich mein Schneider nach meiner Rückkehr von Neapel ausmaß, fand sich ein Unterschied von zwei Finger breit im Umkreise.« Auch Goethe gedenkt mit freudigem Lobe des neapolitanischen Blumenkohls, Kohls, Salats, der Broccoli und Artischocken. Ich führe nur folgende Stelle aus dessen »Italienischer Reise« hier an:

»Es ist keine Jahreszeit, wo man sich nicht überall von Eßwaren umgeben sähe, und der Neapolitaner freut sich nicht allein des Essens, sondern er will auch, daß die Ware zum Verkauf schön aufgeputzt sei. – Bei Santa Lucia sind die Fische nach ihren Gattungen meist in reinlichen und artigen Körben, Krebse, Austern, Scheiden, kleine Muscheln, jedes besonders aufgetischt und mit grünen Blättern unterlegt. Die Läden von getrocknetem Obst und Hülsenfrüchten sind auf das mannigfaltigste herausgeputzt. Die ausgebreiteten Pomeranzen und Zitronen von allen Sorten, mit dazwischen hervorstehendem grünen Laub, dem Auge sehr erfreulich. Aber nirgends putzen sie mehr als bei den Fleischwaren, nach welchen das Auge des Volkes besonders lüstern gerichtet ist, weil der Appetit durch periodisches Entbehren nur mehr gereizt wird.

In den Fleischbänken hängen die Teile der Ochsen, Kälber, Schöpse niemals aus, ohne daß neben dem Fett zugleich die Seite oder die Keule stark vergoldet sei. Es sind verschiedene Tage im Jahr, besonders die Weihnachtsfeiertage, als Schmausfeste berühmt; alsdann feiert man eine allgemeine

Cocagna, wozu sich 500000 Menschen das Wort gegeben haben. Dann ist aber auch die Straße Toledo und neben ihr mehrere Straßen und Plätze auf das appetitlichste verziert. Die Boutiquen, wo grüne Sachen verkauft werden, wo Rosinen, Melonen und Feigen aufgesetzt sind, erfreuen das Auge auf das allerangenehmste. Die Eßwaren hängen in Girlanden über die Straßen hinüber; große Paternoster von vergoldeten, mit roten Bändern geschnürten Würsten; welsche Hähne, welche alle eine rote Fahne unter dem Bürzel stecken haben. Man versicherte, daß deren 30000 verkauft worden, ohne die zu rechnen, welche die Leute im Hause gemästet hatten. Außer diesem werden noch eine Menge Esel mit grüner Ware, Kapaunen und jungen Lämmern beladen durch die Stadt und über den Markt getrieben, und die Haufen Eier, welche man hier und da sieht, sind so groß, daß man sich ihrer niemals so viel beisammen gedacht hat. Und nicht genug, daß alles dieses verzehrt wird: alle Jahre reitet ein Polizeidiener mit einem Trompeter durch die Stadt und verkündigt auf allen Plätzen und Kreuzwegen, wieviel tausend Ochsen, Kälber, Lämmer, Schweine etc. der Neapolitaner verzehrt habe. Das Volk hört aufmerksam zu, freut sich unmäßig über die großen Zahlen, und jeder erinnert sich des Anteils an diesem Genusse mit Vergnügen.

Was die Mehl- und Milchspeisen betrifft, welche unsere Köchinnen so mannigfaltig zu bereiten wissen, so ist für jenes Volk, das sich in dergleichen Dingen gern kurz faßt und keine wohleingerichtete Küche hat, doppelt gesorgt. Die Maccaroni, ein zarter, stark durchgearbeiteter, gekochter, in gewisse Gestalten gepreßter Teig von feinem Mehle, sind von allen Sorten überall um ein Geringes zu haben. Sie werden meistens nur in Wasser gekocht, und der geriebene Käse schmälzt und würzt zugleich die Schüssel. Fast an der Ecke jeder großen Straße sind die Backwerksverfertiger mit ihren Pfannen voll siedenden Öls, besonders an Festtagen, beschäftigt, Fische und Backwerk einem jeden nach seinem Verlangen sogleich zu bereiten. Diese Leute haben einen unglaublichen Abgang, und viele tausend Menschen tragen ihr

Mittag- und Abendessen von da auf einem Stückchen Papier davon.«

Tischbein schreibt ganz dasselbe. Hackert lobt besonders seinen hohen Gönner, den König von Neapel, als sehr geschmackvollen und denkenden Eßkünstler. Der König ließ Austern aus Taranto zur See in Behältern kommen und vermehrte sie in dem See Fusaro, der von alters her durch einen Kanal Zusammenhang mit der See hat und deswegen Salzwasser ist, mit dem glücklichsten Erfolg. In den Monaten, wo kein *r* ist, also vom Mai an bis September, durfte keine Auster angerührt werden, weil sie sich in den heißen Monaten vermehren. Die Lieblingsspeise des Königs, kleine Würste von Schnepfen mit Schweinefleisch vermischt zu einem guten Glas Burgunder, der vortreffliche mit Fasanen gekochte Reis, die Kombination von Sauerkraut und Fasan, die Behandlung des delikaten Schwertfisches und anderes, welches in Hackerts Leben nachzulesen niemand gereuen wird, verdient alle Achtung – der Wildschweine, roten Rebhühner, wilden Enten etc. gar nicht zu gedenken.

Nach diesen Berichten ist vom Kirchenstaat und Rom kaum etwas zu sagen. Winckelmann schreibt klagend: »Die Luft in Rom erfordert und befiehlt, sehr mäßig zu sein, und dieses wird verdrießlich und zur Last. – Ich werde mit Casanova das Ufer des adriatischen Meeres bis Urbino bestreichen, um uns mit Kapaunen, das Paar zu einem Paolo, zu mästen. Eine herrliche Aussicht ins Leben!«

Ich kann mir es nicht versagen, wie in der ersten Vorlesung so auch hier ein Tagebuchfragment mitzuteilen: »Mit tiefbewegtem Gemüte betrat ich in Venedig zuerst italienisches Gebiet. Welche Erinnerungen wurden in mir wach!

Ich war auf die drei bekannten venetianischen Leiden: schlechtes Brot, schlechten Wein und schlechten Kaffee gefaßt. Ich brannte aber vor Verlangen, die italienische Käse- und Knoblauchkocherei, von der ich schon so viel gehört hatte, persönlich kennenzulernen. Geflissentlich hatte ich mich in einen Gasthof zweiten Ranges *(luna)* bringen lassen, von dem ich gehört, daß die Nationaleigentümlichkeit der

Kochkunst noch mehr in ihrer Reinheit bestehe, während sie in *Regina d'Inghilterra, Gran Brittania, Gran Parigi* und *Scudo di Francia,* mehr anglisiert und französiert, ihren spezifischen Charakter großenteils verloren haben soll. Leider war es noch viel zu frühe zum Mittagessen. Ein Gang über den Markusplatz füllte die Zwischenzeit anmutig aus. Es war noch wenig lebendig, doch brachten das froschartige *acqua*-Geschrei der Wasserträger, die Knaben, welche gebratene Kürbisse und Melonen, Mais- und Kakaobohnen ausriefen, besonders und vor allem aber die hübschen Mädchen und Frauen mit bunten Blumen in den schwarzen Haaren, die ebenso blumengeschmückte Würste und Schinken feilboten, viel Freundliches in das Ganze. Ich konnte nicht umhin, mir eine solche Wurst zu verschaffen, aus der mich dann der erwartete Knoblauch begrüßend anduftete.

Als ich in mein Gasthaus zurückkam, war die Tafel gedeckt. Einen sehr günstigen Eindruck machte die für mich hingestellte, statt mit einem prosaischen Korkstöpsel mit einem zierlich gefalteten Weinblatt verschlossene Weinflasche. Heiter und frei stimmten auch die offnen Fenster. Als aber die (Kräuter-)Suppe gebracht wurde, machte sich der Knoblauch mit noch zu ungewohnter Fremdartigkeit störend geltend. Vergebens rief ich mir die Lobeserhebungen ins Gedächtnis, mit welchen Hippokrates, Aristoteles, Galen, Dioskorides, Plinius und Constantinus Caesar die vortrefflichen Tugenden desselben preisen, wie Avicenna ihn besonders Reisenden empfiehlt, wie Aemilius Macer ihn sogar durch Verse feierte. Es wollte die Versicherung desselben Macer und eine Stelle Virgils, daß selbst Schlangen und anderes giftiges Gewürm diesem penetranten Geruche ausweichen, nicht verfangen. Auch das Beispiel des Philosophen Stilpon, der auch Knoblauch gegessen und trotzdem den Tempel der Mutter der Götter besuchte, in welchen jedem, der Knoblauch genossen, der Eintritt strenge verboten war, ebenso wie das des großen Arztes und Hypochondristen Zimmermann, welcher selbst Teufelsdreck mit wahrer Wollust kaute, wie er versichert, war nicht imstande, mich zu trösten und zu ermuntern. Da ich weder an Zahnschmerzen noch am Stein, noch an Würmern litt, fruchteten auch des Borellus, Felix Plater, Riverius, Hoffmanns, Zückerts und anderer berühmten Ärzte Empfehlungen dieses dagegen bewährten Mittels nicht das mindeste. Ich wußte zwar, daß zur Beseitigung des sonderbaren Geruches Menander eine in glühender Asche gebratene Betarübe, Hieronymus Tragus Raute und Aemilius Macer die Zedoaria dazu zu essen raten; das Traurigste war aber, daß der berühmte Gratarolus ausdrücklich verlangt, der Knoblauch müsse gekocht verspeiset werden. Das war gerade mein Unglück; denn kalt unter der Zervelatwurst hatte er viel weniger Überwindung gekostet. Am meisten encouragierte die Reminiszenz an die zarten Damen des Boccaccio, welche auch Lupinen und Knoblauch zu speisen pflegten, und so gelang es endlich, da ich mir nun einmal fest vorgenommen hatte, alle Schwierigkeiten zu überwinden. Das folgende Rindfleisch war so gut, als gekochtes Rindfleisch überhaupt zu sein vermag; von ausgezeichneter Zartheit aber zeigte sich gedämpftes Lammfleisch, welches mit Broccoli gegeben wurde. Zwar kündigte eine Kalbskotelette nur zu deutlich ihre innige Vermählung und Sättigung mit Knoblauch an, der beigemischte Sardellengeschmack überwog jedoch so bedeutend, daß sie ohne sonderliche Schwierigkeit zu genießen war.

Nun folgte ein sonderbar und abenteuerlich gestalteter breiter Fisch, mit gehackten Sardellen gefüllt und in Öl gebraten, der mir zwar wohlschmeckte, wobei jedoch die Unwissenschaftlichkeit, mit der ich ihn aß, da mir dessen systematischer Name gänzlich unbekannt war, einigermaßen störend einwirkte. Freude machte es dagegen, in einem demnächst und zwar in seiner Schale servierten Mollusken die Pilgermuschel *(Pecten Jacobaeus)* zu erkennen. Sie war ebenfalls in Öl gebraten und von sehr feinem Wohlgeschmack. Eine halbe Zitrone wurde dazu gegeben. Ganz zweckmäßig fand ich es, daß die nachfolgende Taube mit dem Kopf aufgetragen wurde. In Deutschland wird dieser leider gewöhnlich beseitigt, wodurch das delikate Hirn verlorengeht.

Überaus schmackhaft erwies sich eine Melone; ein mit geriebenem Parmesankäse versetztes Reisgebäck behagte weniger. In Öl gebackene Pfirschenküchlein gewährten dagegen eine sehr angenehme Überraschung, obschon die frischen Pfirschen, sowie frische Feigen, für sich und in Wein getaucht, besser behagten. Ich hätte nicht gedacht, wie schön diese sowie Pfirschen und Äpfel zu Parmesankäse harmonieren. Durch seine Fremdartigkeit sowohl als den überaus anmutigen, weinsäuerlichen, kühlenden Geschmack und die strahlende, schön scharlachrote Farbe machte ein Granatapfel bedeutenden, unvergeßlichen Eindruck. Über alle Beschreibung erhaben aber schmeckte ein Schinkenschnitzel, mit einer frischen Feige zugleich genossen.

Damit schloß ich mein Mittagessen, absichtlich ohne Kaffee nachzutrinken. Zwar vermißte ich das eigentlich italienische Voressen ebensowohl als einen eigentlichen Hauptkonzentrationspunkt in der Anordnung, doch war ich im ganzen und einzelnen sehr wohl zufrieden. Nach Erledigung anderweitiger Studien ließ ich mich, versehen mit einer vortrefflich geräucherten Rindszunge, welche ich von Salzburg mitgenommen hatte, auf die nahe Insel Lido fahren. Mein Gondoliere, der mich unter der *Accademia delle belle Arti* erwartete, aß zu einem Stückchen Brot rohe kleine Muscheln, welche er sich von der Mauer abgelesen hatte. Es schien ihm sehr zu schmecken, und er hatte nicht einmal Salz dazu. Bald waren wir auf Lido. Ein kräftiger Ostwind warf mächtig hohe Wellen gegen das Ufer und lockte zum frischen Kampfe damit. Welche Lust, zum ersten Mal in der grünlich-bläulichen Salzflut des Meeres zu baden und den gegenschlagenden Wogen anzukämpfen! Ich konnte länger als eine Stunde nicht satt werden, gegen die Wellen anzustreben und mich immer aufs neue zurückwerfen zu lassen.

Welches Wollustgefühl durchströmte alle Glieder nach dem Baden, und welcher unschätzbare Appetit hatte sich eingestellt! Mein Gondoliere hatte von Porto Franco aus für eine gute Flasche Zyprier gesorgt, meine Salzburger Zunge wurde entwickelt und enthüllte, in zierliche Scheiben geschnitten, ihren schönen Purpur, ein saftiger Granatapfel gesellte sich harmonisch dazu, der azurblaue Himmel lächelte hernieder, lieblich kühlte der Ostwind – und ich genoß in paradiesischer Unschuld ein Abendbrot, welches trotz seiner Frugalität meinem Herzen ewig unvergeßlich bleiben wird.«

Bei einem etwas längeren Aufenthalte in Italien gewöhnt man sich so ziemlich an den Knoblauch, der für Italien ebenso charakteristisch ist als das, freilich etwas übertriebene, Zumischen von Käse an die Speisen; ja man findet wohl in dem Knoblauch später eine sehr reizende Staffage, die nur mit Bedacht und Ökonomie angebracht sein will, um die eigentliche Landschaft nicht zu bedecken. Was die Käsebeimischungen betrifft, so werden sie durch die sanfte Milde des dazu verwendeten *Parmigiano* so glücklich temperiert, daß sie um so früher ihre anfängliche Fremdartigkeit verlieren. Der soeben bezeichnete, etwas fade Charakter des Parmesankäses macht es auch erklärlich, wie er sich mit Apfel, Pfirsche und Feige verträgt. Übrigens verdienen diese Käsebeimischungen schon als Reminiszenzen des Homerischen Weinmuses versucht zu werden.

Da unser Weg noch weit ist, sei hiermit vom schönen Italien geschieden!

Über das frugale und steife Spanien, dessen Unglück nicht hierhergehört, mag es wenig zu sagen genügen. Herr von Rumohr, welcher das »Gasthaus zum Bären« in Aranjuez besonders empfiehlt, hat über den *Puchero,* die *Olla* und anderes erschöpfend berichtet, und in Vollrath Hoffmanns geographischen Schriften, in welchen überhaupt unser Gesichtspunkt sehr erfreulich möglichst beachtet ist, findet man Näheres über den *Gazbacho* und *Guisado.* – Lord Byron begnügt sich, Weiber und Orangen von Sevilla zu loben. Aus allem erhellt, daß es sich so ziemlich noch damit verhält wie zur Zeit von Sancho Pansas Statthalterschaft, und der in Cervantes' »Macht des Blutes« angedeutete Gegensatz des spanischen Essens zum italienischen gilt auch noch heute, und auch für Portugal.

In den besseren Gasthäusern der Schweiz an den Hauptstraßen ißt man ganz wie in Frankreich. Traurig sieht's auf den von Ortschaften entfernteren Alpen aus. Milch und Käse und Käse und Milch ist alles. Statt des Brotes dient magerer Käse, der zu fetterem gegessen wird. Dabei hat man das Vergnügen, Milchsuppen und Molken aus hölzernen Gelten, und zwar mit hölzernen runden Löffeln zu essen, deren Durchmesser so kolossal ist, daß, wer einen zivilisierten Mund und kein helvetisches Maul hat, sie kaum an Ort und Stelle führen kann. Ich selbst erfuhr dies alles auf der Alpe Croix rouge, nicht sehr weit von Bex, wohin ich zur Erforschung dieser Nationaleigentümlichkeiten eigens einen Abstecher machte. Und nun in Beziehung auf die Schweiz nur noch einen guten Rat.

Ich kam durch Genf zuerst dahin. Wie ich, als großer Käseliebhaber, sehnlichst erwartete, kam zum Dessert ein Käse, von Geburt ein Emmentaler und mittleren Alters, dessen Wohlgeschmack – eine spezifisch pikante Schärfe mit beschwichtigender, milchiger Milde auf das zarteste vereint – mich entzückte. In der unglückseligen Voraussetzung, dergleichen fände sich von nun an allenthalben, aß ich mit stoischer Zurückhaltung so wenig als möglich, in der Absicht, diesen Hochgenuß nicht gleich von vornherein zu erschöpfen. Furchtbare Täuschung! Am andern Tag mußte ich abreisen, ohne Aussicht zur Wiederkehr. Ich durchzog die Schweiz nach allen Richtungen, fragend und forschend – niemals wieder fand ich meinem Urbilde nur entfernt Ähnliches. Wie der Dichter Ernst Wagner mit unvergeßlicher Sehnsucht noch im Mannesalter einer einzigen überreifen Birne gedenkt, die er als Knabe, hoch in den Zweigen des Baumes sich schaukelnd, gegessen und dergleichen unbeschreiblichen Wohlgeschmack er nie wieder fand, so ging es mir mit dem in Genf genossenen Emmentaler.

»Doch den entfloh'nen Augenblick
Bringt keine Reu', kein Gram zurück.«

Wie für die schönen Künste und die Lebenskunst so gilt auch für die Eßlust das Erfassen des Momentes, das Festhalten glücklicher Aperçus.

Frankreich wird in Beziehung auf Koch- und Eßkunst besonders von Engländern und Deutschen auf das schiefste beurteilt. Geschieht dies von Engländern, so hat es seinen guten Grund. Was aber berechtigt denn die Deutschen, dasjenige zu tadeln, was sie gleichwohl so eifrig beflissen sind, auf das genaueste nachzuahmen?

Der Engländer, bei dem, wie Byron sagt, die Quantität bloß zur Qualität verdickt ist, der Engländer hat seinen eigentümlich nationalen Stil, seine Schule, wenn auch nicht in der Malerei, doch in der Koch- und Eßkunst. Er schaut von der edlen, wohlhäbigen Simplizität seiner großen, kräftigen Roastbeefs, Kalbs- und Lammbraten, seiner ausgiebigen Puddings und massenhaften Schildkrötensuppen stolz auf die französischen Froschschenkel und mageren Suppen, auf das Land herab, wo Kopfsalat als ein eigentliches Gericht für sich gilt. Trotz alledem aber sagt, wie schon Lichtenberg bemerkt, ein französischer Koch bei der großen Welt in London sehr viel und fast so viel als die große Welt selbst.

Deutschland aber quengelt und klatscht über die französische Küche, während es gar keinen bestimmt ausgeprägten Stil, keine Nationalspeisen hat. Oder wollen wohl gar die österreichischen Knödel und Strudel, die bayerischen Dampfnudeln und Bauchstecherl, die württemberger Spätzle und Knöpfle, die sächsischen süßsauren Würste mit Mandeln und Rosinen, die Teltower Rüben oder die pommerschen geräucherten Spickgänse sich erkühnen, darauf Ansprüche geltend zu machen?

Man lese im »Geist der Kochkunst«, was wir der französischen Küche verdanken, und verstumme.

Es wäre töricht, gegen das Nachahmen überhaupt zu eifern. Warum sollte man das als gut Erkannte sich nicht aneignen? Aber man tue es mit Bewußtsein und Freiheit! Ist's ja doch gar zu kläglich, das Nachgeahmte für verwerflich zu erklären und doch es nachzuahmen.

Da ich selbst ein gewisses ergiebiges Quantum liebe, so bin ich um so weiter entfernt, der deutschen und englischen Nation einen Vorwurf deshalb zu machen, daß sie über die französische wegen deren Frugalität die Achseln zuckt. Aber das französische Volk ist nun einmal mäßig im Essen und Trinken, und wer ist für Natureigenheiten verantwortlich? Und haben sich denn nicht auch in diesem Volke begabtere Naturen loszuringen gesucht von dieser Beschränktheit? Ist Frankreich nicht das Vaterland eines Alexander Balthasar Laurent Grimod de la Reynière, des unsterblichen Verfassers des dem großen Cambacérès gewidmeten, acht Bände starken »Almanac des gourmands« und des »Manuel des Amphitryons«? – Werke, die in Deutschland so wenig bekannt scheinen, daß es mir, was ich bei diesen Vorlesungen schmerzlichst zu beklagen habe, trotz aller erdenklichen Anstrengungen, nicht gelang, sie aufzutreiben.

Tadelt aber der Engländer die französische Mannigfaltigkeit und verfeinerte Vielfältigkeit der Objekte oder gemischten Formen, so möge er wohl bedenken, daß seine eigene Weise doch gar zu simpel und einerlei ist und der Franzose ihn mit demselben Recht der Übertreibung einen Barbaren nennt, der nichts von Eßkunst verstehe, die überwürzten Schildkrötensuppen und sonstige Suppenlosigkeit, die blutigen Roastbeefs, die in Wasser gekochten Gemüse und die Rhabarberpasteten in tiefster Seele verachtet. Jedenfalls ist's auch schicklicher, Mund und Finger mit der Serviette als mit dem Tischtuch abzuwischen.

Der Deutsche aber, der im Übermischen und Mengen, in den ungeeignetsten Kompositionen ins Grund- und Bodenlose geht und den Franzosen weit überbietet, sollte billig sich bescheiden, hierüber an die eigne Brust zu schlagen.

Übrigens darf nicht übersehen werden, daß die französische Küche in neuerer Zeit in der Komposition gar sehr sich vereinfacht hat. Ich selbst fand in Paris diese Vereinfachung der Komposition sehr geschmackvoll, wobei zugleich die reichste Mannigfaltigkeit und Vielfältigkeit der einzelnen Speisen, von denen man nach Belieben essen konnte, die erfreulichste Auswahl bot. Unlogischerweise verwechselt man immer beides.

Abgesehen nun davon, daß eine detailliertere Darstellung und Kritik der Eßkunst der drei genannten Nationen, besonders der französischen, mich allein weiter führte, als mir für alle Vorlesungen zusammengenommen Raum gestattet ist, hat bereits die heutige Vorlesung schon zu viel Zeit weggenommen, um nicht zu deren Beendigung alsbald einzulenken. Was demnach etwa hier vermißt werden möchte, wird daher in den folgenden Vorträgen schicklichen Orts gebührende Erwähnung finden.

So neigt sich denn unsere weite Wanderung zum Ziele, und das Ideal ist noch immer nicht gefunden. Die noch übrigen europäischen Nationen haben so wenig bezügliches Eigentümliches, daß ein dortiger Fund wohl das Suchen nicht lohnte. Vielleicht finden wir's in der Neuen Welt? Auf nach Amerika, in die zivilisierten Vereinigten Staaten! Wir kommen gerade recht: Da sitzt eine ehrenwerte Familie eben am Mittagsmahl. Wir erneuern bloß eine alte englische Bekanntschaft, vermissen aber durchaus deren Behaglichkeit, Weile und Eßsinnigkeit. Wie lästig muß den Dollarmännern doch dies Geschäft sein, mit welcher hastigen Verdrießlichkeit schlingen und schlucken sie und eilen, mit der geschäftsstörenden Pause so schnell als möglich fertig zu werden! Es sind keine fünf Minuten vergangen, und schon steht einer nach dem andern eilfertig auf, und geht, noch käuend, ab.

Eilen wir, ebenso schnell wieder nach Deutschland zurückzukommen, und weder die brasilianischen Riemen von an der Sonne gedörrtem Büffelfleisch noch das in Bärentalg und Heidelbeeren gesottene Hundefleisch von Labrador sollen uns zurückhalten.

Möge jene amerikanische freudlose Geldkümmerlichkeit sich nicht auch bei uns einnisten und uns ruhigen, behaglichen Genuß am Schönen und Geschmackvollen vergällen! Wollen wir doch, soviel an uns ist, dahin wirken, daß es uns und unseren Mitbrüdern auf Erden wieder schmeckt und immer besser schmeckt, trotz der zum Teil überstandenen, zum Teil noch drückenden Wirren, Zerrissenheiten und unvergnüglichen Lumpereien und Dummheiten aller Art! – Da wir sahen, daß es dergleichen auf der Welt und noch viel Lästigeres gibt, schlägt's um so mehr ins Fach des sogenannten deutschen Trostes. Eines schickt sich nicht für alle, und jeder kann sich's schmecken lassen, wenn er's versteht, und andere auch. Für die geringere Verdauungskraft vieler schickt sich milde Pflanzenkost, Fastenspeisen und ähnliches; einem kräftigen Magen gehört sein angemessenes Stück Braten.

Wir haben also das Ideal nicht gefunden. Es wär' auch dumm gewesen, es im Ernst als in Fleisch und Bein daseiend zu suchen. Gescheit wär's aber, sich ihm dadurch zu nähern, daß wir das Gute und Geschmackvolle aller Nationen näher zu ermitteln, das Geeignete zu wählen, zu verbinden, zu veredeln trachten. Auch das beim ersten Anblick ungeeignet Scheinende wollen wir erst kosten und uns mundgerecht zu machen suchen, ehe wir es verwerfen. Wir wollen nie vergessen, daß, je wilder, roher, unzivilisierter die Völker sind, sie auch um so schlechter und dümmer essen, und umgekehrt die zivilisierten, menschlich höchststehenden Menschen in gleichem Verhältnisse zu Eßkünstlern sich erheben. – Dies und die Konsequenzen daraus sei die Nutzanwendung!

Ein in szientifischem Sinne gemachter Überblick ergibt, daß, wie die sogenannten gesetzten, reiferen Jahre der dem Eßkünstler vor allem nötigen Sophrosyne zunächst und zumeist entsprechen, ja den Eßkünstler eigentlich erst bilden, so auch die gemäßigteren Zonen der Eßkunst am förderlichsten sind.

Weder an den eiskalten, rauhen und unwirtlichen Polen noch unter dem heißen Äquator blüht die Eßkunst. Auch das Klima der Wendezirkel lächelt ihr nicht. Im allgemeinen ist daher eine gewisse beträchtlichere geographische Breite und ein gemäßigteres Klima der Eßkunst am günstigsten. Dies, meine Herren, nennt man ein wissenschaftliches Resultat.

Vierte Vorlesung

Verhältnis der Eß-kunst zu den anderen schönen Künsten

Man hat die Not die Mutter der Künste genannt. Es ist dies wahr und falsch, je nachdem man's versteht, wie dergleichen in der gelehrten Welt öfter vorkommt. Meint man die schönen Künste für sich als solche in ihrer Reinheit und Vollendung, so ist der Satz nicht wahr. Versteht man den Satz aber so, daß der Mensch durch seine Bedürfnisse, durch seinen Kampf gegen die Außenwelt zu manchen Erfindungen, Konstruktionen, Fertigkeiten, Bildungen gedrängt wurde, aus denen, gleichsam als aus Vorarbeiten erst sekundär, nachdem das Bedürfnis befriedigt, die Subsistenz gesichert war, die schönen Künste sich entwickeln konnten, so mag weniger dagegen einzuwenden sein. Mit demselben Rechte könnte man dann freilich sagen, das Abc ist die Quelle der Wissenschaften.

Die Indianer haben die zarte Gewohnheit, ihre gefangenen Feinde barfuß auf eiserne Platten zu stellen, unter denen ein angemessenes Feuer brennt. Aus Gründen, welche Physik und Physiologie nachzuweisen haben, teilt sich zunächst den Fußsohlen des auf dieser heißen Platte Stehenden die Hitze derselben mit, welche dann der übrige Mensch ebenfalls spürt. Weniger aus der Berechnung, daß, wenn er nur auf einem Fuß steht, es ihn auch nur an einem Fuß brennen kann, oder aus dem Plan, daß er durch die Abwechslung: bald auf diesem, bald auf jenem Fuß zu stehen, höheren wachsenden Hitzegraden temporär zu entgehen sucht, als vielmehr durch blinden Naturtrieb hebt der Torquierte den andern Fuß in die Höhe. Es brennt aber an dem ersten so stark, daß auch dieser sich von dem unangenehmen Berührungspunkt zu entfernen sucht. Unterdessen übernimmt der erste Fuß wieder das Geschäft. Am liebsten stünde der Mensch auf gar keinem Fuß. Da dies nun aber nicht angeht, so bleibt nichts übrig als fortwährendes Wechseln beider Füße. Je heißer und glühender nun die Eisenplatte wird, um so weniger lang hält's jeder Fuß aus, um so schneller wechselt das Auf-einem-Fuß-Stehen, um so höher springt der Gemarterte. Dies ist ein indianischer Tanz, dem der fürstliche Hof mit sehr viel Beifall zuschaut. Kann hierin die Erfindung der Tanzkunst gesucht werden? So wenig als im Hunger die der Eßkunst.

Wo die Not ist, ist das Schöne nicht, wo das Schöne ist, ist keine Not. Das Schöne ist das gerade Widerspiel aller Not; ein Kunstwerk, dem man Not ansieht, ist nicht schön.

Gewisse neuere Dichter holen allen ihren Stoff aus Not, Hunger, Elend, Krankheit, Mangel, Abscheu, Ekel – pfui Teufel! –, die Ware wird auch danach.

Wie widersprechend und dumm nimmt sich eine essende Trauerversammlung aus! Wie widerlich ist ein Totenkopf mit einem Blumenkranz! Wie unausstehlich ein Kotzebuescher Ausbruch der Verzweiflung in Versen!

Wie trüb und unerfreulich ist selbst der göttliche Schiller, wo er jammert und z. B. seine Melancholie an Laura winselt! Wie kaum erträglich wird der sonst so menschlich schöne und liebenswürdige Jean Paul, wenn er einen Mann zwei Bände lang über seinen bevorstehenden Tod lamentieren läßt, und zu wie vielen Mißgriffen haben solche falsche Molltöne erst andere veranlaßt!

Weil die wenigsten wissen, oder Mut, Resignation und Kraft haben, zu begreifen, was Kunst ist, drängt sich alles zum Schmerz und glaubt etwas zu sein, wenn's auch mitlamentiert. Wer Bauchweh hat, macht ein lyrisches Gedicht. Darum unsere hundert nicht auszuhaltenden Trauerspiele und kein Dutzend gute Lustspiele, ja sogar die Misere sentimentaler, auf Tränen berechneter Komödien! Darum statt Verherrlichung, Verklärung, Vollendung der Natur: deren Herabwürdigung, Entstellung, Verfratzung! Darum statt Ernst, Erhebung, Reinigung, Heiterkeit, Klarheit des Gedankens, Freude am Schönen, seligem Genießen: gegenteils nur Schmerzverzerrung, Niedergedrücktsein, Gemeinheit, Dumpfsinn, Widerspruch, Zweifelsqual, Lebenszwiespalt und Überdruß, und trotz alledem noch dazu die dummstolze Einbildung: das wäre was. – Um so deutlicher muß man's rügen. Das ist ja gar nichts. Jede Nähterin und Wäscherin schreibt ja auch von ihren Schmerzen und gebrochnem Herzen. Das ist keine Kunst, traurig zu sein in unserer Zeit. Es ist eine Kunst, lustig zu sein. Das versucht, oder hängt euch auf, wenn ihr sonst nichts gelernt habt und zu tun wißt, als euren unschuldigen Mitmenschen mit eurer und der allgemeinen Misere beschwerlich zu fallen.

Wie liebenswürdig und küssenswert steht, oder sitzt vielmehr, der Eßkünstler euch gegenüber! Nicht nur er selbst ist selig in Ausübung seiner Kunst; er erfreut und erquickt durch seine Darstellungen jeden Beschauer. Welch milder

Ernst, welche schöne Heiterkeit, welche klassische Ruhe, welch seliges Genügen umschwebt ihn! Und einen solchen Mann wagen diese ewig nassen zerrissenen Tränenhäderlein über die Achseln anzusehen!

Wie wenige der neueren Künstler überhaupt können auf ihre kleine Subjektivität resignieren und das Objektive in seiner Reinheit und Urbedeutung erfassen! Wie schauen überall die langhaarigen, weißbekragten, schwarzberockten deutschen Jünglinge oder herzinnigen blauäugigen Gänslein, oder die französischen zerrissenen Hosen, Herzen und Köpfe durch!

Der Eßkünstler gibt seine Subjektivität auf und lebt bloß im Gegenstande und in dem Bestreben, darzustellen, wie dieser Gegenstand eigentlich genießbar gemacht und genossen werden soll. Er weiß sich selber seiner Aufgabe gänzlich unterzuordnen; er hält die Zeit der Ausübung seiner Kunst für die genußreichste seines Lebens; er kostet nicht an diesem oder jenem herum, um am Ende doch nirgends etwas zu leisten – sichern Schrittes wandelt er wohlbedacht und ruhig seinem Ziele zu. Wie ungeduldig und hastig stürmen oft andere Künstler darauflos, um etwas zustande zu bringen, und wie froh sind sie, wenn sie damit fertig sind. Er nicht also; im Gegenteil, er eilt niemals, er übersudelt nichts, er prüft, überblickt, holt nach, ergänzt, vervollständigt überall mit Überlegung und Weile, und wenn er fertig ist, ist's ihm gar nicht recht.

Die Künstler überhaupt mögen sagen, was sie wollen, das letzte Ziel ihrer Bestrebungen ist doch das, sich sehen oder hören zu lassen. Es ist noch niemals vorgekommen, daß ein Künstler für sich allein etwas gebildet und es gar niemand gezeigt hätte. Es ist immer Ehrliebe dahinter, die ich zwar weit entfernt bin, zu tadeln, im Gegenteil vollkommen schätze, doch aber nicht umhin kann, rühmend auf den anspruchslosen Eßkünstler hinzudeuten. Und wenn niemand ihn sieht als Gott, er ist zufrieden, und sein Genuß ist derselbe. Er wird mit derselben Delikatesse und Zartheit verfahren, man wird dieselbe fleißige Ausführung, dieselbe umsichtige erschöpfende Behandlung, dieselbe eifrige Sorgfalt finden. Wie der geniale Künstler überhaupt vergißt er sich selbst über seinem Werke.

Es gehört etwas dazu, in jetziger Zeit bei so viel Konkurrenten und Kompetenten sich in irgendeiner Richtung auszuzeichnen. Daher das heutige Rennen, Jagen, Wetten, Wagen und Überpurzeln. Der Eßkünstler will sich aber gar nicht auszeichnen. Es genügt ihm vollkommen, wenn er sich's selber recht und zu Dank gemacht.

Der unglückliche Kunst- und Rangstreit ist ihm fremd. Nicht nur ordnet er sich bescheiden allen anderen Künstlern, selbst dem Tanz- und Fechtkünstler, unter, sondern er schätzt mit der humansten Toleranz alles Geschmackvolle, gehöre es nun dieser oder jener Kunstgattung an. Er weiß das Historische eines großen in Öl gemalten Friedensmahles von Sandrart ebenso zu würdigen als in der kleinsten radierten Skizze von Gessner mit Butterbrot, Milch und Käse das Idyllische. Er fühlt das Schöne der Hühner, Gänse und Enten eines Hondekoeter so lebhaft wie das der Weintrauben eines van Aelst und streitet nie darüber, ob Wildpret von Weeninx oder Früchte von Coosemans gelungener seien. Mit gleicher Liebe betrachtet er Kaninchen von Koning, Rebhühner von Fyt und Schnepfen von Sintzenich. Indem er einen Hafen von Snyders bewundert, findet er die einladende Reinlichkeit der blinkenden Kristall- und Perlmuttergefäße eines Kalf nicht minder schön. Selbst irgendein Gurkenschild als einen Keimpunkt von Stilleben betrachtet er mit Anteil. Überhaupt verweilt er bei den Stilleben mit einiger Vorliebe, nur kann er die Totenköpfe eines van Streeck nicht ausstehen, und er bedauert es sehr, daß diese lieblichen Stilleben gegenwärtig so wenig mehr gelten. Weniger als ein auf der Zerstörung von Jerusalem sitzender Jeremias, sagt er, macht auf uns gar keinen Eindruck mehr. Unsere dumme, zerrissene Zeit findet an dem friedlich unschuldig lieblichen Kunstzweig keinen Geschmack. Da forcieren sich die Leute, die Qualen und Martern der Spanischen Schule schön zu finden, glauben widrige Kreuzabnahmen und pergamentartig ausgemergelte, eckige altdeutsche Steckenmichel angaffen und loben zu müssen und schauen den Stern einer angeschnittenen Zitrone, wo die Kerne so zart und aufrichtig durchs saftige Fleisch schimmern, und ein schön geformtes, lichtbeglänztes Stengelglas, den zierlichen Perlmuttergriff eines dabei liegenden Messers, den schönen Übergang der weißen feinen Hasenhaare am Bauch in die bräunlichen des Rückens, ein paar zartbefiederte Rebhühner daneben kaum an. Ich will, fährt er fort, zweihundert Maler im Nu zusammenhaben, die Schlachtstücke malen, wozu Eduard Collow im vorjährigen Kunstblatt ein so ergötzliches Rezept mitgeteilt, daß die Leute Mäuler und Augen aufreißen; keine zwanzig aber, die ein Stilleben zu malen imstande sind, welches das Anschauen verlohnte.

Eine verbreitete höhere Eßkunst müßte freilich auch die Kochkunst heben und bessern. Gescheiter wär's aber, die Verbesserung der Eßkunst ginge von denen aus, die kochen.

Dieses Lob der zarten Stilleben hindert den Eßkünstler keineswegs, die in der ersten Vorlesung ausgesprochene Freßtendenz der Natur als wirklich anzuerkennen. Denn, sagt er, in der Natur muß ich gelten lassen, was da ist und wie es da ist, und mag es so befremdend, schauerlich und ungeheuerlich sein, als es will – wobei mir es immer noch freisteht, die appetitlichste Seite hervorzuheben –; in der Kunst will ich gar nichts anderes als vollkommenes, vollendetes, makelloses Sein, lediglich das Schöne und gar nichts anderes als allein das Schöne und nur das Schöne. Allerdings ist mir eine flüchtige Skizze lieber als ein noch so ausgeführtes gelecktes Gemälde, wenn jene geschmackvoll und gescheit und dieses es nicht ist. Es bedeutet aber alles etwas, und dem, der denkt, kann alles Symbol sein; das bloß Bedeutende jedoch, wenn es nicht schön ist, gehört woanders hin als in die Kunst. Dreiecke und Hieroglyphen sind keine Kunstwerke. Bornitur aber ist der Kunst und Natur zu enge. Ich habe, versichert er, nicht das mindeste gegen christliche Kunst und bin ein Christ wie irgendein anderer auch – aber wenn ich, wo ich auch hinschauen mag, oben und unten, links und rechts, hinten und vorn, in der Mitte und an allen Seiten, nichts weiter, gar nichts anderes sehe als immer und immer nur christliche Kunst, so möchte ich vor lauter Christlichkeit des Teufels werden. Jeder Tropf hebt jetzt die Finger hoch in die Höhe und schlägt sein Kreuz, und wo die Natur zum Künstler zu kurz ist, legt man den Christen unter. Wie werden unsere Nachkommen wieder zu restaurieren bekommen, wenn sie die über nackte Göttinnen gemalten Kutten wieder anschaffen müssen, die wir weggeschafft haben und jetzt wieder drüber malen! Mit Teufels Gewalt soll auf einmal alles und alles christlich sein, und wahrscheinlich stimmen die armen Stilleben auch nicht mit der christlichen Weltanschauung überein. Warum hat sich doch der Farnesische Herkules die Unverschämtheit herausnehmen können, dazusein, ehe ihr ihn habt taufen können? Oder warum holt ihr's nicht noch nach und gebt ihm statt der Keule ein Kreuz in die Hand? 's ist gegenwärtig die schönste Zeit dazu!

Man sieht, der Eßkünstler kann auch in Eifer kommen. Trotz dieses Eifers aber, oder vielmehr eben dieses Eifers für die Sache wegen, ist ihm der bekannte garstige Künstlerneid völlig fremd. Im Gefühl eigner Kraft beneidet er keinen auch noch so reich begabten Kollegen, niemals verkleinert er die Verdienste anderer, läßt vielmehr jedem aufrichtig volle Gerechtigkeit widerfahren. Das einzige Eigene hat er an sich, daß er nicht gerne an *einem* Tisch (namentlich wenn derselbe nicht sehr vollständig besetzt ist) mit mehreren ausgezeichneten Eßvirtuosen zusammentrifft.

Wie viel Nachahmungswertes in dem Gesagten liegt, brauche ich nicht erst weiter darzutun. Aber die bildenden Künstler könnten auch vom Eßkünstler lernen, wie ein Mensch, der irgend etwas darstellt, wieder dargestellt sein will. Nämlich so, daß man sieht, dies stellt dieser dargestellte Mensch dar, nicht aber, dies will er darstellen. Ich meine z. B., ich hab' nichts gegen irgendeinen mutwilligen Karl oder Fritz, der voll kräftiger Jugendlust springt und klettert, weil's ganz natürlich ist. Wenn dieser mutwillige Karl aber weiß, daß er mutwillig ist, und es ist und mich fragt: Bin ich nicht der allerliebste mutwillige Karl, so möchte ich dem Bürschlein einen Nasenstüber geben. Es gefällt mir gar wohl, wenn ich einen Herkules im kräftigen Zorn die Wucht seiner Keule schwingen sehe. Wenn mich aber dessen Augen fragen: Bin ich nicht ein tüchtiger Herkules, dessen Keule zwei Zentner bayerisch Gewicht schwer ist, und schwing' ich sie nicht mit Kraft und Anstand? – so lach' ich dem Kerl ins Gesicht und geh' meines Wegs. Da ist ein Gemälde des berühmten Gérard *(Psyche recevant le premier baiser de l'Amour),* über das die Franzosen und andere Leute in Entzücken gerieten. Es ist doch weiter nichts als ein Page, der auf Befehl Sr. Majestät des Königs von Frankreich Charles X. angesichts des ganzen Hofes einer Prinzessin einen Kuß gibt. Man sieht's ihm an, daß er weiß, wer ihm zuschaut, und wie er an die Tanzmeister-Pas denkt, die er am anständigsten dazu zu machen hat. Ähnliches wird man in den meisten Gemälden und Bildwerken der Franzosen finden. Wie sie selbst bei jedem, was sie tun, vor allem oft ganz allein daran denken, wie sie sich dabei ausnehmen, so müssen das auch Götter und Helden so machen. Da ist auch das charakteristische französische *se plaire,* und es gehört gegenwärtig auch in Deutschland zum guten Ton, daß jeder Mensch von einiger Distinktion, wenn er ein Geck ist, sagt, nicht: es habe ihm dort gefallen, sondern: er habe sich dort gefallen. »Meine Frau gefällt sich recht wohl in Baden!« – kann sein, lieber Gedankenloser, andern auch.

Diesen Fehler findet man nie beim wahren Eßkünstler. Niemals wird er irgend zeigen, er wisse und gebe zu bedenken, wie schön er esse. Je größer die Virtuosität, um so weniger merkt man Absicht, je gesicherter die Leichtigkeit, um so weniger denkt man an die Schwierigkeit. Der größte Eßkünstler wird am natürlichsten und ungezwungensten zu essen scheinen, ja er wird schön essen, ohne es zu wissen und zu wollen. Das ist Gipfel und Blüte der Eßkunst. Wohlgemerkt gilt das Gesagte vom Eßvirtuosen; denn kein Künstler ist in größerer Gefahr, ins Übertriebene und Unschöne zu fallen, als der Eßkünstler.

Um nun auf die einzelnen Künste zu kommen, so hat sich keine andere Kunst mit der Eßkunst so innig zu verschwistern gesucht als die Musik, was schon das Wort: »Tafelmusik« bezeugt. Wir haben zwar faktisch auch eine Tafelpoesie; aber der Name ist noch nicht üblich.

Diese Tafelmusiken sind uralt. Homer, der die Sache verstand, sagt, daß die Harfe dem Mahle zur Freundin die Götter gegeben. Nun kommen die lieben Ausleger und erweisen, es habe bei den Gastmählern der alten Helden häufig Prügel gegeben, und deshalb – nämlich um dem vorzubeugen und die durch Wein aufgeregten Gemüter zu besänftigen, zu beschwichtigen, mild zu stimmen, so daß sie nicht ans Raufen und Schlagen dächten, oder entstehende leichtere Zerwürfnisse, Rippenstöße und dergleichen abzuleiten oder zu versöhnen *(ut ea, quae a liberaliori compotatione obvenire solent, incommoda averterent),* und nicht zur Lust und Ergötzung *(non animi causa et ad favendas voluptates)* – deshalb haben die Alten Tafelmusik gemacht. Dies sagt Albrecht in seiner 1734 zu Leipzig erschienenen Abhandlung über die Wirkungen der Musik auf den beseelten Körper und sagt, daß dies Plutarch gesagt habe, welcher sagt, daß dies Aristorxenus gesagt habe.

Der erhabene Platon hat eine ähnliche schwärmerische Idee von der Musik überhaupt, indem er meint, nicht zur sinnlichen Lust sei die Musik gegeben, sondern um die Menschen in gesellige Zustände zu bannen, zu zähmen, und vor Verirrungen, Leidenschaften und Exzessen zu bewahren. Das ist ganz die Poesie eines Polizeidieners. Der klare Sirach ist hier viel poetischer, wenn er singt: »Wie ein Rubin in seinem Golde leuchtet, also zieret ein Gesang das Mahl. Wie ein Smaragd in schönem Golde stehet, also zieren die Lieder beim guten Wein.«

Eine andere Frage ist aber die: ob gerade Tafelmusik überhaupt zweckmäßig und zulässig sei. Wer von Eßkunst und Musik gleich wenig versteht, hält diese Frage unbedingt und geradezu für überflüssig und stimmt unbedenklich für ja. Der Kenner urteilt anders.

Wahre Musik, wie gediegenes Essen, nimmt den ganzen Menschen in Anspruch. Je besser das Essen, um so mehr zieht es die Aufmerksamkeit und das Interesse auf sich und von der Musik ab; je vortrefflicher die Musik, um so mehr stört sie das Essen. Eins davon ist immer zuviel. Eine schlechte Musik aber ist nicht nur überhaupt überall zuviel, sondern erweckt entweder gar kein Interesse, und dann ist sie um so überflüssiger, oder sie ist so schlecht, daß einem vor Schmerz alle Eßlust vergeht, und dann ist sie geradezu zweckwidrig. Sollte aber gar ein schlechtes Essen durch eine gute Musik übergoldet werden sollen, so würde kein Esser dadurch bestochen werden können, vielmehr das Unzulässige dieses Verfahrens mit gerechter Entrüstung zurückweisen.

Herr von Rumohr rät eine lärmende Tafelmusik da, wo lauter dumme und zum Mißverstehen, Auffahren und Übelnehmen geneigte Menschen miteinander essen; verwirft sie aber in allen übrigen Fällen als schädlich und störend. – Und doch ist nicht zu leugnen, daß gewisse leichte Musikgattungen viel zur Freude der Tafel beitragen können, z. B. um bei manchen gegenwärtigen, genierten, überall Verdacht schnüffelnden, unmenschlichen Verhältnissen des so lästigen und verfänglichen Redens überhoben zu sein. Auch könnte unter dem Schein einer lebhaften musikalischen Teilnahme und der dadurch gesetzten Selbstvergessenheit ein begabterer Esser vielleicht besser seine Rechnung finden, als ohne dies zulässig schiene. Auf diese Art würde zugleich am leichtesten zu erfüllen sein, wozu Sirach ermahnt: »Irre die Spielleute nicht, und wenn man Lieder singet, so wasche nicht darein und spare deine Weisheit bis zur andern Zeit.«

Ob ich mich gleich meines Sommeraufenthaltes in Wien, wo ich kaum ein paarmal ohne Musik dinierte, mit Lust erinnere, darf ich doch die da gemachte Erfahrung nicht verschweigen, daß gerade, die bei Musik das wenigste denken und gar nicht wissen, was sie damit wollen, am meisten dafür enthusiasmiert sind.

Mozart wählte zur Tafelmusik im »Don Juan« sehr glücklich gar liebliche Piecen aus Martinis »Cosa rara«, und es ist das wohl das Beste, welches in dieser Art nur gefunden werden mag. Der ebenso große Eß- als Tonkünstler Rossini hat in diesem Genre Vortreffliches geleistet. Sein »Barbier« bietet die schönste Auswahl; viel zu rührend wäre dagegen sein »Tancred«, und wollte man gar eine Weiglsche Schweizerfamilie wählen, so könnten Empfindsamere vor lauter Weinen gar nicht zum Essen kommen. Spontinische Musik würde wenigstens nicht durch zu großen Melodienreichtum die Aufmerksamkeit vom Essen abziehen, könnte aber durch ihren Herz und Nieren erschütternden Amboß- und Hammer-, Trommel- und Trompetenlärm einen dem Appetit sehr ungünstigen Schrecken einflößen.

Ach, wie viele Musiken sind nichts als mehr oder weniger auffallende Paraphrasen anderer besserer!

Die meisten der ganz neuen Komponisten aber sind rein unappetitlich. Da beginnt eine Ouvertüre mit einigen geheimnisvollen kurzen Baßarten im Adagio, ahnungserweckende bedenkliche Pausen folgen, düstre Triolen und Sextolen würgen, wühlen und arbeiten in der Tiefe; einiges hohes Gänsegeschnatter steigert die unheimliche Erwartung. Pause. – Wieder einzelne Pizzikato-Baß-Achtel, dem Hörer in Absätzen, wie bei der Hinrichtung durchs Rad, beigebracht, machen die Sache immer peinlicher. Neue Pause. – Nun, meint man, kommt was. Auf einmal, man weiß gar nicht, warum, werden sämtliche Instrumente von plötzlich ausbrechender heftigster Tobsucht ergriffen, ein wahnsinniges *furioso prestissimo fortissimo* raset los, und es vergeht einem vernünftigen Menschen Hören und Sehen. Man hofft immer aufs Ende. Der Komponist neckt aber mit den immer scheinbar genäherten und wieder entzogenen, immer wiederkehrenden Schlußsätzen den unglücklichen Hörer wie ein barbarischer Krieger den Wehrlosen mit dem letzten Todesstoß oder ein naseweiser Junge seinen Pudel mit der vorgehaltenen, bald nahe, bald ferne gerückten heißersehnten Bratwurst.

Mit dergleichen sollte man zum Tode verurteilte arme Sünder martern und sie, wenn sie die Musik überstanden haben, begnadigen; aber jeden unschuldigen Menschen, oder wenigstens wer nichts recht Schweres verbrochen, billig verschonen.

In summa: Will man anders Tafelmusik, so wähle man um des Himmels willen keine Zahnschmerz erregende Blechmusik im Zimmer, keine ernsten Posaunen, keinen Trommel- und Paukendonner, kein Trompetenschmettern, keinen Janitscharenlärm; ebensowenig aber Herz- und Schmerzstücke, Sehnsuchtswalzer und Molltonarten, keine *Largo* und *Adagio,* sondern leichte tändelnde *Allegro,* kleinere *Andante*-Symphonien, *Rondo, Pastorale* etc. einfach aus C- oder D-Dur. Oboen, Klarinetten, Flöten, Hörner, Fagotte, mit Diskretion geblasen, genügen und sind wohl am schicklichsten. Das Verfahren des wackeren Porträtmalers Joshua Reynolds gilt als Grundregel. Er wandte allen Fleiß auf den Hauptgegenstand und vernachlässigte absichtlich die Neben- und Beiwerke, um die Aufmerksamkeit nicht von jenem abzulenken. Gesang von wirklichen Sängern oder gar Sängerinnen wäre viel zu gut zur Tafelmusik.

Die Sache hat aber immer noch ihr Bedenkliches. Langsame Tempi passen nicht. Nun bringt aber muntere, schnell fortschreitende Musik in dem Hörer unwillkürlich entsprechende rasche Bewegungen hervor und könnte also selbst einen sonst taktfesten Esser aus der Mensur bringen und Anlaß zum zu schnell essen geben. Es ist also am geratensten, mit Tafelmusik zunächst die Zwischenpausen, in denen nicht gegessen wird, die Zeit, wo ein Gericht abgetragen und das andere noch nicht aufgetragen ist, auszufüllen, auch wohl das Dessert damit accompagnieren zu lassen. Musik nach dem Essen ist eigentlich keine Tafelmusik mehr.

Die Malerei und höhere Plastik kann und soll unmittelbar zum Essen nichts kontribuieren. Hören und Essen zugleich geht wohl noch. Jedes Sehen aber, außer dem auf die Speisen, beeinträchtigt das Essen auf ungebührliche Weise. Höchstens möchten gemalte Blumenvasen passieren. Fein gedacht ist der Rat des Herrn von Rumohr: Alabastervasen mit meist geruchlosen Blumen auf die Tafel zu stellen. Übrigens reichte hier wohl die Plastik der Zuckerbäcker aus. Aber diese Kunst verfehlt ganz ihren Zweck, wenn sie etwas bildet, was man nicht essen kann. Ebenso geht sie zu weit, wenn sie so schön und zierlich bildet, daß es dem ästhetischen Gewissen des Essers Überwindung kostet, so schöne Formen zu zerstören. Noch verfehlter ist's, wenn sie Bildungen darstellt, die man aus Zorn zerbeißen möchte. Ich habe ein spannlanges Straßburger Münster von Zucker gesehen. Ein glänzender Beweis, in welchem Maße die deutsche Kunst und der große Erwin von Steinbach immer lebendigere Anerkennung findet.

Mehr als die Bildhauerkunst hat die Baukunst zu leisten. Im Sommer kühle, große, luftige Marmorsäle, im Winter hinlänglich erheizbare, behagliche, nicht zu enge Räume – diese unter anderm, wenn Schöpsenbraten aufgetragen wird, dessen zartes Fett bei niederer Temperatur so leicht gerinnt, erstarrt und erkaltet – vermögen unsäglich viel zur Hebung eines sinnigen Genusses.

Man hat Speisesäle und Refektorien am passendsten mit Gemälden des Abendmahls, wie Leonardo da Vinci, oder anderen frommen weitläuftigen Gastgeboten, wie Paul Veronese, zu zieren geglaubt. Goethe lobt's. Mir kommt's vor als wie eine in eine Landschaft gehängte Landschaft, wie ein Theaterdonner neben einem wirklichen Donner. Es ist, als wenn man einen gemalten Wald mit einigen wirklichen Tannen- und Fichtenreisern umsteckte. Ich glaube, daß Gärten, Jagden, Fischzüge und anderes mehr nur auf das Essen Hindeutende, als es wirklich Darstellende, passender wäre. Geradezu unausstehlich ist aber das so oft wiederkehrende Gastmahl des reichen Mannes mit dem zynischen Lazarus, dem die Hunde die Beulen und Schwären ablecken. Puh!

Auch der so oft gemalte, zum Hungertode verurteilte Greis, welcher an der Brust seiner Tochter saugt – diese ganze Situation – ist nicht appetitlich, obschon die Tochter. Wäre ein sittliches Motiv, wobei man zugleich, auch für den Stockphilister unbedenklich, einen reizenden bloßen Busen zur Schau stellen kann, nicht gar zu erwünscht, so könnte man wohl aus diesem Bilde lernen, welche Naturalia die Kunst nicht zu bilden, wie sich die Kunst zur Natur nicht zu verhalten habe. Überhaupt hat die Malerei mit wenigem Glücke sich unseres Gegenstandes zu bemächtigen gesucht. Es ist zwar ganz gut, daß aus den Abbildungen von Eßkünstlern in Ausübung ihrer Berufstätigkeit Karikaturen wurden. Und doch ist wohl zu bedenken, daß der antike Silen keine Karikatur ist. Tieck läßt in seinen »Gemälden« den alten Herrn von Eisenschlicht über »Die Hochzeit zu Kanaan« von Paul Veronese also urteilen: »Alles Essen wird auf Bildern langweilig, weil es doch nie von der Stelle rückt, und die gebratenen Pfauen und hochaufgehobenen Pasteten sowie die halb umgedrehten Mundschenken sind auf allen solchen Darstellungen lästige Kreaturen.«

Abgesehen nun davon, so beweisen, wie Goethe sagt, die Sperlinge, welche nach des großen Meisters Kirschen flogen, nicht, daß diese Früchte vortrefflich gemalt, sondern eben nur, daß diese Liebhaber Sperlinge waren. – Ich will nicht darüber streiten, ob man für den Kopf oder für das sogenannte Herz malen soll. Denn wie könnte man mit Leuten, die ohne Kopf streiten, streiten? Soviel ist gewiß, daß man nicht für den Magen malen soll.

Für die Bildhauerkunst eignet sich unser Gegenstand schon aus dem einfachen Grunde nicht, weil hier die Natur immer geschmackvoller schafft, als die Kunst vermag. Man muß nicht alles malen und bilden wollen.

»Über Rosen läßt sich dichten;
In die Äpfel muß man beißen.«

Der bloße einem Esser so nahe liegende Gedanke aber, in solch harte Nachbildungen einzubeißen, würde mit der störendsten Apprehension wirken. Daher sind auch die hölzernen Schinken, Semmeln, Würste und dergleichen so abgeschmackt. So kann ich denn auch die Schaugerichte nicht billigen, ohne jedoch den Verdiensten eines Desfreyes, Delorme, Datfoy und anderer im geringsten zu nahe treten zu wollen. – Doch haben die Prangküchen des alten Nürnberg, wo das zierlich geschlichtete Brennholz aus schön behobelten und bunt gebeizten Stücken bestand, die an beiden Enden mit immer blank geputztem Messing beschlagen waren, etwas gemütlich Kindliches.

Ein Essender aber, plastisch dargestellt, würde denselben langweiligen Eindruck machen wie ein Lachender. Dergleichen Heiterkeiten, welche bloß für den Moment Wert haben, sollten der ernsteren Plastik fremd bleiben, auch wenn's dem Dargestellten noch so gut schmeckt. Überhaupt sollte die Kunst mehr darauf bedacht sein, Geschmackvolles darzustellen als Schmeckendes. Hier hat offenbar die Natur das *prévenir*. Das vergessen auch die Dichter gar zu oft, wie auch manche Prediger meinen, wenn sie selber weinten, hätten sie rührend gepredigt. Und doch brächte mich eine wirkliche, natürliche, absichtslose Zwiebel leichter zu Tränen als ein solcher Rührungsprediger. Wie nun aber, wenn die Zwiebel sich einbilden wollte, sie rühre, weil sie macht, daß man weinen muß? Wenn denn überhaupt auf der Welt geweint sein muß, so bleibt's doch ein großer Unterschied, ob man über das Trauerspiel oder den Trauerspieldichter weint. Nicht selten möchte man über den Trauerspieler zugleich mitweinen und hat dann eine komplette dreistimmig besetzte Rührung. Doch ich schweife ab.

Zwar habe ich ein Duett zweier pubertätsreifer, verschiedengeschlechtlicher, nuder Menschenkinder, auf einem Weinblatt liegend, in einer aus diesen Verhältnissen leicht begreiflichen Attitüde, aus schneeweißem Alabaster – wie mir versichert wurde, ein Divertissement Thorwaldsens – gesehen, welches mir durchaus nicht mißfallen konnte. Aber das Ganze war nicht größer als ein wirkliches Weinblatt, und weil so etwas nicht groß ist, darf's auch nicht groß gebildet werden.

Wäre es nun wünschenswert, es möchte die Eßkunst keinem Künstler fremd sein, da sie notwendig den heitersten Einfluß auf seine Weltanschauung sowohl als auf das Zarte und Geschmackvolle seiner besonderen Darstellungen üben müßte, so ist sie doch dem Schauspieler geradezu unerläßlich. Bekanntlich haben wir nicht wenige Trauer-, Schau- und Lustspiele sowie Opern, in denen gegessen wird. Obgleich nun zu wünschen wäre, Dichter und Schauspieler möchten dem Zuschauer etwas zu schmecken geben, auch ohne Eßdarstellungen, so hat nun einmal diese wichtige Tätigkeit auch auf den Welt bedeutenden Brettern ihre Stelle geltend gemacht, und der Schauspieler muß essen können. Es geht aber damit wie mit dem Fechten. Entweder können Schauspieler keines von beiden und geben die ungeschmückte blanke Natur, oder sie bringen so viel künstliche Manier, daß man deutlich sieht, dies ist weder gehauen noch gestochen, weder gefochten noch gegessen. Der Schauspieler muß wenigstens das Exterieur wie des Helden so des Eßkünstlers weghaben, wenn auch nicht von ihm verlangt werden kann, daß er selber wirklich ein Held oder Eßkünstler sein soll. Wenn nun aber der Schauspieler essen soll wie ein Mensch, so gilt gegenteils als wichtige Regel, daß der Mensch nicht essen soll wie ein Schauspieler.

Die mimischen Tänze bei den Gastmählern der Griechen hat man in neuerer Zeit selbständiger gemacht, weiter ausgebildet und der Oper und dem Ballett zugewiesen. Allerdings sind diese auch viel zu interessant, als daß sie nur so nebenher zu genießen wären, und doch auch wieder das Essen zu anziehend, als daß es ein geteiltes Interesse zuließe.

Der Dichtkunst erwähne ich zuletzt, weil es mir, aus wohl hinlänglich dargelegten Gründen, am allerwenigsten einfiele, eine eigentliche Tafelpoesie aufkommen zu lassen. Sollte aber die Liebe zur Poesie so glühend sein, daß man sie auch mit Messer und Gabel zu Leibe nehmen wollte, so wäre wohl die Dichtungsgattung der Leberreime hierzu die angemessenste.

Vor philosophischen Gastmählern aber bewahre uns der Himmel! Was die Griechen so nannten, war ein ziemlich vernünftiges Gespräch. Nicht zu vergessen, daß man dabei viel und möglich gut sprach, aber um so weniger und schlechter zu essen bekam, wie's auch in Wielands »Aristipp« heißt: – »wobei eine freie muntere Unterhaltung die bessere Hälfte der Bewirtung machte.« Heutzutage nun ist's mit der Philosophie ganz anders. Die heutige Philosophie ist lediglich eine Poesie über das Nichts. Wer merkt darauf, wenn er etwas vor sich auf dem Teller hat?

Soviel nun davon, was die schönen Künste für die Eßkunst sind; nun ein paar Worte, was die Eßkunst den schönen Künsten ist.

Von Homer bis zu Clauren haben die Dichter diesen Zweig schön-menschlicher Tätigkeit zu würdigen und zu feiern gewußt. (Auch in der »Luise« von Voß wird exquisit gut gespeist.) Es zeigt aber von sehr richtigem Takt, daß wir keine Eßlieder haben. Die idyllischen Kartoffellieder einiger Naturalisten verdienen keine Erwähnung. Sonderbar genug hat man das Trinken für edler gehalten. Daher denn auch die Menge Trinklieder, wovon später.

Will die Dichtkunst einen recht seligen, himmlischen Zustand schildern, z. B. ein Schlaraffenland, so weiß sie nichts Besseres aufzutreiben als recht gutes Essen, was auf der Welt stets zugleich das unschuldigste Vergnügen bleibt. Übrigens werden die Dichter immer wohltun, nicht zuviel vom Essen zu dichten, um den Verdacht des Hungers zu vermeiden.

Aber nicht nur die Dichter, welche in Versen schreiben, auch diejenigen, welche wider Willen in der tiefsten Prosa dichten, die Philosophen, finden im Essen einen sprechenden Vergleichungspunkt seliger höherer Zustände überhaupt. Jacob Böhme – an dessen Tisch der größte jetzt lebende Philosoph inkognito sehr fleißig sich zu Gaste bat – sagt z. B.: »Wenn das Licht aufgehet, so siehet ein Geist den andern, und wenn das süße Quellwasser in dem Lichte durch alle Geister gehet, so schmecket einer den andern: alsdann werden die Geister lebendig, und dringet die Kraft des Lebens durch alles, und in derselben Kraft riecht einer den andern, und durch dieses Quellen und Durchdringen fühlet einer den andern: und es ist nichts, denn ein herzlich Lieben und freundlich Sehen, Wohlriechen und Liebefühlen, ein holdselig Küssen, voneinander Essen, Trinken und Liebe-Spazieren.«

Ein fein gebildeter richtiger Eßgeschmack wird dem Künstler niemals ohne Früchte für seinen ästhetischen Geschmack überhaupt bleiben. Ästhetik kommt nun doch einmal von αἴσθω, ich schmecke, her, und es liegt die Deutung nahe genug, daß ein Mensch, der keinen Eßsinn, keinen veredelten, zum Bewußtsein erhobenen Geschmack hat, dessen Übung und Ausbildung ihm täglich so nahe liegt, schwerlich an Schönheitssinn überhaupt Überfluß haben werde. Obgleich nun Jacob Böhme sagt: »wie ein Mensch eine Stimme aus einer lieblichen Musica in sein Gehör gerne isset und darinnen fröhlich ist« etc. – so haben doch ernsthafte Musikliebhaber mit Nachdruck dagegen geeifert, die Musik einen Ohrenschmaus zu nennen, und haben das eine Herabwürdigung der Kunst geheißen. Man würde das Wesen der Eßkunst gleichmäßig verkennen, wollte man sie, wie z. B. Montaigne, als Wissenschaft des Gaumens definieren. Abgesehen davon, daß nicht der Gaumen, sondern die Zunge das zunächst perzipierende Geschmacksorgan ist, so schmeckt doch die Zunge ebensowenig, als die Ohren hören, sondern es ist nachzuweisen, daß der Mensch es ist, welcher mittels Zunge und Ohren schmeckt und hört. Wer seine Zunge schmecken und seine Ohren hören läßt und nicht selber schmeckt und hört, versteht von Eßkunst und Musik gleich wenig. Es ist das ein wesentlicher Punkt, der ja nicht übersehen werden darf. Das Beleidigende, welches für den Eßkünstler in jener übel geratnen Definition Montaignes, einem verunglückten Witze, liegt, wird sich im Verlaufe der Vorlesungen von selbst erledigen.

Denkt man, aber nicht mit dem Gaumen, tiefer über die Eßkunst nach, so ergibt sie sich subjektiv als die Geschicklichkeit oder Fertigkeit vernünftig-sinnlicher Wesen, freie, nicht notwendige, geschmackvolle Wirkungen zu setzen, und objektiv als die äußere Darstellung ebendieser Geschicklichkeit in der Sinnenwelt. – Damit reicht die Eßkunst den anderen schönen Künsten die befreundete Schwesterhand.

Man nehme eine Kunst, welche man wolle, und denke über sie, so ist sie, subjektiv und objektiv, nichts anderes, wie ja ein großes, d. h. zwölf Bände starkes, achtmal aufgelegtes und ein paarmal nachgedrucktes deutsches Nationalwerk bereits dargetan.

Man hat gesagt, die Natur bewirke nach notwendigen Gesetzen und bewußtlos ihre Erscheinungen, umgekehrt die Kunst. Was hat man aber nicht alles schon gesagt? – Doch paßt's genau auf die Eßkunst, und so mag's damit gut sein.

Daß die Kunst in der Natur begründet und nur unter Voraussetzung derselben möglich und wirksam sein könne, leugnet wohl niemand, und ich sehe nicht ein, warum ich von Dingen reden soll, die sich von selbst verstehen. Eher dürfte zu erinnern sein, daß ein Kunstwerk nicht nur nach etwas schmecken, sondern auch wirklich wohlschmecken soll – ein Umstand, der sehr oft vergessen wird.

Trägt aber jemals eine Kunst ihren Zweck rein und lauter in sich selbst, so ist es gewiß die Eßkunst.

Was nun den Kunstgenuß betrifft, so reicht dazu ein vager allgemeiner Kunstsinn, d. h. Empfänglichkeit und Interesse für das Genießbare und Geschmackvolle, und Leichtigkeit, sich darin zu orientieren – so schätzenswert und als Vorbedingungen unerläßlich diese Eigenschaften auch sind –, doch nicht aus. Es wird eigentlicher Kunstgeschmack erfordert, d. h. ein feines Beurteilungsvermögen, nach einer bestimmten Idee Geschmackvolles von dem Widrigen, Maniriertes, Versüßlichtes, Entstelltes vom Natur- und Kunstwahren, vom Schönen zu unterscheiden. (Alles dies geschieht weder durchs Herz noch durch den Magen.) Aber auch damit ist's noch nicht getan. Viel ist der glücklichen Kombination überlassen. Wer bloß essen will, braucht allerdings nicht kochen zu können. Wer aber über das Essen und die Speisen urteilen will – und Genuß ohne Urteil ist jedenfalls doch gar zu wenig –, der muß zwar kein Koch sein, aber sollte wissen, was Kochen heißt, er sollte den Geist der Kochkunst erfaßt haben. Freilich urteilen gerade die Köche über das

Essen oft sehr schief und einseitig, namentlich sind sie fast ohne Ausnahme hartnäckig der Meinung, es müsse das, was sie gekocht haben, jedem gut schmecken und behagen. Man kann aber niemand Kunstkenntnis zuschreiben, der nichts vom Technischen des zu Beurteilenden versteht. Wie schön klingt's, wenn man auch nur nachsagen kann: Es ist mit der trocknen Nadel gearbeitet, im Papinianischen Topfe gekocht etc. Es läßt gar schön, wenn einer eine Bildsäule anschaut und gewichtig sagt: sie ist von carrarischem Marmor – so hat doch gleich jeder sein Urteil über den Urteiler. Goethe schrieb an Öser: »die Werkstätte eines großen Künstlers entwickelt den keimenden Dichter mehr als der Hörsaal des Kritikers.« Sehr wahr!, aber die Küche leistet das für den keimenden Eßkünstler bei weitem nicht; im Gegenteil, es ist oft sehr gut, gar nicht in die Küche geschaut zu haben, wenn man will, daß es einem schmecken soll. Doch ich halte mich dabei nicht auf, sondern fahre fort:

Es ist längst gesagt, daß, wer ein Kunstwerk recht genießen will, eine eigne ergänzende Kraft mitzubringen habe. So wahr dieses auch ist, so läßt sich gleichwohl nicht leugnen, sowohl daß manche Künstler dieser ergänzenden Kraft des Beschauers zuviel zumuten und überlassen, als auch daß manche Beschauer so viel Überfluß davon konsumieren und dem Werke übertragen, daß sie was ganz anderes gegessen haben, als gekocht worden war. Immer soll der Kochkünstler den Zähnen und der Verdauungskraft des Eßkünstlers zwar nicht zuviel zumuten, aber doch etwas überlassen und aufzulösen geben. Bloß kleinen Kindern streicht man den simplen Brei in den Mund, und nur gedankenlose Nationen erfreuen sich daran, daß alles ganz weich gekocht und schon zerschnitten aufgetragen wird. Möchten diese Vorlesungen nicht zu hart und nicht zu weich gekocht sein!

Zum rechten Verständnis und Genuß eines Kunstwerkes ist ferner erforderlich, dasselbe im rechten Licht und in gehöriger Nähe zu sehen. Letzteres ist besonders für den Eßkünstler wichtig, für welchen eine zu große Ferne des Gegenstandes immer etwas sehr Unangenehmes hat. Der

Eßkünstler fasse also seinen Gegenstand scharf ins Auge. Einer meiner Bekannten heiratete ein Mädchen, welches er vor lauter Liebe gar nicht recht angesehen hatte. Nach und nach, und zwar bald nach der Hochzeit, konnte er sie ruhig genau ansehen und fand zu sonderbarer Überraschung, daß sie, nun seine feste Frau, dreiundzwanzig Zähne zuwenig und fünfzehn Warzen zuviel hatte.

Doch ist ein zu nahes und zu genaues Besehen ebenso unpassend. Wer ein Ölgemälde in spannenlanger Nähe betrachtet, sieht soviel wie gar nichts. Wer mit der Nase unmittelbar aufs Essen stößt, wird nichts Angenehmes riechen und also auch schmecken. Der von ferne lieblich duftende Moschus stinkt, zu nahe berochen.

Im Dunkeln kann man nicht essen. Kerzenbeleuchtung bei Nacht gibt den Speisen und Getränken – wie Fackelbeleuchtung Marmorstatuen – ein viel höheres Licht, hebendere Schatten, einen viel lebendigeren Ton als die trockene Prosa des Tageslichtes. Die Nacht, sagt Byron, zeigt Stern' und Weiber in erhöhter Pracht.

Den Kunstakademien will man in neuerer Zeit, wie ich glaube, nicht ohne Grund, ihr Förderliches für Kunstbildung absprechen oder doch in sehr bescheidenem Maße zugestehen. Die Notwendigkeit und Nützlichkeit der Kunstreisen stellt aber meines Wissens niemand in Abrede als ein unmenschlich oder doch unmännlich frommer Rezensent der Halleschen »Allgemeinen Literatur-Zeitung«, welche bitter und schmerzlich klagt, daß Reisen immer von Gott entferne und daß man eben doch zu Hause bei der Frau Mutter hinterm Ofen viel frömmer bliebe. Der Nutzen der Reisen für den Eßkünstler wurde von mir aber bereits schon angedeutet.

Wie aber Kunstvereine der Kunst und den Künstlern nicht anders als günstig sind, so sollten sich auch Eßvereine bilden, aber in wirklichem, eigentlich artistischem Sinne, denn außerdem haben wir ohnehin deren schon so viele als Vereine überhaupt.

Die Kunstkritik nun setzt voraus: gesunde Sinne, gute Zähne, um sich die Objekte aneignen zu können, eine feine

Zunge, kräftigen Magen, um das Erfaßte zu verdauen, Reproduktionskraft und Geschick, ein Urteil von sich zu geben, guten Appetit, unbefangene Anschauung, Schule, Bewußtsein, Lust, Neigung, Sinn, Geschmack, Übung, Kenntnis der Zeiten und Völker, der Naturstoffe und ihrer Behandlung und Wirkung, Kunstphilosophie, Theorie, Technologie, Archäologie und, wo möglich: Vernunft. Doch steckt in der Kunst mehr Wissenschaft, als man leider insgemein glaubt.

Der Kunstrichter hat sich besonders zu hüten, das, was ihm selber besonders schmeckt, schlechthin für gut, was ihm nicht schmeckt, für schlecht zu erklären; er soll seine Subjektivität überwinden, oder, weil das oft zuviel verlangt, genaugenommen auch gar nicht möglich ist, doch sein Urteil für nicht mehr ausgeben als eben für sein Urteil. Oft ist's nichts weiter als eine Interjektion.

»Sie sagen: das spricht mich nicht an,
Und glauben, damit wär's abgetan.«

Merkt der Kunstrichter, daß er das nicht versteht, was er beurteilen soll, so versiere er klug in *Generalioribus.* Er kann davon sprechen, daß er selbst über diesen Gegenstand einiges unter der Feder habe, womit er die gelehrte Welt zu beschenken gedenke, und um so weniger vorgreifen wolle. Eine hübsche Redensart ist die: Die Akten über diesen Gegenstand seien noch nicht geschlossen. Es tut gar nichts, daß man dies von allem und jedem sagen kann. Das ist eben der Pfiff. – Und so dergleichen mehr. So ist's am sichersten; anders könnte sich der Kunstrichter sehr leicht blamieren. Kümmert er sich aber ums Blamieren nichts, ist er's schon gewohnt oder will er damit brillieren, wie dies in jetziger Zeit von namhaften Literaten geschieht, fühlt er sich irgend getroffen und will sich nicht schämen, sondern lieber recht behalten, so kann er sehr wohl die ganze Sache, um die es sich eigentlich handelt, liegenlassen; er müßte gar keine Nase haben, wenn er nicht etwas, was gegen den Staat, die Religion, die guten Sitten etc. verstieße, aufschnüffeln könnte. Daran halte er sich, und er hat nichts weiter zu fürchten, im Gegenteil volle Anerkennung zu hoffen. Er kann sein Blatt in Ruf bringen, vermehrten Absatz erzielen, der Teilnahme und Unterstützung vieler Gleichgesinnter versichert sein – *enfin* er ist poussiert, wenn auch blamiert. Das deutsche große Publikum merkt auf dergleichen Kleinigkeiten nicht, und hat die hohe Polizei, die der edelmütige Kunstkritiker herbeischrie, dem Gegner Zunge und Schreibfinger petschiert, so behält er natürlich das letzte Wort und recht, und jeder, der ihm widerspricht, ist ein Feind des Staats, der Religion und der Sittlichkeit.

Wenn ein Mann keine Gallenblase hätte, wär's kaum begreiflich, wie er sich von seinem Gegenstand in dergleichen nicht hierher Gehöriges verirren könnte. Damit also mehr als genug! – Ich fahre fort. Schon der gemeinen Klugheit wegen wäre es ratsam, vorher zu denken oder, weil man dies nicht von jedem verlangen kann, zu lesen, ehe man ein dezisives, namentlich gedrucktes Urteil abgibt. Ich hörte einmal einen Kunstreisenden harten Tadel über den in Italien hart und weiß (ohne Safran) gekochten Reis aussprechen. Der Unglückliche hatte Rumohrs »Geist der Kochkunst« nicht gelesen.

Nicht übel wär's, über was Gutes gut und über was Gescheites gescheit zu urteilen; letzteres natürlich mit Zurückhaltung. Daraus folgt keineswegs, daß das Unschöne mit schönen Worten zu überkleistern, das Dumme mit dem Gemüt zu bedecken, das Unerwünschte zu leugnen sei. Salz und Pfeffer kann der Koch nicht entbehren. Auch der Kunstrichter wird seine Urteile dadurch schmackhafter und eindringlicher machen, vorausgesetzt, daß weder übersalzen noch überpfeffert wird.

Übrigens lasse sich der wahre Eßkünstler durch die Kunstrichter nicht irreführen und suche sich's am besten selber zu Danke zu machen; denn wer könnte es besser verstehen, als er selber, oder wen hätte denn Mozart sollen um Rat fragen?

Es gibt Kunstkenner und Menschen von wirklich feinem Geschmack, die gleichwohl der warmen und lebendigen Teilnahme ermangeln, womit der Kunstsinnige, der Kunstfreund beseelt ist. Jenem wird sich aber das innere Leben und Wesen der Kunst in seiner Urlust und Grundbedeutung niemals erschließen. Wie wahr ist's, wenn es heißt: »Es ist nicht zu berechnen, wie tief ein Liebender schaut (und schmeckt), während ein Gleichgültiger nichts schaut.« – (Aber zu große Liebe macht blind.) – Man kann wohl sagen, die Sinne, die Wahrnehmungsgabe seien eigentlich die Interessen, ja das Geschmackvolle, das Schmackhafte besteht in der Auffassung, Aneignung. Übrigens vergesse man nicht, daß bei Kunsturteilen gar viel darauf ankommt, was der Urteilende schon alles gegessen, was er weiß und nicht weiß, was er gewohnt und nicht gewohnt ist, was er idiosynkratisch liebt und nicht liebt – und rechne darauf, daß, was ihm im Leben besonders geschmeckt, was er unter eigentümlich günstigen und erfreulichen Gelegenheiten genossen »oder was ihm einmal übel bekam, modifizierend in sein Urteil sich eindrängen wird.«

Unter der geforderten Natur- und Kunstliebe verstehe ich aber keineswegs eine eigentliche Begeisterung. Zwar wird diese von vielen unnachsichtlich verlangt. – Ich war so glücklich, viele bedeutende Künstler aller Fächer kennenzulernen; keiner davon war begeistert. Die Begeisterten, die mir aufstießen, waren mittelmäßiges Volk, Dilettanten, Anfänger, Lehrlinge, überhaupt Leute, die viel schwatzten und sprudelten, von denen aber keiner weder was Rechtes gebildet und gestaltet hatte noch selbst eines klaren Kunstgenusses fähig schien. Ich kann mich irren, aber mir scheint es, daß die sogenannte Begeisterung viel mehr Fratzen und dummes Zeug gebildet als wahrhaft Schönes, Durchdachtes, Klares, Heiteres und Reines. Nicht ist auch zu übersehen, daß mit dem Artikel »Begeisterung« schrecklich viel Schmuggelhandel getrieben wird. Zwar sagt ein großer Philosoph, alles Große sei durch Begeisterung groß geworden. Aber es ist schon lange her, daß dieser Mann begeistert war, und niemand ist von aller Begeisterung mehr zurückgekommen als gerade dieser ebenso große als kluge Philosoph. Durch Begeisterung sind nicht wenige schon (z. B. um einen Kopf) kleiner geworden, und die groß geworden sind, haben sich, ohne alle Begeisterung, schlau die Begeisterten vorgespannt. Doch sind das Sachen, die man längst weiß, aber bei jedem neuen Falle wieder vergißt. – Der Enthusiast wird überhaupt sehr leicht lächerlich. Der Eßkünstler hat diese Klippe vor allem zu vermeiden. Ist nun aber die Begeisterung für den Künstler sehr verfänglich, so ist sie mit der Ruhe des Kunstrichters ganz und gar unverträglich.

Aus diesen Sätzen nun wird das Gemeinsame, welches den Künsten überhaupt sowie der Eßkunst gleichmäßig zukommt, leicht zu entnehmen sein. Worin liegt denn nun der Unterschied?

Man könnte sagen: auf Gesicht und Gehör beziehen sich zunächst alle andern Künste, die Eßkunst aber auf den Geschmack. Beziehen sich denn darauf die anderen schönen Künste nicht auch? Und was will Essen ohne Sehen, was will blindes Wirken bedeuten? Das ist also keine Antwort. Indem ich schließlich diese Frage zu beantworten suchen will, offenbare ich zugleich ein großes Geheimnis.

Man nimmt zwei Urkräfte an, nach welchen Monde, Erden und Sonnen ihre Bahnen beschreiben, durch welche das Universum zugleich auseinander- und zusammengehalten wird, und es wäre sonderbar, wenn so Großes wie das All und nicht zugleich alles mögliche damit zu erklären wäre. Ich brauche nicht erst zu sagen, daß ich Zentripetalität und Zentrifugalität meine. Wenn man nun irgend etwas erklären soll, mit dem man bald und kurz fertig werden will, so sage man mit Wichtigkeit: Seine Bedeutung muß als eine zentripetale oder zentrifugale erfaßt und begriffen werden. Damit ist Kälte und Wärme, Schlaf und Wachen, Weiblich und Männlich, Gemüt und Tat, Schmerz und Lust, Schütze und Scheibe, Amboß und Hammer, Kontraktion und Expansion, Nehmen und Geben, Seiler und Petschierstecher, Geiz und Verschwendung, Systole und Diastole, Neid und Liebe, Ein- und Ausatmen, Geprügeltwerden und Prügeln, Gewinn und Verlust, kurz, alles erklärt.

Um nun auf unsern Gegenstand zurückzukommen, so erhellt leicht, wie die übrigen Künstler alle etwas außer sich darzustellen suchen und streben, aus sich hinaus arbeiten, zentrifugal sind. Des Eßkünstlers nächstes Ziel aber ist, in sich hinein zu arbeiten, zentripetal zu sein. Und das ist der Humor davon.

FÜNFTE VORLESUNG

Moralische Beziehungen

ICH HATTE EINST einen Lehrer, und der Lehrer hatte einen Zopf. Dieser, der Lehrer, sagte öfter mit wichtiger Miene und hohen Augenbrauen: »Der Mensch ißt, um zu leben, lebt aber nicht, um zu essen.« Das ganze Ansehen des Mannes dabei verriet unverkennbar, daß er dachte, damit wirklich etwas gesagt zu haben, ja man hätte ihn wohl für den ersten Erfinder dieses Sinnspruchs halten können, mit so viel Anteil pflegte er ihn vorzubringen. Es war dies in der Trivialschule, und da gehörte es hin. Ich habe nun im Verlaufe des Lebens diese Worte öfter gehört und gelesen und, wie nun Vorstellungs-Assoziationen eben sind, jedesmal dachte ich dabei an meinen Schulmeister und seinen Zopf.

Dieses stete Handeln irgendeines Nutzens und äußerlichen Zweckes wegen, dieses ängstliche Rück- und Vorwärtslauern bei jedem Tritt und Schritt, diese gemeine Absichtlichkeit macht unsere Zeit über die Maßen schal und trivial. Man riecht an einer Rose, um zu niesen, wenn man keine Prise Schnupftabak bei der Hand hat. Der Motion wegen wird, ärztlicher Vorschrift gemäß, ein Spaziergang durch Flur und Wald unternommen, und der Blick wendet sich kaum von dem üppigen Wuchs der Wiesen, weil Grün den Augen so gesund ist. Man sieht und hört ein Kunstwerk, eine Gemäldeausstellung, eine neue Oper, um doch Antwort geben zu können, wenn Seine Exzellenz etwa darüber fragen sollte. Man geht zu einem Gastmahl, nicht um zu essen – nein, um zu leben.

Mit Ausnahme einiger weniger, die wirklich etwas dumm sind, ist's aber bei der Mehrzahl lauter Gleisnerei, Heuchelei und Lüge – der Fluch unserer ganzen Zeit.

Da forcieren sich die Leute Gesinnungen an, wie sie eben verlangt und bezahlt werden, und zappeln mit Arm und Bein, um sie gehörigen Orts an den Mann zu bringen. – Der Kenner merkt gerade am eifrigen Zappeln das Forcierte. – So ein Unglücklicher, der den ganzen Tag mit seinen Gesinnungen Staat gemacht, legt sich dann nachts, müde und matt wie ein geprügelter Hund, der als Schauspieler und Seiltänzer funktioniert, ins Bett und monologisiert seufzend: »Hast brav getanzt heute, Caro, hättest eine Bratwurst verdient und hast sie doch nicht gekriegt! Aber nicht der entbehrten Bratwurst als schnöder Bratwurst wegen ist es, daß ich traure« – fährt der Pudel fort und leckt sich die Schnauze –, »das wäre gemein. Ich hätte sie bloß gefressen, um als Gatte und Familienvater, als Hund und Weltbürger, als Künstler und Untertan bei Kräften zu bleiben und dadurch imstande zu sein, diesen vielfachen Verpflichtungen um so ersprießlicher zu entsprechen.«

Der Mensch ißt ebensowenig, um zu leben, als er lebt, um zu essen. Er ißt, weil er Hunger oder Appetit hat oder, in Deutschland, weil's zwölf Uhr schlägt. Wie aber die Tugend, so wird das Essen von dem Würdigen um seiner selbst willen geübt. Der Eßkünstler ißt rein, um zu essen, und spricht dies aus; der Philister sagt, er äße, um zu leben, und das sei christlich und moralisch. Der Eßkünstler ißt schön, und damit genügt er allen artistischen Ansprüchen. Eben weil er schön ißt, bleibt er in den geregelten Grenzen, gleich weit von Schlemmerei als Hungerleiderei entfernt. Nun verlangt aber der Philister bei jedem Löffel Suppe eine Tugendphrase, und wo diese nicht losgelassen wird, schwatzt er von unsittlicher Kunst. Man weiß, welch Gesindel bis auf die letzten Tage herab unsere größten Dichter anwinselte und anbellte.

Der Eßkünstler will, daß es ihm und der ganzen Welt schmecke, und wie er niemand etwas wegißt, so verlangt er seinerseits billig ein Gleiches. Er opfert als Mensch seinen Appetit dem Hunger eines andern auf, kommt aber Hunger mit Hunger in Kollision, so tritt der fatale Fall von den zwei Schiffbrüchigen auf einem Balken ein, der nur einen trägt. Welcher von beiden hinunter und ertrinken soll, findet man sehr genau und lang in Ciceros berühmtem Buch über die Pflichten erörtert. Es ist nur nicht zu vergessen, daß in solchen Extremitäten der Eßkünstler als solcher gar nicht in Frage kommt.

Allerdings erwachsen für den Eßkünstler als solchen aus diesem seinem speziellen Berufe auch eigentümliche Pflichten, und diese mögen denn, da gegenwärtige Vorlesungen ihren Gegenstand nach allen seinen Seiten und Richtungen darzustellen haben, auch hier zunächst besprochen sein.

Über die absolute Verpflichtung zum Essen überhaupt gedenke ich nur wenig zu sagen. Schon Avicenna spricht die große Wahrheit aus, daß, wer hungrig ist, essen soll, und wie Prosper Alpinus bezeugt, ist es zwar sehr bedenklich, wenn ein Mensch keinen Durst hat und nicht trinken mag, tödlich aber ist's, wenn Wahnsinn oder Delirium so weit geht, daß der Mensch nicht essen will. Nicht essen zu wollen wird von allen erfahrenen Ärzten als der höchste Gipfel der Narrheit betrachtet. Umgekehrt ist aber noch kein einziger Fall bekannt, daß die Neigung zur Eßkunst sich so wild leidenschaftlich gestaltet hätte, daß Wahnsinn daraus hervorgegangen wäre.

Nach den glaubwürdigsten Zeugnissen der Geschichtsschreiber haben alle großen Männer gegessen, und gerne und ohne Bedenken gegessen, und die ersten und tiefsten Denker aller Völker und Zeiten die Verpflichtung zum Essen, wenn nicht ausdrücklich, doch stillschweigend, ohne Widerspruch, ja durch eignes Beispiel durchaus anerkannt. Aus sehr vielen Stellen läßt sich zur Evidenz erweisen, daß auch der erhabene Platon gegessen habe. Zwar sollen einige Heilige fast gar nichts gegessen haben; doch das sind Wunder, und Gott bewahre mich, ein Wort weiter über Wunder zu sagen. Die berühmte *vox populi* spricht es laut aus, daß durch Essen und Trinken Leib und Seele zusammengehalten werden, woraus die Verpflichtung zu diesem Zusammenhalten unschwer sich ergibt.

Brauche ich mehr, wo so viel weltgeschichtliche Zeugen, solche gewichtige Autoritäten sprechen, wo Vernunft und Erfahrung, Erz, Marmor, Pergament und Papier, von dem grausten Grau der Vorzeit und den ersten Anfängen einer Geschichte bis auf unsere Tage, sich bestätigen, wo die ganze Menschheit in seltener Übereinstimmung sich in einem großen Gedanken begegnet? Und wem sollte ich gehäuftere Bestätigungen darlegen? Einer Versammlung, welche diese Wahrheit niemals bezweifelte! – Das sei ferne.

Ich ziehe es vor, einen freundlichen Blick der Liebe auf die Unschuld und Harmlosigkeit, auf den genüglichen seligen Frieden unseres Gegenstandes zu werfen. Blicket her auf diesen rein und schön menschlichen Genuß. Hier wird keine Unschuld gemordet, keine Reuetränen fließen, kein Stahl färbt sich hier mit Menschenblut, es müßte sich denn ein Nichteßkünstler in den Finger schneiden. Hier bricht kein verzagendes Herz; es ist hinlänglich viel aufgetragen, und der hohläugige Neid, die verzehrenden Flammen der Eifersucht, das Zucken der Leidenschaft sind ferne.

Ist euch das Herz enge und gepreßt von dem Doppelsinn des Lebens, flüchtet hierher! Hat euch die Freundschaft verraten, die Liebe betrogen, hier ist Ersatz und seliges Vergessen. Werdet ihr traurig über die Schmach und Erbärmlichkeit allüberall, versteht euch die Welt nicht, findet ihr keine Anerkennung, seufzet ihr nach Teilnahme vergebens – hier ist Sympathie, hier Aufrichtigkeit, hier ungeheucheltes Mitgefühl. Drückt euch Gram, daß niemand den Mund aufzutun wagt über die großen *sottises des deux parts* der Zeit oder daß Sprechende durch Knebeln widerlegt werden – hier bewegen sich ungehemmt, lustig und tapfer Zungen und Lippen.

»*Komm her! wir setzen uns zu Tisch,*
Wen möchte solche Narrheit rühren!
Die Welt geh' auseinander wie ein fauler Fisch,
Wir wollen sie nicht balsamieren.«

Aber warum ist jener einsam stehende Mann so tief betrübt, warum seine düstre Stirn so kraus, seine trüben Augen so finster, sein bleiches Antlitz so schmerzverzerrt? Warum entwinden sich seiner gepreßten Brust so schwere Seufzer? Warum so liebeleer, so lebensmatt, so tatenschwach?

Hierher, Jüngling! Siehe da die unglückseligen Folgen einer unzweckmäßig bereiteten und im Übermaß genossenen Aalpastete, wozu schlechter Wein getrunken wurde! Das würde einem Eßkünstler nie begegnet sein. Jean Paul sagt das nämliche, aber nicht so schön, in folgenden Worten: »Gehe mit einem Magen, der Unverdautes oder Brechweinstein bei sich hat, über die Gasse, so wirst du an zwanzig Herzen und Gesichtern, und wenn du nach Hause kommst, an noch mehreren Büchern ein innigeres sittliches und ästhetisches Mißbehagen empfinden als sonst.«

Goethe bemerkte hinter dem Brenner eine entschiedene Veränderung der Menschengestalten, besonders mißfielen ihm die bräunlich bleiche Farbe der Weiber, die auf Elend deutenden Gesichtszüge, die erbärmlichen Kinder etc. Sehr richtig suchte und fand er den Grund im schlechten Essen der Unglücklichen. Nichts als Mais und Heidekorn, daraus bereiteter Mehl- und Wasserbrei und das ganze Jahr kein

Fleisch. »Notwendig«, sagt Goethe, »muß das die ersten Wege verleimen und verstopfen, besonders bei den Kindern und Frauen, und die kachektische Farbe deutet auf solches Verderben.«

Verlassen wir das Beklagenswerte! Wir begegnen Freundlicherem. Welche mutblitzenden Augen, welche blühenden, vollen, lachenden Backen, welche Fülle der festen Waden, welche Kraft und Gelenkigkeit des starken, riesigen Gliederbaues! – Woher denn diese Entschiedenheit des Charakters, dieser kühne Unternehmungsgeist, dieser durchdachte Plan, dieses kräftige Wollen?

Seht ihr denn die bis auf die mächtigen Knochen abgenagten Reste des saftigen Bratens nicht, steht nicht die bis zur Nagelprobe geleerte Flasche trefflichen Weines daneben?

Sagt doch der alte Galen, man könne durch die bloße Wahl der Nahrungsmittel einen Weisen, Klugen, Geschickten, Mutigen, Keuschen oder das Gegenteil von dem allen machen, und auch Cartesius spricht es aus: *»Si l'espèce humaine peut être perfectionée, c'est dans la médecine* (im Essen), *qu'il faut en chercher les moyens.«* Interessant ist die Geschichte der moralischen Folgen einer Schildkrötensuppe an Herrn und Madame Skate im vierten Teil von »Yoricks empfindsamer Reise«, und der Herr Stadtphysikus Schimko in Ölmütz hat ganz recht, das Menschengeschlecht durch bessere Nahrungsmittel regenerieren und ameliorieren zu wollen.

Warum blühen denn in jener Provinz Gewerbe und Handel, Ackerbau und Viehzucht, woher der hohe Wert der Grundstücke, woher deren trefflicher Anbau, die gigantischen Gemüse und Früchte, die 800 Pfund schweren Ochsen, die 140 Pfund schweren Kälber, die 23pfündigen Truthähne, woher der rege Absatz, woher die fröhlichen Gesichter, Musik und Tanz? Die Leute leben gut, und Leben fördert Leben.

Doch ich lasse mich von meinem Gegenstand zu sehr hinreißen. Der Mensch ist zu einem frohen Lebensgenuß nicht bloß berechtigt; er ist dazu verpflichtet. »Ich hab' mich gewundert«, sagt Bettina, »wie schnell Goethes Mutter die

Herzen gewinnen kann, bloß weil sie mit Kraft genießt und dadurch die Umgebung auch zur Freude bewegt.« – Die Anwendung liegt nahe, da der Mensch, wie Goethe sagt, bloß als ein Supplement aller übrigen zu betrachten ist und am nützlichsten und liebenswürdigsten erscheint, wenn er sich als ein solches gibt. Wie schön ist's z. B., daß hohe Häupter bei ihren festlichen Gastmählern dem Volke gestatten zuzusehen!

Daß man Gedeihliches genießen soll, könnte leicht mit vielen Worten dargetan werden, wäre nicht die Frage viel interessanter, was und wie dies Gedeihliche eigentlich zu sein habe. Wir sind aber noch lange nicht so weit gekommen, auch wär's unlogisch, hier dies zu bestimmen.

Der Mensch soll nicht zuviel und nicht zuwenig essen. O du goldene Mittelstraße, du Ziel der Weisen wie der Schafsköpfe, du temperierter Sommer-, du warmgeheizter Wintertag, du bescheidnes Grau, wie schimmert dein breites, mattes Licht, der Milchstraße gleich, so mild und kühl allüberall ins Leben, und auch in die hier zu besprechenden Verhältnisse, und zwar hier allerdings am schönsten!

Wie mancher berühmte Mann verdankt dir seine zeitliche Unsterblichkeit! Mit dieser Krücke erhebt er sich über alle Parteien. »Die Wahrheit liegt in der Mitte«, sagt der große Mann, und die Schar blökt sympathetische Beistimmung. Mit dieser einzigen Maxime kann der Mensch sein bürgerliches und literarisches Glück machen.

Man könnte freilich sagen: Kann man denn nicht auch das Nichtübertriebene übertreiben? Doch das führte ab. Ich stimme aber der Meinung Jean Pauls: sich mäßigen passe für Patienten und für Zwerge, so wenig bei, daß ich vielmehr sage, es passe für Riesen. Ich kann's nur nicht leiden, wenn sich die Mittelmäßigkeit mäßigen will. Paßt aber die Mittelstraße irgendwo, so ist's allemal beim Essen, namentlich in Beziehung aufs Quantum, wobei nur zu wünschen bleibt, daß das Quale nicht zu mittelmäßig sein möge.

Es ist schwer zu sagen, was zuviel und zuwenig ist, auch wenn man weiß, daß die Wahrheit in der Mitte liegt. Ein

Mensch kann bei einer Portion mäßig heißen, die einem andern schon Indigestion verursacht. Es kommt viel auf die Mägen und dergleichen an. Ein Michelangelo hat einen ganz andern Magen als ein Franz Mieris. Die Pariser Schusterfrau Katharina Bonsergent trank täglich zwei bis vier Eimer Wasser; ein einziges Glas Wein aber zog ihr Ohnmachten zu. Ein sehr belehrendes Beispiel!

Der Jesuit Lessius setzte für jeden Menschen täglich zwölf Unzen Speise und vierzehn Unzen Getränk fest. *Il ne faut pas trop régner.* Er mochte immer festsetzen. Niemand merkt darauf, und wenn auch eine ganze Herde Tölpel sich danach gerichtet hätte, so würde die Sache dadurch um nichts gescheiter, sondern höchstwahrscheinlich dümmer.

Es läßt sich eher sagen, wer zuviel, als wer nicht zuviel ißt. Aber auch jenes ist nicht so leicht. Cochrane berichtet von einem Jakuten (im asiatischen Rußland), der innerhalb vierundzwanzig Stunden ein Viertel von einem großen Ochsen, zwanzig Pfund Fett und dazu als Getränk eine tüchtige Portion geschmolzener Butter verzehrte. Zum Dessert folgte ein zarter Reispudding von achtundzwanzig Pfund. – Es scheint dies allerdings einigermaßen über die Schnur gehauen. Wer aber getraut sich, die subjektive Eßzurechnungsfähigkeit dieses Menschen zu bestimmen, um zu behaupten, es sei wirklich für ihn zuviel?

Renaud de Beaune, Erzbischof zu Bourges, mußte nachts, wenn er kaum vier Stunden geschlafen hatte, aufstehen, um zu essen. Um vier Uhr morgens hielt er die zweite Mahlzeit. Um acht Uhr folgte das eigentliche Frühstück und mittags, wie billig, das eigentliche Mittagsmahl. Vier Stunden später machte sich ein ergiebiges Vesperbrot nötig. Nach dem nun folgenden Abendmahl schloß noch unmittelbar vor Schlafengehen ein siebentes Mahl die Mühen des Tages. Zu jeder dieser Restaurationen war etwa eine gute Stunde erforderlich. Dabei war der Mann munter, gesund und, soweit die Zeit zureichte, sehr geschäftstätig, und studierte und verdaute gleich gut. Etwas *gênant* war's jedoch, daß er zur Vermeidung unnötiger Appetitaufregungen Bewegung in frischer Luft und Spazierengehen sorgfältig vermeiden mußte.

Viele Moralisten geben den Rat, man solle aufhören, wenn's einem am besten schmeckt. Aber wie weiß man dies? Man könnte ja, auf dem Wege des Experiments zur Ermittlung dieses Moments – *experimentum est periculosum* – schon viel zuviel gegessen haben, bis man dahintergekommen wäre. Und gleich am Anfang, wo's einem am allerbesten schmeckt, soll man doch nicht schon wieder aufhören? – Man kann hieraus sehen, welch ebenso unüberlegte als unausführbare Lebensregeln moralische Eiferer in die Welt hinausschreien und für nichts und wieder nichts die Gewissen der Menschen verwirren. Es erscheint zweckmäßiger, zu sagen: Iß, solang es dir schmeckt, und höre auf, wenn es dir nicht mehr schmeckt, oder: Iß nicht bis zur Übersättigung.

Mit dem entweder rohen oder krankhaften zuviel Essen, welches man – mit Erlaubnis der Zartsinnigen! – kurzweg auch Fressen nennt, nahe verwandt ist das Essen von Ungenießbarem. Leider wird dessen nur zuviel gekocht, womit sich Liebhaber, physisch, moralisch und ästhetisch Geschmack und Verdauung verderben. Könnte man Vorstellungsobjekte im Hirn und Appetite im Herzen durch die Sektion ermitteln, man würde bei manchem Leser ein ähnliches Resultat finden wie in dem Magen des Galeerensklaven Bazile, der im Marinespital zu Brest starb. Der Sektionsbericht glich einem Inventarium, und der Kerl hatte so unrecht nicht, wenn er kurz vor seinem Tode zu seiner Wärterin sagte: »*J'ai mille diables de choses dans le ventre, qui font tout mon mal.*«

Es fanden sich darin:

a) Faßreife von diveser Größe;
b) dreizehn Stücke Eichenholz;
c) hölzerne und zinnerne Löffel. – Es kommt auch sonst vor, daß Leute Löffel für Speisen nehmen. – Ferner:
d) zinnerne Schnallen;
e) ein Pfeifenkopf;
f) ein Klappmesser;

g) Fensterglas;
h) *item* Leder;
i) eine blecherne Röhre und
k) noch einige, weniger erhebliche Varia.

Hofrat Huhn berichtete von einem Vielfraß in Auenheim, der Steine von der Größe eines Hühnereies, Kröten, Frösche, Stecknadeln, Laubtaler und andere Münzen gierig verschluckte und, wenn sie ihn belästigten – Mistjauche trank. (In dieser moralischen Vorlesung darf dergleichen schon genannt werden.) Dabei war er natürlichen Nahrungsmitteln abgeneigt. Ganz dasselbe, mit buchstäblichem Einschluß eines genannten Ingrediens, welches nicht wiederholt werden soll, gilt ja auch von der Lektüre der neuromantischen französischen Schule.

Der berühmte Wittenberger Kahle, seines außerordentlichen Appetits wegen Freßkahle genannt, welcher 1754 im neunundsiebzigsten Jahre seines Alters starb, fraß zum Frühstück ein Spanferkel mit Haut und Haaren, und dies tat einem Mittagsmahl, welches aus einem Hammel mit Fell und Knochen bestand, nicht den geringsten Abbruch. Kein Mondscheindichter hätte einen erwünschteren Leser finden können als ihn. Ratten, Mäuse und Eulen waren für ihn wahre Leckerbissen. Ja, er fraß die Speisen mit den irdenen Schüsseln, verschlang den Kaffee mit der Tasse, den Wein mit dem Glase. Noch mehr, er nahm sogar ein bleiernes Schreibzeug mit Tinte, Streusand, Federn und Federmesser zu sich. Ein wahrer Eßpolyhistor! Ein Morhof in seinem Fach!

Dieser große Mann entwickelte dabei manchmal den liebenswürdigsten Humor. So fraß er z. B. einmal in einem Wirtshaus, dem liebsten Schauplatz seiner Darstellungen, einen ganzen Dudelsack. Der Virtuose, dem er gehörte, ein reisender Pole, hatte eben, vom prophetischen Geiste ergriffen, das schöne Lied geblasen: »Polen ist noch nicht verloren«, und glaubte nun, nachdem der Dudelsack gefressen war, jetzt käme die Reihe des Gefressenwerdens an ihn, lief daher, so schnell er konnte, davon und Kahle, zur großen

Belustigung der Gäste des Wirtshauses Zum Schwarzen Adler, ihm nach.

Unter anderm folgt hieraus: Iß nichts Ungenießbares, iß nichts, was du nicht verdauen kannst!

Über das entgegengesetzte Gebot: Iß nicht zuwenig! – sage ich deshalb wenig, weil Fälle, welche sich dafür eigneten, sehr selten vorkommen und, wo sich dieses Gebot geltend machen könnte, die Schuld weniger am moralischen Willen als an dem kleinen, organisch verengerten Magen liegt, der eben nicht viel faßt und verträgt, wogegen aber Mittel und Gebote gleich überflüssig sind. Das möchte etwa hier zu erinnern sein, daß solche kleine Mägen, welche wenig fassen und vertragen, nicht affektieren und groß damit tun sollten, als wollten und möchten sie nicht mehr zu sich nehmen, während sie doch nicht können. Solche suchen gerne Kollegen von umfassenderer Kapazität und daher umfassenderem Bedarf als unsittliche Mägen zu verschreien, und dies ist eine Hauptrolle der Médisance auf Erden. Der als Schwelger verrufene Lucull, von dem Byron sagt, er habe sich durch seine Kochkunst größere Verdienste erworben als durch seine Eroberungen, war ein ebenso tapferer Kriegsheld als dezidierter Platoniker.

Es kommt nun aber ein anderes ethisches Gebot in Betracht, nämlich die Pflicht, sich bei gutem Appetit zu erhalten. Durch nichts wird aber der Appetit mehr verdorben als durch Saufen. Ein Säufer wird und kann niemals ein Eßkünstler sein. Der Säufer zerstört geradezu alle Bedingungen eines heiteren Genusses des Lebens überhaupt und des Essens und was damit zusammenhängt insbesondere. Der Eßkünstler trinkt über oder besser nach Tisch sein Fläschchen Wein oder *pro captu* zwei; man wird ihn aber nie saufen sehen, ja man kann von jemand, der säuft, mit Bestimmtheit sagen, er sei kein Eßkünstler.

Wie es von wilder Roheit oder pathologischer Abnormität zeugt, wenn der Mensch frißt, so zeugt es von niederem Standpunkte, Bornitur und Engherzigkeit, wenn der Mensch sich auf einen zu kleinen Kreis, auf eine zu geringe, zuwenig mannigfaltige Auswahl von Speise beschränkt. Die guten Schäfchen, welche Fasttage halten, kommen in diesen für Männer bestimmten Vorlesungen nicht in Betracht. Allerdings haben einzelne Menschen für manche Beziehungen von Natur aus keinen Sinn, kein Talent; bei anderen sind Idiosynkrasien wirklich krankhaft. Dies jedoch nur in den seltensten Fällen. Meistens beruhen solche Abneigungen gegen einzelne Speisen auf Vorurteil, Befangenheit, Mangel an Mut zum Experiment. So hab' ich mir als junger Mensch eingebildet, ich könnte niemals Neigung zu demjenigen Fisch fassen, welchen, wie Pater Abraham a Sancta Clara sagt, die Holländer Stock nennen und der in unseren Landen ohne Kopf anzutreffen. Gereiftere Erfahrung lehrte mich, ihn sehr applikabel und liebenswürdig zu finden. Es ist eine Speise von bestimmtem, entschiedenem Charakter, bei dem man weiß, woran man ist, obschon man glaubt, daß einige Verdauungskraft dazu gehört, ihn zu vertragen. Viele Schriftsteller zählen ihn aber gerade zu den leichtverdaulichsten Speisen. Nicht nur ziehe ich ihn der Doppelzüngigkeit einer sauersüßen Wurst mit Mandeln und Rosinen bei weitem vor – und er verdient es –, sondern ich esse ihn jetzt mit der größten Lust. So ging es mir auch mit den vornehmeren Austern, deren Charakter zwar indifferenter, zugleich aber merklich feiner und anregender ist. Ich hatte glücklicherweise ihre Bekanntschaft privatim gemacht und wußte schon sehr wohl mit ihnen zu verfahren, als ich die peinigende Verlegenheit eines jungen Mannes mit Bedauern zu beobachten Gelegenheit hatte, welcher, zu einem noblen Gastmahl geladen, zum ersten Mal Austern begegnete, sich zu gestehen schämte, er wisse nicht damit umzugehen, und gleichwohl das Ungewohnte, Ungekannte nicht zu schlucken wagte, aus Mißtrauen gegen seinen Magen und aus Furcht, durch Eklat noch anstößiger zu werden. Bloß durch diese Kleinigkeit verlor der junge Mann bei fast jedem, der es sah, alles Zutrauen und galt für nichts.

Aber nicht bloß deshalb sollte man trachten, jeder Speise Herr zu werden, sondern je mehr im ganzen Bereiche der

Natur und des Lebens für den Menschen Ungenießbares ist, je weniger er sich daraus anzueignen vermag, um so ärmer ist die ganze Welt für den Menschen, und also er selber auch. So geben sich auch manche, besonders Frauen und junge Männer, so unbedingt den ersten Eindrücken hin, daß sie ein für allemal gewisse Speisen oder Menschen nicht leiden mögen, deren sie sich nun auch durch stetes Abstoßen dauernd berauben und dadurch, wie sich oft zu spät (z. B. wenn sie keine Zähne mehr haben) mit schmerzlicher Reue ergibt, um die schönsten Beziehungen und Genüsse kommen. Manche Idiosynkrasien haben aber einen rein moralischen Ursprung, und deren Äußerungen deuten auf entsprechende Defekte hin. So können es manche nicht leiden, wenn von einem nicht angenommenen Duell, von Nasenstübern, von Davonlaufen, von außerehelicher Schwangerschaft, von Nasen und dergleichen gesprochen wird. Olaus Borrichius erzählt von einem Weinwirte, der, sooft er Essig sah, mit den Zähnen knirschte und in einen kalten Schweiß ausbrach. Es läßt sich wohl annehmen, daß hier gewisse Reminiszenzen im Spiele waren. So bekam der Theologe Pechmann, in Folge pädagogischer Erinnerungen, von Jugend auf vor Besen, ja vor dem leisesten Streichen eines Besens oder einer Rute die beklemmendsten Schauder und Krämpfe.

Doch nun genug davon. Aristoteles verlangt von der Tragödie eine Reinigung, Beruhigung der Leidenschaften (κάθαρσις τῶν παθημάτων). Eine gute Mahlzeit entspricht oft diesem Zwecke viel durchgreifender. Gewiß, manche furchtbare Tat, Mord, Selbstmord etc., wäre unterblieben, hätte der Täter durch ein gutes Mittagessen seine Leidenschaften gereinigt, purgiert, abgeleitet, abgeführt.

Der Mensch soll sich nicht genieren zu essen. O ihr natur- und wirklichkeitsscheuen Hyperidealen, ihr zarten, zimperlichen Naturen, gebt doch die dünne Luft eurer Überschwenglichkeit auf! Sie kommt weder euch noch andern zugut. Ihr selbst verfallt über kurz oder lang der Trommelsucht oder der Auszehrung, und andere haben den Jammer, es ansehen zu müssen. Beißt ungeniert ein, schüchterne Jünglinge, haltet das Essen nicht für gemein; lernt's lieber.

Der Mensch soll mit Heiterkeit und Lust essen, um recht zu essen. Aus dem schönen Spruche Sirachs: »Einem fröhlichen Herzen schmeckt alles wohl, was er isset«, ergibt sich leicht, warum Heiterkeit schon der in der ersten Vorlesung gegebenen Definition des Essens einzuverleiben war. Ein gewisser heiterer Ernst wird den Eßkünstler, der mit Eifer sich seinem Berufe widmet, nie verlassen. Nur keine Sentimentalität über Tisch! – Wenn Jean Paul klagend ausruft: »Himmel, aus wie vielen Marterstunden der Tiere glühen und löten die Menschen eine einzige Festminute der Zunge zusammen!« – so ist dies eben ein Gesichtspunkt, aus welchem das Essen gerade nicht angeschaut, am allerwenigsten aber dargestellt werden darf. Denn was soll dabei herauskommen? Man ißt deswegen doch, und Jean Paul hat sich's recht wohl schmecken lassen. Ich habe als Kind ein übermäßig rührendes Lied über den Tod (ich weiß nicht mehr) einer erschossenen Lerche oder eines Finken lernen müssen, das ich vor lauter Tränen kaum singen konnte. Es hat auf meinen Eßcharakter nicht den mindesten Einfluß gehabt. Eine gebratene Lerche und eine singende Lerche sind so himmelweit voneinander verschieden, daß man abends die nämliche mit dem größten Appetit essen kann, über deren Morgenlied man Tränen vergossen.

Eine ernste Aufgabe für den Menschen bleibt immer die, wenn er auch nicht gerade so essen kann, daß andere darüber erfreut zu werden vermöchten, doch wenigstens so zu essen, daß andere nicht den Appetit verlieren. Das Essen ist aber an sich eine so egoistische Handlung, daß ein gesitteter Mensch alles mögliche anwendet, sie zu veredeln, wozu denn allerdings auch das positive Bestreben gehört, auch objektiv schön, d. h. andern erfreulich, zu essen.

Die Moral verlangt ferner ein tolerantes Urteil, wovon ich selber im Verlaufe der Vorlesungen schon sehr unterschiedliche Proben gegeben habe. Es gibt Leute, die durchaus nicht dulden wollen, daß einem andern etwas schmeckt, woran sie selber kein Behagen finden. Ja, ich habe selbst von Personen, die sich für wohlerzogen hielten, über ein mit liebendem Anteil ausgedrücktes Lob irgendeiner Speise ein widerliches »Pfui!« mir ins Angesicht aussprechen gehört. Ist dies Feinheit der Gesinnung und Aufführung, ist dies human und tolerant? – Umgekehrt aber wollen andere, es solle durchaus jedem das schmecken, was ihnen selbst behagt, und wär's Teufelsdreck. Beides ist, mit aller Toleranz sei es gesagt, durchaus verwerflich.

So verwerfen auch manche gar zu rigorose Leute das Reden über das Essen ganz und gar, als einem Manne nicht wohl ziemend. Wie schön führt dagegen Archestratus aus, daß man zwar manche Leckerbissen nur in gewissen Jahreszeiten genießen, dafür aber das ganze Jahr hindurch mit wässerndem Mund davon sprechen könne. – Wenn man aber über andres schon gesprochen hat oder gar nicht reden kann, will oder darf – ist's denn nicht hübscher, vom Essen zu sprechen, als ganz zu schweigen? Und findet man nicht über dieses Objekt am ersten noch Anklang? Freilich ist's unpassend, ja grausam, mit Hungrigen vom Essen zu reden, wie z. B. Grumio mit dem hungrigen Käthchen in Shakespeares gezähmter Keiferin. Goethe erzählt in seiner »Campagne in Frankreich«: »Bei einem plötzlichen Befehl zum Aufbruch und dadurch gestörten Mittagessen sprachen mehrere hungernde Genossen im Reiten vom Essen. Einer wünschte sich Bratwurst und Brot, ein anderer sprang gleich mit seinen Wünschen zum Rehbraten und Sardellensalat. Da aber das alles unentgeltlich geschah, fehlte es auch nicht an Pasteten und sonstigen Leckerbissen, nicht an den köstlichsten Weinen, und ein so vollkommenes Gastmahl war beisammen, daß endlich einer, dessen Appetit übermäßig rege geworden, die ganze Gesellschaft verwünschte und die Pein einer aufgeregten Einbildungskraft im Gegensatze des größten Mangels ganz unerträglich schalt. – Ein andermal, unter ähnlichen hungrigen Verhältnissen, hatten die Leute des Prinzen Louis Ferdinand einen schweren verschlossenen Küchenschrank erbeutet, versicherten, es klappere darin, und sie hofften, einen guten Fang getan zu haben. Man erbrach ihn begierig, fand aber nur ein stark beleibtes Kochbuch, und nun, indessen der gespaltene Schrank im Feuer aufloderte, las man die köstlichsten Küchenrezepte vor, und so ward abermals Hunger und Begierde durch eine aufgeregte Einbildungskraft bis zur Verzweiflung gesteigert.«

So paßt's freilich nicht, außerdem aber gehören Gespräche über das Essen im allgemeinen und besonderen gewiß zu den unverfänglichsten, die der zivilisierte Mensch aufzutreiben imstande ist, eignen sich daher für Residenzstädte, Regierungssitze und andere solch schöne menschliche Niederlassungen vorzüglich. Doch auch weniger hochstehende Zirkel ergötzen sich mit Recht an der Harmlosigkeit dieses Sprechobjektes. Wie patriarchalisch freundlich ist es, wenn sonntags in der Abendcompagnie bei einem Kruge Bier der Bürger seinen Nachbarn erzählt, was er zu Mittag gegessen, wie gut es seine Frau gekocht und wie es ihm und seinem kleinen Gottlieb wohlgeschmeckt. In schöner Teilnahme ißt jeder Nachbar in Gedanken mit und erzählt auch seinerseits, was ihm geschmeckt, und es ist billig, daß jeder an die Reihe des Erzählens kommt.

»– Und knackten jede schöne Nuß
Noch einmal in Gedanken auf. –«

Welch eine spirituelle Multiplikation der einzelnen Mittagessen, welche Menge der vielfachsten fetten und magern, sauren und süßen Erinnerungen, welche edle Einfalt der Sitten, welche unbedenkliche Ruhe des Staatsbürgers!

Der Mensch soll gesellig sein und gesellig essen. Sancho Pansa sagt zwar: »Hätte ich etwas Gutes zu essen, so würde es mir stehend und für mich ebenso gut und besser schmekken, als wenn ich einem Kaiser zur Seite säße. Und es heißt wohl in Wahrheit, weit besser schmeckt, was ich in meinem Winkelchen verzehre, ohne Komplimente und Reverenzen, und wenn es Brot und Zwiebeln wären, als die welschen Hähne vornehmer Tafeln, wo ich gezwungen bin, langsam zu kauen, wenig zu trinken, mir oft den Mund zu wischen, nicht zu niesen noch zu husten, wenn mir die Lust ankommt, noch sonst etwas zu tun, was Alleinsein und Ungebundenheit mit sich bringt.« Dies sind aber unanständige Ansichten eines Naturalisten. Jean Paul behauptet dagegen, daß durch Tischgespräche das Essen erst ein menschliches werde. Kant empfiehlt das gesellige Essen deshalb, weil dessen anregende Gespräche die peristaltische Bewegung der Gedärme und dadurch die Verdauung befördern – und Johann Jacob Wagner lehrt: »Daß gemeinsame Mahlzeiten bei allen Völkern und zu allen Zeiten als ein Menschen verbindendes Mittel angesehen worden sind, hat seinen Grund in der menschlichen Natur selbst, als welche aus Himmlischem und Irdischem zu schöner Verschmelzung beider Elemente gemischt den Genuß der Speise über die tierische Form hinausheben und durch Einwebung gemütlichen und geistigen Lebens veredeln will. Haben ja manche, von der Hoheit der Menschennatur tief ergriffen, unter der Form des Tischgebetes sogar religiöses Leben hineinzubringen gesucht, und Philosophen der Vorzeit haben die schönsten Aufgaben ihrer wissenschaftlichen Darstellung unter der Form eines Gastmahles der Speisen lösen zu können geglaubt. Wenn nun die Vermenschlichung des Genusses der Speisen in der Tat an eine Gemeinheit der Speisenden gebunden erscheint, so ist auch die Mahlzeit selbst eine Ruhezeit von den Mühseligkeiten des Lebens, also ein festlicher Punkt im Leben, und die Labung, welche hier dem Leibe durch Speise und Trank widerfährt, bringt auch von selbst eine zur Mitteilung im Wechselgespräche geneigte Stimmung in das Gemüt etc. etc.«

Ohne daß hiergegen das mindeste eingewendet sein soll, wird der Eßkünstler immer das Essen selbst als Haupt-, das Reden aber als Nebensache betrachten.

Von wieviel Seiten aber eine und dieselbe Sache betrachtet werden kann, beweist noch der Oheim in den »Wanderjahren«, welcher behauptet, keine Erfindung des Jahrhunderts verdiene mehr Bewunderung, als daß man in Gasthäusern, an besonderen kleinen Tischchen nach der Karte speisen könne, und sobald er dies gewahr geworden, es auch für sich und andere in seiner Familie einzuführen suchte. Im besten Humor mochte er gern die Schrecknisse eines Familientisches lebhaft schildern, wo jedes Glied mit fremden Gedanken beschäftigt sich niedersetzt, ungern hört, in Zerstreuung spricht, muffig schweigt und, wenn gar das Unglück kleine Kinder heranführt, mit augenblicklicher Pädagogik die unzeitigste Mißstimmung hervorbringt. So manches Übel, sagte er, muß man tragen; von diesem habe ich mich zu befreien gewußt. – Allerdings gehören zu eigentlichen Gastmählern keine kleinen Kinder. Am Familientisch aber ist's doch nicht übel, zu sehen, wie's den kleinen Dickköpfen schon so gut schmeckt und wie sie sich so eifrig der ersten Vorübungen befleißigen, um dereinst zu der höheren Stufe wahrer Eßkünstler sich zu befähigen. Pädagogische Rügen finden allerdings besser vor oder nach Tisch statt, wie auch schon Sirach spricht: »Strafe und Lehre soll man zur rechten Zeit üben.« – Ehe man nun aber den Oheim als Egoisten tadelt, bedenke man wohl, daß der alte Herr gerne, reichlich und gut andern zu essen gab und sich daran ergötzte, zu sehen, wie's andern wohlschmeckt. Dies, gut zu essen geben, ist in sittlicher Beziehung die Hauptsache, d. h., wenn ein edler Mensch ein Fäßchen Austern geschickt bekommt, so ißt er sie nicht allein, sondern invitiert gute Freunde.

Die Pflichten gegen sich selbst bilden in jeder Moral ein mehr als überflüssiges Kapitel. Diese erfüllt der Mensch nur zu sehr, ohne daß man sie ihm einzuschärfen braucht. Die Pflichten aber gegen die Nebenmenschen werden versäumt, man mag predigen, soviel man will.

Es gibt aber einen sittlichen Takt, der auf Wohlwollen, Schönheitssinn und Verstand ruht und von dem ein Beispiel zu geben hier am Orte ist. Der treffliche Graf Rumford setzte der allbekannten und nach ihm benannten Suppe geröstete Brotschnitten zu, um das Kauen zu verlängern und das mit dem Essen verbundene Vergnügen *(the pleasure of eating),* das sich niemand, auch der Arme nicht, gern nehmen läßt, zu vermehren. Dieses Vergnügen, dem Rumford in seinen 1896 zu London erschienenen »Experimental Essays«

ein besonderes, sehr lesenswertes Kapitel gewidmet hat, wird teils dadurch befördert, daß man der eigentlich nährenden, aber öfters geschmacklosen Substanz einen angenehmen Geschmack zu geben sucht, welches durch eine Menge sehr wohlfeiler Mittel, worunter das Salz gehört, erhalten werden kann, und dann, daß man dem schnellen Verschlucken vorbeugt und zum Kauen nötigt. Dieses letztere wird nun durch die Brotschnitten befördert, die an sich ziemlich geschmacklos sind. Man röstet sie deswegen, am besten in einer Fettigkeit, die das Eindringen des Wassers und folglich das schnelle Zergehen derselben hindert und daher das Kauen um so notwendiger macht.

So etwas will gefühlt und verstanden sein, und wer's nicht fühlt und versteht, hat kein Talent zur Tugend.

»Sie hat ein gut Gemüt, drum kocht sie gut«, heißt's in Lenaus »Faust«, und weiter:

»Ich hab's erfahren oft auf meinen Reisen
– Bemerkt nun Faust mit schwatzhaftem Vergnügen –
Der Frauen Herz, voll rätselhaften Zügen,
Erprobt sich stets am Wohlgeschmack ihrer Speisen.
Wenn so ein gutes Weib kocht, brät und schürt,
Und in den Topf den Wunsch des Herzens rührt,
Daß es den Gästen schmecke und gedeihe,
Das gibt den Speisen erst die rechte Weihe.«

Übrigens stimme ich dem Diktum, moralische Vorlesungen dürfen nicht zu lange dauern, vollkommen bei und betätige dies meinerseits, indem ich schließe.

SECHSTE VORLESUNG

Diätetik des Eßkünstlers

GLEICHWIE BILDHAUER, Steinschneider und Goldschmiede bei Ausübung ihrer Kunst der nötigen mineralogischen Kenntnisse der zu verarbeitenden Naturstoffe und ihrer Eigenschaften nicht füglich entbehren können, ebenso und nicht anders erkennt der Eßkünstler die Notwendigkeit diätetischer Regeln an. Wie aber dort Mineralogie, so gilt hier Diätetik lediglich als Hilfswissenschaft und als sonst nichts.

Die Diätetik des Eßkünstlers ist aber von der anderer Leute, wie wir sie in Lehr- und Handbüchern zu Dutzenden haben, wesentlich verschieden. Entweder nämlich bezwecken jene vor allem und ausschließlich das lange Leben, wobei an den qualitativen Lebensgenuß so wenig gedacht ist, daß namhafte Autoritäten (Galen, Avicenna, Gratarolus u.a.) sogar ungemischte Speisen als Mittel ihres ersten und letzten Zweckes, des langen Lebens, zugrunde legen, oder sie sind für schwache Mägen berechnet. Auch Mephistopheles rät dem Faust:

»Begib dich gleich hinaus aufs Feld,
Fang an zu hacken und zu graben,
Erhalte dich und deinen Sinn
In einem ganz beschränkten Kreise,
Ernähre dich mit ungemischter Speise,
Leb mit dem Vieh als Vieh, und acht es nicht für Raub,
Den Acker, den du erntest, selbst zu düngen« etc. –

Wie aber Faust, so antwortet auch der Eßkünstler: Das enge Leben steht mir gar nicht an – und was die genannten schwachen Mägen betrifft, so wird bei dem Eßkünstler als *conditio sine qua non* durchaus ein guter Magen vorausgesetzt. Wer diesen nicht hat, ist nun einmal zum Eßkünstler verdorben und kommt daher hier durchaus nicht in Betracht. Wem fiele es jemals ein, aus einem Hinkenden einen Ballettänzer bilden zu wollen?

Was aber jenen wahrhaft Mephistophelischen Rat der ungemischten Speise betrifft, welchen Faust aufs Wort hin glaubt und doch verwirft – so werden diejenigen meiner sehr verehrten Herren Auditoren, welche diesen Vorlesungen mit Aufmerksamkeit gefolgt sind, unschwer beurteilen, daß die Voraussetzungen, nach welchen er gegeben wurde, unrichtig sind, demnach also der ganze Rat selber verfehlt und falsch ist und also nichts taugt. Ich müßte aber einen großen Teil der bereits gehaltenen Vorlesungen noch einmal lesen, um dies nachzuweisen, was um so weniger statthaft wäre, je länger überhaupt schon vom Essen in allgemeinen Beziehungen die Rede war und je dringender es mir daher Aufgabe und Pflicht ist, endlich zu dem Speziellen des Essens und der einzelnen Speisen zu kommen. Es genüge daher die einzige Bemerkung, daß der Eßkünstler eben nicht mit dem Vieh als Vieh leben mag und kann, selbst nicht um den Preis, in dieser Eigenschaft alt zu werden. Aber das Beispiel der ungemischte Speise genießenden, bleichen, schwächlichen und finstern Brahmanen ist weder so anziehend noch jenes von Männern, welche, wie Anakreon, Demokrit, Voltaire, Fontenelle, Goethe u. a., in hohem Alter ihr genußreiches Leben beschlossen, so abstoßend, um der ungemischten Speise sehr das Wort zu reden. Wir halten es drum mit der Mannigfaltigkeit und gedenken dabei in keiner Art zu kurz zu kommen. Wie schon bemerkt, der Eßkünstler ißt, um zu essen, und hat sich um Nebensachen wie langes Leben und dergleichen nicht weiter zu kümmern. Er macht sich mit den nötigen diätetischen Regeln vertraut, um gut und mit Bewußtsein zu essen, um das Essen selbst zu erhöhen, ohne andere weitere Zwecke, welche rein dadurch erreicht werden und von selber sich erfüllen, daß er gute und angemessene Produkte der Natur und Kunst in gehöriger Menge und Verbindung, mit Heiterkeit, Ruhe, Sinn und Bewußtsein auf subjektiv und objektiv angenehme und geschmackvolle Weise sich schmecken läßt. – Dies lernt der Eßkünstler sowenig aus der Diätetik als der Bildhauer seine Kunst aus der Mineralogie; indem er die ausgesprochenen Aufgaben erfüllt, setzt und gibt er vielmehr selbst die höchsten Regeln der Diätetik, ja, es läßt sich wissenschaftlich aus dem festgesetzten Grundsatz die ganze bezügliche Diätetik konstruieren, und so könnte man die Eßkunst die aufs höchste verklärte Diätetik selber nennen.

Zum Beleg nur ein paar Beispiele. Im Winter schmeckt dem Eßkünstler teils mehr, teils anderes als im Sommer. Er läßt sich also ganz natürlich im Winter auch mehr und anderes schmecken als im Sommer. Die Diätetik rät genau dasselbe. – Es wird einem Eßkünstler nicht einfallen, Salat zu essen und Milch dazu zu trinken. Die Diätetik verbietet dergleichen eifrigst. Wie aber der reine Kunstsinn des Eßkünstlers richtiger wählt als der Verstand der Verständigen, beweiset z. B. Heinrich Rantzovius, der in seinem 1604 zu Frankfurt gedruckten Buche »De conservanda valetudine«

Mandelmilch als Tischgetränk empfiehlt – eine Idee, welche den Eßkünstler mit tiefem Schauder erfüllt. – Dem feinschmeckenden, sinnigen Eßkünstler wird nichts fataler sein als ein überhäufter, unnatürlicher, süßsaurer Mischmasch des Verschiedenartigsten, welcher jeden spezifischen Geschmack des einzelnen verwirrt, ja aufhebt. Die Diätetik glaubt vor nichts eindringlicher warnen zu müssen als gerade vor diesem, was dem Eßkünstler von selbst widersteht.

Die Diätetik eifert gegen das Überwürzen der Speisen; der Eßkünstler ist ohne alle Diätetik entrüstet, wenn die Suppe versalzen wurde. Dem Eßkünstler ist dünne Kost verhaßt ohne alle Rücksicht auf Diätetik. Mit Vergnügen liest er aber bei Hippokrates die Schilderungen der gefährlichen Folgen derselben und den Ausspruch des Celsus: Zweimal zu essen sei besser als einmal, und mehr zuträglicher als zuwenig.

Es ist eine diätetische, der Physiologie entnommene Grundregel, dem Magen nichts zu überantworten, was die Zunge nicht hinlänglich geschmeckt und die Zähne nicht gehörig gekaut haben. Nichts wäre dem Eßkünstler unangenehmer, als sich im Schmecken und Kauen verkürzt zu sehen. Er schmeckt und kaut aber nicht deshalb, um den Speicheldrüsen Zeit zu gönnen, dem Gekauten ihren gedeihlichen Zuschuß zu geben, und um dem Magen gehörig Mazeriertes und Vorbereitetes zu überliefern. Aber indem er weiß, wie gesund und zuträglich, wie wissenschaftlich geheischt und geboten zugleich dasjenige Verfahren ist, wobei er als Künstler so sehr seine Rechnung findet, übt er es mit Bewußtsein noch einmal so gerne und mit doppelter Lust. So las ich als junger Mensch sehr gerne Callot-Hoffmanns Märlein vom König Daucus Carota, und die gelben Rüben gleichen Namens sowie Scorzonera, Petersilie, Kerbelkraut etc. genoß ich mit Lust, aber ohne Urteil, wie die Märlein auch. Seitdem ich aber darüber nachgedacht, wie ich in den genannten schmackhaften und würzigen Vegetabilien sowie in den zarten Spargelköpfchen, den sanften jungen Bohnen, den süßen grünen Erbsen, dem milden

Blumenkohl etc. gleichsam den ganzen lieben Frühling mir aneigne, wie mein melancholisches Blut dadurch erfrischt und ermuntert, erquickt und versüßt wird, genieße ich's mit wahrer Wollust. Dabei ist nicht zu übersehen, wie durch diese Glaubensfreudigkeit allerdings das Gedeihliche der genannten lieben Speisen erhöht und vermehrt wird. Aber ich errege in mir keine absichtliche Freude, um jenen Zweck zu erreichen; meine Freude hat jene Gedeihlichkeit von selbst zur Folge, wie ich auch über und nicht über Tisch gern lache, ohne damit eine Verdauungsbeförderung erzielen zu wollen.

Ich glaube mit den gegebenen wenigen Beispielen, welche leicht ins Unzählige vervielfältigt werden könnten, das, was ich sagen wollte, hinlänglich klargemacht zu haben. Es wird sich daraus noch ergeben, daß der Eßkünstler, der schön ißt, auch gut ißt.

Was gut schmeckt oder, wie der Berliner sehr richtig sagt, was schön schmeckt, ist in der Regel und namentlich für den Eßkünstler wirklich gut und schön, und umgekehrt. Und zwar mit vollem Recht, wie auch die Diätetik bestätigt. »Das Angenehme ist gedeihlich« – *Suavia nutriunt* – sagt Hippokrates. »Was wohlschmeckt, bekommt wohl« – *Quod sapit, nutrit* – lehrt Avicenna, und Heurnius kommentiert und bestätigt beides. – Ich erlaube mir die philologische Bemerkung, daß *sapientia* von *sapio* herkommt.

Es haben gar viele, und noch dazu solche, die sich's recht wohl schmecken ließen, über die Eßkünstler sich ironisch, satirisch, persiflierend vernehmen lassen, ja, es ist der in solchem Sinne ausgesprochene Rat gegeben worden, der Eßkünstler dürfe an nichts denken, sein Beruf schließe das Denken aus. Der Vorwurf fällt aber auf die selbst zurück, denen der Appetit vergeht, wenn sie denken. Und dennoch machen die unglücklichen verzwickten *»pauvres honteux«* selbst gar große Ansprüche aufs Denken, ohne, ob sie gleich so scheinen möchten, die aufs Essen im geringsten selber hintanzusetzen. Doch ist schon öfter davon die Rede gewesen.

Es ist sehr schön, wenn man schöne Zähne hat. Es ist sehr gut, wenn man gute Zähne hat. Schöne Zähne sind sehr gut, gute Zähne sind sehr schön. – Wer sieht hier nicht die innige Verwandtschaft des Guten und Schönen?

Sehr schön und wahr sagt Don Quijote: »Ein Mund ohne Backenzähne ist wie eine Mühle ohne Mühlstein, und ein Zahn ist höher zu achten als ein Diamant.« – Bei Goethe heißt es:

»Ich neide nichts, ich lass' es gehn,
Und kann mich immer manchem gleich erhalten;
Zahnreihen aber, junge, neidlos anzusehn,
Das ist die größte Prüfung mein, des Alten.«

Daraus erhellt wohl zur Genüge die Wichtigkeit der Zahnpflege. Wer hat aber in der Regel die schlechtesten Zähne? – Leute, die nicht zu essen verstehen oder die nichts Gutes zu beißen haben oder denen es nicht schmeckt, deren Verdauung verdorben ist.

Es gibt bekanntlich Sätze, die sich umwenden lassen wie ein Handschuh, z.B. gleich wieder der: Schlechte Zähne sind Folgen gestörter Verdauung; gestörte Verdauung ist Folge schlechter Zähne.

Man esse also gute, gedeihliche Speisen auf schöne und zweckmäßige Weise, so wird man auch am besten die Zähne erhalten. Dies ist die Hauptregel. Speziell hierher gehört aber noch:

Man esse und trinke nicht gar zu heiß, vorzüglich meide man schnellen Wechsel von Hitze und Kälte, sonst bekommt der Schmelz der Zähne Sprünge, denn die Natur duldet keine Sprünge.

Man versuchte nichts Unmögliches zu erbeißen, z.B. Pfirschenkerne.

Man esse nicht zuviel und zu ausschließlich Süßes oder Saures.

Man halte die Zähne reinlich. Dazu dient Ausspülen des Mundes morgens und nach dem Essen mit rotem Wein oder nicht zu kaltem Wasser. – Es wird zwar von vielen Diätetikern laues oder gar warmes Wasser geraten, was jedoch vielen widerlich sein möchte.

Diese Gewohnheit des Mundausspülens nach Tisch ist leider nichts weniger als allgemein eingeführt. Ich habe sie zum ersten Mal in einem großen Hause in Wien beobachtet und muß freilich gestehen, daß die Sache, wie sie da betrieben wurde, mir nicht ganz appetitlich vorkam. Denn obgleich das Wasser in schönen, großen Kristalltassen mit extrafeinen Servietten jedem einzelnen Gast gereicht wurde, klang doch das allgemeine Gegurgel fast etwas schauerlich, wie das Murmeln unterirdischer Quellen, und da die Gäste wie beim Essen in Reih und Glied und sich zugekehrt blieben, so hätte ein Gesichterschneider zu den belehrendsten und überblickendsten Studien Gelegenheit gehabt. Doch ist die Sache zweckmäßig und kann füglich auch auf anmutigere Weise absolviert werden.

Man hat zu demselben Zwecke das Kauen eines Brotrindchens nach jeder Mahlzeit geraten. Der Eßkünstler wird aber durch den trivialen Brotgeschmack nicht gerne zartere Reminiszenzen verderben wollen.

Ebenso bekannt, deshalb aber nicht minder wichtig, ist der Gebrauch geeigneter Zahnstocher, das heißt nicht metallner, sondern solcher von Holz oder Federspulen, welche aber, wie gleichwohl von vielen geschieht, nicht sowohl wie Grabstichel, sondern mehr wie leichte Radiernadeln zu handhaben sind.

Glaubt man Zahnpulver nötig zu haben, so wird das berühmte Hufelandische gute Dienste leisten. Doch wären wohl die überkünstelten Zusätze von Nelken- und Bergamottöl wegzulassen. – Wie es Leute gibt, welche bei vorkommender moralischer schwarzer Wäsche gleich Walkmühlen, Laugenbäder und Chlorkalkbleichen für unerläßlich halten, so glauben andere, bei unrein gewordenen Zähnen – wie auch selbst Ärzte: Forestus, Riverius, Crato, Montanus u. a. wirklich empfahlen – alsbald mit Bimssteinpulver, Tabaksasche und Schwefelsäure darüber herfahren zu müssen. Dies ist das beste Mittel, die Zähne ganz unbrauchbar zu machen.

Zahnbürsten sollten kaum täglich gebraucht werden, feine Leinwand und Schwamm, nach Bedarf ein frisches Blatt Salbei erfüllen oft den Zweck besser. Hufeland rät, nicht sowohl die Zähne als vielmehr das Zahnfleisch mit einer etwas rauhen Zahnbürste zu reiben, und glaubt, daß das Zahnfleisch dadurch fester und härter wird, besser wächst und die Zähne umschließt. Hildebrandt dagegen warnt vor den Zahnbürsten eben deshalb, weil sie das Zahnfleisch abschaben, abstreifen und die Zahnwurzel bloßlegen.

Hier hat nun wohl ohne Zweifel Hildebrandt recht. Wer Teufel möchte sich auch sein Zahnfleisch mit einer rauhen Bürste abreiben!

Ich bediene mich eines Zahnbürstchens von feinen, nicht sehr steifen und nicht zu langen Borsten, welche ich mit einer starken Schere so stutze, daß die seitlichen Borsten an allen ihren vier Rändern abgekürzt worden, die Gesamtheit der Borstenreihen mithin ihre scharfkantige Rechtwinkligkeit verloren und sich der konvexen Form genähert hat. Dieses tue ich eben zur Schonung des Zahnfleisches.

Als Zahnpulver gebrauche ich meines phlegmatischen Temperamentes wegen einfach gepulverte Chinarinde. Zwar mischt man gerne die für sich allerdings liebliche Florentinische Veilchenwurz bei; doch widerstrebt diese Versüßlichung dem männlichen, ernsten Charakter der Chinarinde. Viele werden die China zu herbe finden. Einfach gepulverte Lindenholzkohle würde ich der immer schon zu sehr nach der fatalen Apotheke schmeckenden China vorziehen, hätte sie nicht die üble Eigenschaft, sich zwischen Zähne und Zahnfleisch zu legen und so den Homerischen Zähnezaun (ἕρκος ὀδόντων) wie eine Staatszeitung bei Hoftrauer mit einem schwarzen Rand zu umgeben, welcher nur mit Mühe und nicht ohne Beleidigung und Verletzung des Zahnfleisches und der Zahnwurzeln zu beseitigen ist. – Es ist aber nicht nötig, jedesmal Zahnpulver zum Zahnputzen anzuwenden. Für gewöhnlich reicht man mit dem bloßen Zahnbürstchen aus, welches man aber nicht bloß mit Wasser, sondern auch, nach Bedarf, von Zeit zu Zeit mit Weingeist reinigt.

Hufeland rät ferner, sobald man den ersten kariösen Zahn bemerkt, solle man ihn sogleich herausnehmen lassen – man sage niemals »herausreißen«, weil dieser Ausdruck den Zahnkünstlern sehr anstößig ist –, denn sonst steckt er die übrigen an. Die Akten über hierher gehörige Erfahrungen sind aber, wie man überall so schön sagt, noch nicht geschlossen; im Gegenteil werden in hundert Fällen andere Zähne ergriffen, auch wenn der ersterkrankte gleich ausgezogen wurde. Es ist daher viel gescheiter, Hildebrandts Rat zu folgen, nämlich: zur Beseitigung des Zahnschmerzes eher alle anderen Mittel (gegen verdorbene Verdauung, Unordnung im Gallensystem, Erkältung, Rheuma, Vollblütigkeit, Wallung, Blutzudrang, Entzündung etc. etc.) anzuwenden und das Ausziehen des Zahnes nur als allerletztes trauriges Mittel zu gebrauchen. Es ist unverantwortlich, wie leichtsinnig und unbedenklich die Ärzte andern Leuten die Zähne herausreißen lassen. Wohlgemerkt: *Ein Zahn ist höher zu achten als ein Diamant.* Leider erkennt und fühlt man die tiefe Wahrheit dieses Ausspruches, wenn es zu spät ist, wie eben der gute Don Quijote auch erst durch einen gewissen Steinwurf grober, unritterlicher Schäfer darauf geführt wurde.

Statt daß man aber diese Sentenz einer traurigen Elegie zugrunde legt, wär's gescheiter, einen jauchzenden Dithyrambus daraus zu machen und sich möglichst vor der Elegie zu hüten.

Soviel über die Zähne. Ich komme nun zur Zunge.

Neuere Versuche über den Geschmackssinn des Menschen lehren: daß die Lippen, der innere Teil der Backen, das Gaumengewölbe, der Schlund, die Pfeiler des Gaumensegels und die untere Fläche der Zunge mit den Geschmackswahrnehmungen nichts zu tun haben und daß die Verrichtungen des Geschmackssinnes vorzugsweise auf der hinteren und tieferen Partie der Zunge stattfinden. Es ist ferner ermittelt, daß mit größter Energie die Basis oder hintere Partie der Zunge schmecke, mit etwas minderer die Zungenspitze, mit noch geringerer die Zungenränder, mit der geringsten Energie das Gaumensegel.

Manche schmeckende Körper, und darunter Milch, Butter, Öl, Brot, Fleisch und eine große Menge von vorzugsweise nährenden Substanzen, gewähren in der vorderen Partie des Mundes nur einen Tasteindruck und äußern ihren charakteristischen Geschmack erst hinten. Daraus folgt unter anderm, daß man noch nicht befugt ist zu urteilen, wenn man bloß mit der Zungenspitze (*primis labiis,* wie der Lateiner sagt) etwas versucht hat.

Ein schmeckbarer Körper gibt ferner nicht in der ganzen Ausdehnung der Geschmacksfläche einen und denselben Geschmack. Eine sehr große Menge Körper und besonders die Salze bieten das sehr merkwürdige Faktum dar, daß die von ihnen in den vorderen Partien der Zunge bewirkte Geschmackswahrnehmung gänzlich verschieden von der ist, die sie in der hintern Partie hervorrufen.

Ebenso ist ermittelt, daß die Säuren in der Regel besser durch die Spitze und die Ränder der Zunge und die basischen Substanzen besser durch die Basis der Zunge geschmeckt werden, daß die meisten weder sauren noch alkalischen Körper einen einzigen Geschmack geben und daß, jedoch mit großen Ausnahmen, die Salze ihren sauren, salzigen, pikanten, styptischen Geschmack an der Spitze und ihren bittern, metallischen, basischen Geschmack auf der hintern Partie der Zunge wahrnehmen lassen.

Der Galvanometer weist die Basis der Zunge als positiv elektrisch und die Spitze als negativ elektrisch nach. – Manche Körper rufen gar keine Geschmackswahrnehmung hervor, sondern geben sich bloß durch ihren Geruch zu erkennen.

Daraus folgt nun: *a)* daß der Geschmack ein chemischer und kein physischer Sinn ist; daß er sich an die Natur der Körper und nicht an ihre Dichtigkeit, Temperatur oder Konsistenz wendet; *b)* daß der Geschmackssinn nicht ein gleichförmiger, einiger ist, d. h., daß er verschiedene Stufen, verschiedene Maße für die Geschmäcke an seinen verschiedenen Stellen hat, und zwar nicht bloß hinsichtlich der Intensität der Geschmäcke, sondern auch in Betreff der Art vom schmackhaften Körper; und endlich *c)* daß der Geschmack nicht durch einen einzigen Nerv ausgeübt werden kann, sondern wenigstens durch zwei.

Ich will nun nicht weiter ausführen, welchen Gewinn der denkende Eßkünstler für Geschmacksurteile und für Bildung und Übung des Geschmackssinnes aus dem eben Mitgeteilten ziehen kann. Dagegen ist wieder ein Vorurteil zu berühren. Man hat nämlich dem Eßkünstler vorgeworfen, er stumpfe sich durch seine Neigung seinen Geschmack ab. – Was sind doch unsere großen Kunstkenner für Toren! In der eifrigen Übung ihres Blicks, im steten Studium der besten Meister aller Schulen bis ins kleinste Detail suchen sie sich zu höherem Kunstgenuß, zur Kennerschaft, zu Kunstrichtern auszubilden. Ich wüßte freilich nicht, wie sie's anders machen sollten; aber, sagen nun ebendie Leute, die am allerwenigsten was in sich abstumpfen können, weil nichts Schneide hat, dadurch stumpfe man sich den Geschmack ab. – Durch Schlechtes, Ungenießbares oder Gemeines, durch widriges Zeug kann man sich den Geschmack abstumpfen – wenn man anders nicht weiß, ihn daran erst zu schärfen –, nimmermehr aber durch das Geschmackvolle, durch das Schöne. Wer ohne Appetit, wer bis zur Übersättigung, wer *Asa foetida* ißt, ist kein Eßkünstler.

Gall sagt in seiner Anatomie und Physiologie des Nervensystems sehr richtig: »Man pflegt zu behaupten, der Geschmack werde durch die Lüsternheit der Menschen, durch den Genuß so mannigfaltiger Speisen abgestumpft. Sollte man nicht vielmehr vermuten, daß er ebendadurch geübt und ausgebildet werde? Gewöhnlich kann man die ersten Male, als man gewisse Speisen ißt, z. B. Trüffeln, Austern, denselben keinen Geschmack abgewinnen; man entdeckt und unterscheidet erst nach wiederholtem Genusse die eigenen Geschmacksteile derselben. Kann man behaupten, daß unsere Wirte und Köche, unsere Leckermäuler und Weinkoster einen stumpfern Geschmack haben als ein Wilder, der eine uns schmacklose Wurzel ebenso gut unterscheidet, wie wir unsere Gartengewächse unterscheiden? Zeigen uns nicht die vielfältigen unglücklichen Vergiftungen durch den Schierling, die Tollkirsche, die Giftschwämme und dergleichen, daß der Geschmack der nüchternen Landleute nicht sicherer ist als jener üppiger Städter?«

Ich frage weiter: Sind Trüffeln und Austern einem guten Geschmack nicht förderlicher als Zwiebeln und Knoblauch? Wird eine gebildete Zunge den widrigen Schierling, das ekelhafte Bilsenkraut, die gallbittere Brechnuß und andere Gifte über sich selber bringen können? Oder wird ein Ungebildeter, der gar nicht weiß, was wohlschmeckt, der gewohnt ist, schlechtes Zeug zu essen, zu schlucken ohne zu schmecken, von dem man also sagen kann, er sei von schlechtem Zeug abgestumpft, er sei so sehr ans Schlechte gewöhnt und dadurch verwöhnt, daß er stumpf gegen das Gute wurde – wird ein solcher, ungewarnt von dem unschönen Geschmack, nicht weit eher Gefahr laufen, damit vergiftet zu werden? Selbst die er- und verkünstelte metallische Süßlichkeit des Arseniks, versüßten Quecksilbers, des Bleizuckers etc., die eine ungeübte Zunge leicht für Kochzucker nehmen könnte, wird von dem feingebildeten Eßkünstler leicht erkannt und perhorresziert werden. Somit liegt in der Eßkunst gerade eine Bürgschaft gegen Vergiftung. Auch läßt sich voraussetzen, daß der Eßkünstler, welcher die Natur zunächst vom Gesichtspunkte des Genießbaren und Ungenießbaren zu betrachten gewohnt ist, eher mit den bezüglichen botanischen und toxikologischen Lehren vertraut sein wird als der roh, ohne Sinn und Bewußtsein Essende, der gar nicht recht sieht und schmeckt, was er ißt, und sich so wenig für das interessiert, was darauf Bezug hat.

Wichtig ist ferner die Pflege des Geruchssinnes, der zum Eßgenuß so unbeschreiblich viel beiträgt. Wie weit man's in diesem Fache bringen kann, beweist unter anderen der Kardinal Alexander Albani, welcher, nachdem er blind geworden war, junge Damen von den alten durch den Geruch unterscheiden konnte. Wenn man bedenkt, wie viel im Ausdruck »Ich rieche den Braten« liegt, sollte man wohl auf Ausbildung einer möglichst feinen Nase eifrigst bedacht sein.

Man sollte daher auch nicht schnupfen, am allerwenigsten während des Essens. Doch erwiderte mir ein großer Eßliebhaber – dem zum vollendeten Eßkünstler nichts weiter fehlte als etwas, was er zuviel hatte, nämlich das Schnupfen, also das Nichtschnupfen –, als ich ihm die Sache auseinandersetzte: »Ob ich gleich schnupfe, so schmeckt mir doch das Essen um nichts weniger gut, und selbst wenn ich diesen einen Genuß durch Verzichten auf den andern zu erhöhen vermöchte, was ich noch als problematisch betrachte, behalte ich sie doch lieber alle beide bei.

Wenn sich Herz und Mund tut laben,
Will die Nase auch was haben.«

Gegen solche derb praktische Argumente, welche auf keine Prinzipien eingehen, läßt sich nun nichts weiter erwidern.

Soviel von Zähnen, Zunge und Nase.

Was nun den gemeinnützlichen Magen betrifft – dessen natürliche Kraft, Kapazität, Nachgiebigkeit und Güte als absolut notwendig vorausgesetzt wird –, so interessiert er den Eßkünstler gleichwohl nur sekundär und in untergeordneter Weise, etwa wie einen Poeten seine Börse, in welche er die als Honorar für ein Hochzeitscarmen empfangenen Taler steckt. Die Einnahme ist die Hauptsache. Es wird somit auch nicht eigens vom Magen gehandelt, sondern das Behagliche je am geeigneten Orte vorgetragen werden. Maßregeln, wie z.B. die Magengegend mit Flanell zu reiben u.a., verachtet der gesunde Eßkünstler vorzüglich deshalb, weil er sie nicht braucht.

Von der Auswahl der Speisen, ihrer Verbindung und ihren Eigenschaften wird in den nächsten Vorlesungen noch mehrfach die Rede sein.

Was man in jeder einzelnen Jahreszeit essen soll, versteht sich von selbst, nämlich was sie bringt, und zwar das Beste davon. Und gerade dies ist auch das Gedeihlichste sowie das, was in jeder Jahreszeit am besten schmeckt. Jedem wird kalter Schinken im Sommer – warmer Schweinsbraten oder gekochtes Schweinefleisch mit Sauerkraut dagegen im Winter besser behagen, auch wenn er nicht weiß, daß er hier ganz der Meinung des Avicenna beipflichtet.

Die Tageszeiten betreffend, so ist ohne eine ordentliche bestimmte Zeit ein ordentliches Essen gar nicht möglich. Gewiß wäre es auch für uns am schönsten und passendsten, nach Art der alten Römer und heutigen Franzosen und Engländer etwa um zehn oder elf Uhr vormittags ein ergiebiges Frühstück, *déjeuner à la fourchette, prandium* – und eine Hauptmahlzeit, *dîner, coena,* um fünf oder sechs Uhr abends zu halten, was natürlich einige leichte Prä- und Interludien und Fermaten nicht ausschließt, wie ja die römischen Bezeichnungen *ientaculum, comissatio* und *merenda* andeuten. – Es ist aber zu beklagen, daß unsere deutsche Tageseinteilung nach Arbeits- und Bürostunden etc. der allgemeinen Einführung dieser ebenso zweckmäßigen als angenehmen Eßzeiten entgegensteht.

Über klimatische und geographische Verhältnisse hat die dritte Vorlesung schon einiges erwähnt. In Beziehung auf Akklimatisierung sowie auf Änderung des früher Gewohnten überhaupt weiß der Eßkünstler am besten, daß man nirgends mit der Tür ins Haus fallen soll, und alles andere gibt sich von selbst. Abgesehen davon, daß es keine besonderen Schwierigkeiten haben kann, auch ungewohnte Speisen zu genießen, wo man keine anderen hat, wird gerade der denkende Esser jede Gelegenheit, seine Kenntnisse zu erweitern, am freudigsten ergreifen. So mächtig auch die Gewalt und so gewaltig auch die Macht der Vorurteile und der Gewohnheit die Welt tyrannisiert – so hoch erhaben steht der Eßkünstler darüber, indem er lediglich und allein das Nichteßbare durchaus negiert und ablehnt. Übrigens braucht der Eßkünstler nicht erst ermahnt zu werden, daß er sich daran gewöhnen soll, täglich gut zu essen. Muß er sich's aber aus irgendwelchen äußerlichen oder innerlichen Gründen abgewöhnen, so wird er, indem er aus Neigung nur ungerne und zögernd sich zurückzieht, zugleich das diätetische Gesetz: keine Gewohnheit plötzlich aufzugeben, von selbst erfüllen. Ist's aber nicht anders und muß er endlich wirklich –

so kann er ein Stoiker oder fromm werden, Betrachtungen über das Essen schreiben u. a. Für solche Verhältnisse eignen sich die frugalen griechischen philosophischen Gastmähler ganz besonders.

Die Diätetiker reden immer vom Übermaß im Essen oder höchstens von übler Beschaffenheit der Nahrungsmittel als überwiegenden Krankheitsursachen, auch wird manches dem Essen zugeschrieben, was auf Rechnung des Trinkens kommt, so z. B. das Podagra, wie Darwin gezeigt. Ja, derselbe Darwin sagt sogar buchstäblich: »Mit Fleisch und vegetabilischer Kost kann ein Vielfraß bis an die Gurgel vollgepfropft und fett gemacht werden wie ein aufgestellter Ochse; er wird aber davon nicht krank, wenn er nicht gegorene Getränke hinzufügt.« – Es wäre Vermessenheit, einer solchen Autorität zu widersprechen. Doch ist nicht zu verkennen, daß sich der Verfasser mit viel Emphase und etwas stark ausdrückt.

Gewiß ist, daß das zu wenig, zu hastig, das ohne Heiterkeit Essen, das nicht gut Ausgewählte und Verbundene wenn nicht öfter, doch ebenso oft als krank machend in Betracht kommt. Nie ist auch zu vergessen, daß nicht das, was man ißt oder liest, sondern was man verdaut und versteht, nährt und gedeihlich ist; das Unverdaute aber schadet und das Schwächliche und zu Leichte nicht minder. Papst Julius III. stellte sich aus politischen Ursachen krank und ließ sich, um diesen Vorwand glaublicher zu machen, lauter leichte Speisen bringen, woran er im Ernst krank wurde und starb.

Als eine der gemeinsten und häufigsten Ursachen der verschiedensten Krankheiten werden Unreinigkeiten der ersten Wege, wie die Ärzte sagen, anerkannt. Dergleichen kommt aber eben davon her, wenn die Leute schlechtes Zeug essen oder nicht schön essen, d. h. fressen, oder in ungeeigneter Verbindung und ohne Bewußtsein essen.

Übermaß im Essen schadet aber ganz besonders dann, wenn man sehr viel auf einmal ißt. Es ist aber erstaunlich, wieviel der Mensch vermag, wenn man ihm Zeit läßt. Abgesehen von dem langsamen Kauen als Ur- und Grundbedingung vernünftigen Essens verdienen die nötigen Pausen zwischen den einzelnen Schüsseln die höchste Rücksicht. Solche Zwischenakte wären dann, wie schon bemerkt, sehr füglich durch geeignete Tafelmusik auszufüllen, und zwar sollten diese Pausen, je später im Verlaufe des Essens sie vorkommen, um so länger sein, so daß also die erste vom Voressen bis zum Braten die kürzeste und so zunehmend die letzte zum Dessert die längste wäre.

Sollte es aber geschehen, daß selbst einem Eßkünstler etwas Menschliches begegnete, daß im Kampfe der Kunst gegen die Natur und Sinnlichkeit die Kunst unterlegen und der Natur weh getan worden wäre, sollte der Eßkünstler zuviel gegessen und sich den Magen verdorben haben, so ist das Beste und Einfachste: Er faste und warte mit Geduld und Hoffnung auf neuen Appetit.

Eine aufgeklärte Diätetik ist längst davon zurückgekommen, gewisse Speisen durchaus als schwer verdaulich, blähend, als leicht verdaulich etc. zu erklären, weil alles das relativ ist. Es gibt überhaupt wenige für jeden gültige, allgemein stichhaltige diätetische Regeln. Ja, selbst der ausgesprochene, als Regel geltende Satz: »Dasjenige ist dir gesund, was dir schmeckt«, erleidet nach der Individualität, nach Geschlecht, Lebensalter, Temperament und Stand nicht unbedeutende Modifikationen. Und davon soll schließlich die Rede sein. Erschöpft wird freilich die Sache erst durch das in der nächsten Vorlesung zu begründende Eßprinzip.

Es ist zum Leben wie zum Essen Selbst- und Weltkenntnis nötig und nützlich, so traurig auch in einzelnen Fällen die Erfahrung sowohl eigner Magenschwäche als ungenießbarer oder unverdaulicher Außenwelt sein mag. Freilich lehren Wissenschaft und Leben, daß, wer seinen Magen überhaupt fühlt, *eo ipso* schon einen kranken Magen hat, da der Gesunde den Teufel weiß und danach fragt, ob er einen und was für einen Magen er hat, und Goethe hat auch in anderer Hinsicht mit seiner Persiflage des abgedroschenen γνῶϑι σεαυτόν! so unrecht nicht, als viele behaupten, die sich gerade selbst am wenigsten kennen. Der eigentliche Eßkünstler findet auch bei Platon fast nichts Genießbares und

Schmackhaftes – eher noch bei Sokrates selber – und wendet sich entschieden mit Aristoteles der daseienden Welt zu. Es genügt aber meinem Zweck, hier zunächst auf einige Täuschungen hinzudeuten, die dem angehenden Eßkünstler widerfahren können. So kann es sehr leicht vorkommen, daß er einen schwachen Magen zu haben glaubt, weil er manche Speisen, die ihm von gewichtigen Autoritäten als nahrhaft und gut geschildert wurden, geschmacklos, fad und nicht zu verdauend fand. Feig ist er aber, wenn er als schwer oder unverdaulich Verschrienes gar nicht zu versuchen wagt.

Folgende goldene Worte, welche der wackere Hildebrandt in seinem »Taschenbuch für die Gesundheit« gibt, bitte ich wohl zu erwägen: »Die weichlichen Speisen werden gemeiniglich für leichter verdaulich gehalten als die derben; aber es ist gerade umgekehrt. Grobes Brot und roher Schinken sind viel leichter zu verdauen als ein Brei von gekochtem Spinat und ein Frikassee von Kalbfleisch. Gerade das Derbe, Härtliche tut dem Magen wohl; das Weichliche, Breiartige erschlafft ihn und schwächt seine Verdauungskraft. Ich rede hier im ganzen vom gesunden Magen; doch habe ich auch gefunden, daß selbst Schwächliche, Hypochondristen, durch Irrtum an weichliche Kost jahrelang gewöhnt, sich besser befanden und eine bessere Verdauung erhielten, als sie auf meinen Rat nach und nach anfingen, derbe Speisen zu essen. Wer nichts als Suppe ißt, wie kränkliche Personen, zumal weiblichen Geschlechts etc., kann endlich nichts Festes vertragen.«

Umgekehrt aber versichern Sydenham und Monro, und Richter und Zückert bestätigen es, daß diejenigen, welche geistige Getränke gewöhnt sind, keine Milchdiät vertragen können.

Indem ich allen Ernstes auf kräftige Fleischspeisen dringe, hoffe ich dem zärtlich schwächlichen, ungedeihlich unmännlichen ewigen Suppenlöffeln, Zuckernäschereien und Leckereien am besten entgegenzuarbeiten, womit ich keineswegs sage, daß man Konfitüren etc. nicht zum Dessert essen solle.

Man sollte niemals auf eine Speise zu schnell oder ganz verzichten, auch wenn sie einmal nicht behagte. Es sind erst die Fragen zu beantworten: War die Speise selbst oder die Zurichtung oder die Verhältnisse, unter welchen sie genossen wurde, zu gehäufte Wiederholung, Zeit, Umgebung, Präokkupation durch andere etc. Ursache?

Diese Prüfung hat nun aber nicht nur bei solchen Speisen einzutreten, welche durch Erziehung, durch den Familientisch etc. aufgedrungen wurden, ohne daß der dadurch Er- oder Verzogene Behagen oder Gedeihen daran und davon fand, sondern auch umgekehrt bei solchen, die ihm versagt wurden oder von welchen er absichtlich abgehalten ward, obschon er Appetit danach gehabt. Es fragt sich eben: ob dies mit Recht geschah – und wenn auch, so schmeckt und gedeiht dem Mann gar anderes als dem Gelbschnabel. Dem Kind paßt Brei; der Mann will Roastbeef. Doch da diese Vorlesungen für Männer bestimmt sind, wird das naseweise junge Volk höchstens bei der Elementarerziehung in der achten Vorlesung besprochen werden.

Von dem Stand der Esser kommt hier zunächst der sitzende und der rührige, die Bewegungspartei, in Betracht. Die dem ersteren Angehörigen sitzen meistens deshalb so ruhig, weil sie im Trocknen oder in der Wolle sitzen, und es fehlt ihnen zwar an nichts weniger als an Appetit, doch ist er mehr künstlich. Eine gelinde Bewegung könnte ihnen ebensowenig schaden, als der zu rührigen Gegenpartei Mäßigung gar zu naturalistischer Appetitsäußerungen und anmutigere Befriedigung anzuraten wäre. Ein unruhiger Mensch qualifiziert sich übrigens gar nicht zum Eßkünstler, wie denn gewiß auch ein Staat, dessen sämtliche Glieder hinlänglich dotierte Eßkünstler wären, notwendig zugleich der ruhigste, festeste und blühendste sein müßte. Doch sind das zunächst Finanzsachen, die nicht weiter hierhergehören.

Ein sonderbares Vorurteil herrscht in Beziehung auf das Essen der Gelehrten. Selbst sehr gelehrte Diätetiker setzen den Gelehrten auf eine Art Krankendiät, auf Viertels-Portion. Soll etwa gar ein schwacher Magen das Aushängeschild eines starken Kopfs sein? Ist ja doch die Zeit größtenteils vorbei, wo Vapeurs zur Vornehmigkeit gehörten – wollen denn die Gelehrten, die denn doch nebenbei eigentlich auch gescheit sein sollten, es nicht nach und nach endlich auch werden? »Ein voller Bauch studiert nicht gern« – das ist die Vogelscheuche. Und nun glaubt man, um für einen Gelehrten, Denker, Dichter zu passieren, müsse man tun, als ob man von der Luft lebte. Ihr Unglückseligen, ist denn dieser hohle, leere, dumme Schein eine einzige Bratwurst wert, die ihr dagegen gebt? Oder glaubt ihr wirklich, bei leerem und schwachem Magen was Tüchtiges produzieren zu können? – Lacht doch das dumme Volk aus, das, wenn es euch einmal essen gesehen, gleich schreit: Seine Poesie ist zu sinnlich, seine Metaphysik zu materialistisch, seine Gelehrsamkeit nicht abstrakt genug.

Man geniere sich doch nicht und esse, und zwar möglich gut, und halte sich überzeugt, daß es gerade so mit Denken, Dichten und Tun am besten gehen und stehen wird.

Darüber nun, welche Speisen gewissen Ständen vorzüglich zusagen müßten, ließe sich manches sehr Spezielle bemerken. Mercier sagt jedoch: »Jeder Stand, jede Profession hat einen eigenen Charakter; wer aber deshalb glaubt, ein Schneider sei ein Schneider und ein Soldat ein Soldat, hat es in der Menschenkenntnis noch nicht weit gebracht.« Man sieht also, daß dabei nichts herauskäme. So begründen auch eheliche oder Zölibats-Verhältnisse an und für sich in fraglicher Hinsicht bekanntlich keinen Unterschied. Ersprießlicher ist es, vom Temperaments-Verhältnisse das Nötige zu bemerken.

Man mag sagen und die Sache benennen, wie man will, so gibt's doch sanguinische, cholerische, melancholische und phlegmatische, oder leichtblütige, warmblütige, schwerblütige und kaltblütige Menschen. Die Sache liegt im Blut, und daß das Blut aus Speise und Trank sich bildet, weiß jeder. Es liegt also auf offener Hand, wie wichtig für je einzelne Temperamente je einzelne Speisen sind. Dies wurde auch längst erkannt, die Sache aber immer so aufgegriffen, daß den einzelnen Temperamenten immer entgegengesetzte Speisen zu wählen seien. Allerdings ist's richtig, daß z. B. Leute, die den Tiedge lesen, statt Teufel: T††† schreiben etc., durchaus keine Suppen, keine Milch, keine Konfitüren essen, sondern lauter Roastbeef, Wildpret, Rheinwein zu sich nehmen sollten, wenn anders nicht China, Eisentinkturen, Phosphorsäure und Stahlbäder nötig sind. Aber wer wird denn verlangen, daß ein Michelangelo, ein Luther Milchbrei essen soll, und wer könnte es nur mit ansehen?

Der kräftige Choleriker nun kann und soll alles essen, er hat von Haus aus den meisten Beruf zum Eßkünstler. Während aber für den Phlegmatiker Suppen, Mehlspeisen, Milch, Gurken, Melonen, Schnecken, Krebse, Spanferkel, Fische, Käse, Butter, Salate, Gemüse, Obst, Tee sich nicht eignen, welche dem Sanguiniker ganz angemessen sind, passen gegenteils gewürzte animalische Speisen, Wildpret *en haut goût,* Geflügel, Pikantes überhaupt, kräftige feurige Weine etc., die dem Phlegmatiker wohlbekommen, für den Sanguiniker nicht. Dasselbe gilt von dem Rat: nicht zu schnell zu essen, welcher für den Sanguiniker höchst nötig, für den Phlegmatiker ganz überflüssig erscheint.

Der Melancholiker trinkt lieber, als er ißt, sollte es aber nicht tun. Zückert rät gegen die Melancholie: junge Hühner, Kalbsbraten, Krebse, Forellen, Hechte, leichte Gartengemüse, süße Wurzeln, Gurken, reifes Obst, Trauben, Wein etc., verbietet dagegen Mehlklöße, Erbsen und Pökelfleisch, schwere Biere und dergleichen. Gratarolus untersagt dem melancholischen Esser – ein melancholischer Esser ist und bleibt immer was Sonderbares – vor allem Hasenbraten, welcher melancholischen Humor erzeugen soll. Ich bin nun aber, wie sich aus den vervielfältigtsten Versuchen und Erfahrungen ergab, durch Hasenbraten niemals im mindesten melancholisch geworden, *au contraire,* und werde noch öfter um solchen Preis den melancholischen Humor riskieren. Überhaupt sollte der genießende Mensch nicht gar zu schüchtern prüfen und tasten, sondern in Gottes Namen frisch einbeißen.

Ich hatte einen guten Freund, der, mit Ausnahme von Neunaugen, niemals einen Fisch zu essen sich getraute, so gern er auch davon gegessen hätte, aus Furcht, es möchte ihm eine Gräte im Halse steckenbleiben, und der sich später erschoß. – So gibt's auch Leute, die niemals Schwämme essen, um ja auf keine giftigen zu stoßen, und nun alle jene beseligenden Augenblicke für immer entbehren, welche die lieblichen goldfarbigen Brätlinge, die zarten kleinen Eierschwämmlein, Morcheln und andere Champignons mit jungen Bohnen und Hähnchen oder sonstigen Verbindungen den Sterblichen immer gewähren können. Wenn Petersilie wohlschmecken soll, darf man keine Angst vor Schierling haben. »Vor Lerchen und Zucker«, sagt Jean Paul, »braucht man nicht zu warnen, wenn nicht jeder Genießende ein medizinischer Polizeibeamter werden soll, der jeder ankommenden Freude erst Reisepaß und Geburtsbrief abverlangt, ehe er sie einläßt. Auch wagen soll der Mensch und kühn sein, um frei zu sein.« – Selbst der trockne Arzt Zückert bemerkt ganz ruhig: »Einem gesunden Menschen rechnet man es billig als eine Kleinmütigkeit und als eine von Einbildung und unedler Furcht geleitete Torheit an, wenn er eine ängstliche Wahl der Speisen anstellet.« – Schon Celsus gab auch im ersten Buche, ersten Kapitel, seines Werkes von der Heilkunde diätetische Ratschläge im ähnlichen freien Sinne.

Noch hätte ich von dem Verhältnisse der Speisen je nach dem Geschlecht und, da ich bisher fortwährend Männer im Auge hatte, zum schönen Geschlecht abzuhandeln. Bekanntlich war diese zartere, leichtverletzliche Hälfte von den Gastmählern der älteren Griechen und Römer ausgeschlossen.

Rousseau macht seine Julie *»un peu gourmande«*. Das kann nun Lord Byron nicht leiden, der es überhaupt nicht liebt, Frauen essen zu sehen. Auch Novalis sagt: Empfangen ist das weiblichen Genießen, Verzehren das männliche. – Dies mag dahingestellt sein; soviel ist gewiß, die Schönheit will ungeteilt genossen sein, und so gern der Eßkünstler auch seine Huldigungen dem holden Geschlechte darbringt, so will er dies doch je ausschließlich tun, ohne Beeinträchtigung des einen durchs andere, und erledigt deshalb Essen und Huldigen am liebsten jedes extra. Und dies ist denn auch der Grund, warum diese Vorlesungen ausschließlich für Männer bestimmt wurden. Denn wer könnte den holdseligen, liebreizenden Huldinnen gegenüber von etwas anderm reden als von ihnen selber?

SIEBENTE VORLESUNG

Prinzip der Eßkunst

ALS ICH noch keine Vorlesungen hielt, sondern hörte, hatte ich kein bestimmtes Prinzip und hörte alles mögliche mit- und durcheinander. Schellings Methode des akademischen Studiums war damals noch nicht erschienen, auch Goethes Mephistopheles hatte sich noch nicht hierüber vernehmen lassen, und so blieb nichts übrig, als durch Schaden klug zu werden; schade nur, daß letzteres nicht immer auf ersteres folgte. Ich glaubte, ehe ich mich für eine bestimmte Fakultät oder einzelne Abteilung einer Fakultät entschied, erst sämtliche prüfen zu müssen; wobei jedoch eine zu große Hörbegierde eher hinderlich als förderlich war. Ich erwähne nun zuvörderst, was mir aus jenen verschiedenen Vorlesungen auf die Eßkunst Bezügliches gerade beifällt.

Die philosophischen Kollegia überhaupt schienen mir wenig genießbar und ergaben eine rein negative Ausbeute; nicht einmal in der Ästhetik, der Geschmackslehre, war von Eßkunst die Rede. Sonderbar kam mir's vor, Moral hören zu sollen. Das wußte ich alles so unmittelbar und besser in mir selber, als mir es irgendein Fremder sagen konnte. Als ich aber vor meinem Abgang auf die Universität in meiner Vaterstadt einer alten, sehr wertgeschätzten Frau Base eine gebührende, über Gebühr rührende Abschiedsvisite gemacht, übermachte mir die Gütige mehrere Stücke liebenswürdig blinkender Dukaten, mit dem Ansinnen, sonntags nach der Kirche ein Glas Wein zu trinken, zugleich aber mit der angehängten Klausel, ein Kollegium über Moral zu hören. Es war eine eingeredete Sache, es hatte ihr jemand gesagt. Je mehr ich als junger Jüngling von dem Recht, Wein zu trinken, Gebrauch machte, um so weniger glaubte ich mich der Pflicht, Moral zu hören, entschlagen zu dürfen. So hörte ich denn, dem Wunsche meiner sehr wertgeschätzten Frau Base gemäß, ein Semester lang über das Prinzip »Brätst du mir eine Wurst, lösch' ich dir den Durst« ohne sonderliche Erbauung verschiedene, etwas längliche Redensarten vortragen.

Ein lateinisches Stilistikum brachte ein dickes Heft echt klassischer Phrasen ins Pult, wovon schon die erste: *Ab ovo usque ad mala* zu denken gab. Daß *abstinere se cibo* besser sei als *jejunare,* schien problematisch; daß aber *comedere Cererem, bibere Bacchum* als Metonymie und nicht eigentlich genommen werden dürfe, leuchtete ein; daß *da cito cantharum circum – date ei bibere* nur scheinbare Germanismen seien und schon bei Plautus und Terentius vorkämen, war erfreulich zu hören. Von Caelius Apicius, als dem ehernen Zeitalter angehörig, war mit Recht kaum, oder doch nur warnend, die Rede.

Bei einem reichen Gönner, welcher ein splendides Gabelfrühstück von soeben aus Hamburg erhaltenen Hummern gab, machte ich die Bekanntschaft des in seinem Fache sehr wackeren Prosektors der Universität, welcher tags vorher einen der Hummer zum Präparieren des Nervensystems für die zootomische Sammlung erhalten hatte. Es fehlte wenig, daß dieser vor Verwunderung, wie man solche Raritäten als Speise betrachten und behandeln könne, die Hände über den Kopf zusammengeschlagen hätte. – Bemerkenswert war's, wie dieser so tüchtige Prosektor durchaus nicht tranchieren konnte. Wie sehr fand man es überhaupt zu beklagen, daß keiner der Dozenten ein praktisches Privatissimum über Tranchierkunst gab, woran sich nachfolgendes Essen mit wissenschaftlichen Vorträgen darüber so schön geknüpft hätte. – Diese Bekanntschaft führte mich dem Studium der Anatomie zu, welche mir aber bald alle Eßkunst verleidet hätte.

Aus einem gleichzeitig gehörten Kollegium über Homiletik merkte ich mir die Regel: vor Besteigung der Kanzel das Wasser abzuschlagen, auch für andere Fälle, welche länger dauernde ununterbrochene Anwesenheit erforderten, wobei nur der sonderbare Terminus »abschlagen« auffiel.

Die Physiologie fing schon damals an zu phantasieren, statt zu demonstrieren. Da wurde stundenlang vom männlichen und weiblichen Verhalten der Leber und Milz, von Polaritäten, Differenz und Indifferenz etc. deklamiert, der Bissen sollte das Bestreben haben, zum Menschen zu werden, und dergleichen. Die Ohren klangen, und man hatte nichts gelernt.

Positiveres gab ein Kollegium über die Pandekten. *Venter non patitur moram. – Tot portiones, tot capita. – Melius est superflua addere, quam necessaria omittere* u. a. waren Themata, welche zu den ersprießlichsten Betrachtungen Anlaß gaben.

Der Lehrer der Botanik hatte das gemeinnützige schöne Bestreben, bei jeder Pflanze über deren Eßbarkeit oder

Nichteßbarkeit das Nötige zu bemerken. Es kam ihm aber zu, auch auf Landwirtschaft Rücksicht zu nehmen. Die Sache wurde nun dadurch schwierig, daß er, als ein Mann, der sehr sorgfältig der rechten Mitte zugetan war und es mit keiner Partei verderben wollte, entweder sagte: »Diese Pflanze wird vom Menschen und Vieh ohne Nachteil gefressen«, oder: »von Vieh und Menschen ohne Nachteil verspeiset«. Damit wechselte er nun ab und glaubte, es auf diese Art sowohl diesem als jenem recht gemacht zu haben, was aber keineswegs der Fall war.

Das genießbarste Kollegium war ohne Frage das über Chemie. Der sehr würdige Lehrer, dem nur etwas früher die wohlverdiente Ruhe hätte gegönnt werden sollen, indem er vor Alter ganz taub und halb blind war und dennoch seinem Amte noch vorstehen mußte, gab sich nichtsdestoweniger alle Mühe, seinen Vortrag möglichst anschaulich zu machen und zu versinnlichen. Besonders interessant waren die Vorlesungen über den Zucker, in welchen ansehnliche Mengen von Konfitüren aller Art an die Zuhörer verteilt und von denselben mit außerordentlicher Wißbegierde konsumiert wurden. Man lernte daselbst Siegellack machen, Feuerräder konstruieren, und andere ebenso nützliche als annehmliche Kunstfertigkeiten. Mit Teilnahme hatte man zu vernehmen, wie in Amerika sehr viele schwarze Neger ohne Hände herumliefen, weil ihnen dieselben von den Walzen der Zuckerrohrpressen abgezwickt und abgedrückt würden. Zwischendurch war auch manchmal von Chemie die Rede, wovon Folgendes sich am meisten dem Gedächtnisse einprägte:

Ein Hauptbeförderungsmittel chemischer Vereinigung ist die Wärme.

Man unterscheidet unorganische und organische Chemie. Ersterer gehörten die Stoffe an, welche nicht von pflanzlichen oder tierischen Körpern herstammen, letzterer letztere. Die organischen Verbindungen scheiden sich weiter in pflanzliche und tierische. Die unorganischen Verbindungen sind in der Regel binärer, die vegetabilischen ternärer, die animalischen quaternärer Zusammensetzung. – Die Pflanzenstoffe bestehen aus Wasserstoff, Kohlenstoff und Sauerstoff; die tierischen aus denselben Stoffen und Stickstoff. Erstere lassen sich in Gummi, Zucker, Stärkemehl, Essigsäure etc. – letztere (das Fleisch, z. B. ein Kalbsbraten) in tierischen Faserstoff, Gallerte, Osmazom, phosphorsaures Natrum, Ammonium, Kalk, Fett und Leim zerlegen.

Es sind das Grundsätze, welche ich auch mein sehr verehrtes Auditorium wohl zu behalten bitte.

In einem Kollegium über Archäologie war viel von Winckelmanns »edler Einfalt und stiller Größe« als Kennzeichen der Meisterwerke griechischer Kunst die Rede, was nicht anders als ansprechenden Eindruck machen konnte. Es drängte sich die Reminiszenz an Milo von Kroton bei.

Aus der Experimentalphysik war zu merken, daß das Ungleiche sich anzieht und gleiche Pole sich abstoßen.

Die Optik respektive Goethesche Farbenlehre gab die Grundsätze:

Gelb fordert Rotblau,
Blau fordert Rotgelb,
Purpur fordert Grün.

Gleich in der ersten Vorlesung über Symbolik wurde dargetan, das Prinzip der Symbolik sei der Pragmatismus. –

Was ist denn nun das Prinzip der Eßkunst? –

Möge es mir gelingen, dieses Prinzip meine sehr verehrten Herren Auditoren sokratisch selbst finden zu lassen.

Variatio delectat, sprach bekanntlich der Teufel und fraß den Salat mit der Ofengabel. – Das ist's aber nicht.

Zwar hat man, freilich mehr *ex post,* als das Prinzip der Kunst überhaupt »Kraft, Mannigfaltigkeit und Harmonie« bezeichnet, und es paßt auch wohl. Man gebe aber einem Künstler Messer und Gabel oder Pinsel und Palette in die Hand und die drei Worte dazu, und er ist so klug wie vorher.

Man weiß überhaupt, wie's in der Philosophie und sonst mit den Prinzipien hapert. »Ein allgültiger Satz, der auch allgemein gilt«, ist schwer. Wie in andern Künsten und

Wissenschaften hat man eben auch in der Eßkunst noch kein bestimmtes Prinzip. Ein Umstand, der besonders dadurch erklärlich wird, daß die Welt bis auf gegenwärtige Vorlesungen eine Eßkunst selber nicht hatte.

Der geistreiche Herr von Rumohr, dem wir ein so vortreffliches Prinzip der Kochkunst verdanken, hat gleichwohl keines der Eßkunst gegeben. Er sagt zwar: Gewiß soll der Mensch aus Gesundheit freudig, aus Überzeugung mäßig, aus Verständigkeit gut essen. – Es kann aber dieser allerdings wahre Satz dennoch nicht als Prinzip gelten. Überhaupt betrifft die von Herrn von Rumohr gegebene Erziehung zum Essen etwas ganz anderes als das Essen, ist allegorischer Bedeutung und macht die Ermittlung eines Eßprinzips sowohl als diese Vorlesungen über Eßkunst überhaupt nichts weniger als entbehrlich.

Die Gemeinsprüche zum Lobe der Mittelmäßigkeit und Mäßigkeit, wie man sie so oft hört und liest, können ebensowenig als Prinzip angesprochen werden. Auch die allgemeinen Hinweisungen auf den Instinkt als Richter hierüber entbehren wissenschaftlicher Apodiktik und bezeichnen einen zu tiefen Standpunkt, auf welchem das Essen noch gar nicht als Kunst erkannt und begriffen ist.

Die bereits kritisierte Maxime: Höre auf, wenn es dir am besten schmeckt – schreckt Gebildete schon durch ihre stoische Rauhheit ab; könnte aber auch schon deshalb nicht genügen, weil dadurch über Was und Wie durchaus nichts ausgesagt ist. Es verhält sich damit wie mit einer Dramaturgie, welche bloß vom fünften Akt handelte, oder denjenigen Moralisten, welche in dem Satze

*»Lebe, wie du, wenn du stirbst, wünschen wirst,
gelebt zu haben«*

auch ein Prinzip gefunden zu haben glauben. Abgesehen von der objektiven Inhaltslosigkeit solcher Maximen wird dadurch obendrein der ganze Spaß verdorben. Wenn ich aufhören soll, wenn es mir am besten schmeckt, schmeckt es mir überhaupt nicht. Dieser dumpfe ägyptische Stil paßt offenbar nicht mehr für eine höher und heiter gebildete Menschheit, und man möchte mit Falstaff zur Mamsell Dortchen Lockenreißer sagen: Sprich doch nicht wie ein Totenkopf, erinnere mich nicht ans Ende!

Seit durch Aristoteles die sokratische Beschränkung so glücklich ergänzt ist, neben den moralischen Beziehungen auch andere geltend gemacht wurden und man das Selbstbewußtsein mit dem Weltbewußtsein zu einigen bestrebt war, hätte sich die wissenschaftliche Forschung auch mehr der Außenwelt, insofern sie eßbar ist, im Begriffe zu bemächtigen streben sollen. Dies wurde jedoch, wie z. B. von Galen und der salernitanischen Schule, nur vereinzelt und empirisch versucht. Auch Aristoteles rügte schon z. B. den Unsinn, Milch und Fische zugleich zu genießen.

Umfassender suchte eine neuere Eubiotik die Sache aufzugreifen, deren Verfasser sagt: Dasjenige in der großen Außenwelt ist je für dasjenige Individuum das Beste, was das wesentlich gleiche von etwas in der kleinen menschlichen Innenwelt ist, aber in dieser eben jetzt in geringerem Maße vorhanden ist, als es sein sollte. Und das ist das Schlimmste, was einem bestimmten Individuum dasjenige verwehrt, was er schon in hinlänglichem oder gar schon in größerem Maße besitzt, als er sollte.

Derselbe Verfasser sagt ferner: »Uns im gegenwärtigen Zeitalter bekommt Fleisch am besten, weil wir im allgemeinen (?) zum Teil (?) noch mehr (?) im Jünglingsalter (?) der Menschheit (?) uns befinden (?), das sich physisch durch überwiegende Irritabilität naturgemäß aussprechen soll und daher auch von Natur in beträchtlicherm Grade auf Fleischgenuß angewiesen ist.«

Diese beiden Aussprüche widersprechen sich jedoch einigermaßen. Denn dem Jünglingsalter, das sich durch überwiegende Irritabilität ausspricht, kann ja, eben nach dem aufgestellten Prinzip, unmöglich das aus der großen Außenwelt das Beste sein, was es selber schon am meisten hat. Nimmt man aber diese Sätze nicht genau, so enthalten sie immer sehr viel Wahres, obschon die Fragen übrigbleiben:

Wie erkennt man denn, was man zuviel oder zuwenig in sich hat? Und warum sollte man denn, wenn man z. B. fromm ist, durch Fastenspeisen, Mandelmilch und Eibischtee sich nicht noch frömmer – wenn man tapfer ist, durch Roastbeef und Burgunder nicht noch tapferer machen dürfen? Es läuft denn doch das Ganze auf das vage »zuviel ist ungesund« hinaus.

Näher kommen wir der Sache durch Darwin, welcher sagt: Fleischdiät und Pflanzenkost sind beides die natürliche Nahrung für den Menschen, und Hildebrandt, welcher die Speisen definiert als solche tierische und vegetabilische Materien, welche dazu dienen, unsere tierische Materie zu ersetzen.

Also soll man Fleisch essen?

Die gewichtigen Autoritäten Broussonet, Buffon, Haller, Blumenbach, Hunter, Humboldt, Tiedemann sind dafür. Die obskuren Cocchi und Wallis sowie der paradoxe Rousseau, der von der Sache nichts verstand, reden der ausschließlichen Pflanzennahrung das Wort. Auch Hufeland ist sehr für vegetabilische Nahrung und führt eklatante Beispiele langlebender Vegetabilienesser an, welche meistens von Milch und Käse lebten. – Wenn man Wildpret hat, kann man noch leichter auf Fleisch verzichten. Helvetius, Tyson, Andry, Arbuthnot und Bianchi dagegen wollen, man solle ein absoluter Carnivor sein.

Es ist nicht zu widersprechen, daß Fleisch eine gröbere, derbere Speise ist, durch welche der feinern Empfindlichkeit der Nerven ein gewisser Gegensatz gegeben, ja auch wohl selbst Abbruch getan wird. Der problematische Kaspar Hauser zeigte, welche enorme abnorme Nervenreizbarkeit durch bloße pflanzliche Nahrung etc. bewirkt werden kann. Ich selbst litt einst an einer heftigen Lungenentzündung, welche wiederholte beträchtliche Blutentziehungen nötig machte. Zehn Tage lang aß ich gar nichts und weitere vierzehn Tage bloß Wassersuppen oder Reis, Gerste, Sago etc. in Wasser gekocht, und zwar täglich nur einen kleinen Teller voll. Das Getränk bestand aus Eibischabkochung, Limonade,

Zuckerwasser und lauterem Wasser. Meine Nerven wurden dadurch zu einer krankhaften Reizbarkeit gesteigert, wodurch ich Gegenstände auf meistens höchst unangenehme, ja schmerzhafte Weise perzipierte, welche mir vorher völlig gleichgültig gewesen waren. Hatte ich Messing oder Kupfer, z. B. Zirkel, Kupferpfennige etc. berührt, so war mir der an meiner Hand davon haftende Geruch so unerträglich widrig und peinigend, daß ich mir jedesmal nachher die Hände waschen mußte. Ich war gezwungen, meine messingne Reißfeder abzuschaffen und mir eine silberne zu kaufen. Ein Mann, der mit Juchtenstiefeln an den Füßen an mein Bett trat, erregte mir bedeutenden Ekel. Ein Blumenstrauß, welchen mir eine Freundin schickte, namentlich die Narzissen desselben, brachte mir das bisher völlig unbekannte Gefühl des Schwindels. Radierte Blätter von Salvator Rosa, an deren Beschauen ich früher öfter mich höchst behaglich erfreut hatte, kamen mir nun gezwungen, steif, lang, liederlich, ja zum Teil garstig vor. Eine zugeschlagene Stubentüre, Anklopfen etc. erschreckte mich. Kritzeln auf Glas und dergleichen affizierte mich auf das schmerzhafteste. Die Gesichtszüge besuchender Freunde, welche mir bisher als schöngebildet und angenehm erschienen waren, zeigten sich mir nun veraltet, unregelmäßig, unschön, fratzenhaft, widerlich, und so noch eine Menge Dinge mehr. Es waren peinigende Zustände. Mit einer dauernden solchen Nervenreizbarkeit wär's auf der Welt kaum auszuhalten. Ich hatte Mühe, durch Fleischgenuß die fürs praktische Leben unentbehrliche stickstoffhaltige Grobheit wiederzugewinnen, in deren Vollbesitz ich erst wieder meines Daseins froh wurde. Man soll also Fleisch essen, aber natürlich Brot dazu.

Ein armer Irländer fand einmal an der Landstraße Weizenbrot, welches ein reisender Pariser hatte liegenlassen. Es war das erste Mal in seinem Leben, daß er dergleichen sah. Er erkannte es als eine Speise und aß es. Es schmeckte ihm sehr gut, und er bedauerte nur, daß er kein Brot habe, um es dazu essen zu können. Worin besteht das Ernste und worin das Lächerliche dieser Anekdote?

Man gebe einem Eßlustigen ein Stück Brot. Er wird seufzen: Ach, wenn ich nur ein Stückchen Käse oder Wurst dazu hätte. Man schenke einem Armen eine Wurst, und er wird sich ein Stück Brot dazu betteln. Man trage Rindfleisch auf; jeder vernünftige Gast wird denken: Wo bleibt der Senf? – Warum hüpft jener lockige rotbackige Knabe so fröhlich? Er hat eine dampfende Bratwurst auf dem Wecken in der Hand, die er jauchzend emporhält. – Spricht man zu unverdorbenen Natursöhnen: »Stockfisch ist ein gutes Essen« – so wird die Antwort lauten: Ja, mit durchgetriebenen Erbsen! – Man wird kaum das Wort »Sauerkraut« ausgesprochen haben, so wird man (wie bei einer mit dem Fiedelbogen angestrichenen Glasscheibe die Quinte) den Zusatz »und Schweinefleisch« mit- und nachtönen hören. – Lobt man ein Linsengericht, so erwidert der Volkswitz: Ja, zu jeder Linse eine Bratwurst ist was Schönes. Wie lieblich harmoniert Schinken und Kartoffelsalat! – Purpur fordert Grün.

Animalisches fordert Vegetabilisches. Vegetabilisches fordert Animalisches. Das Ternäre, Stickstofflose fordert zu seiner Ergänzung Quaternäres, Stickstoffhaltiges.

Es ist wahr, man hat's in der Philosophie mit den Gegensätzen und in der Kunst mit dem ewigen Kontrast und Kontrapost etwas übertrieben; nichtsdestoweniger bleibt gewiß, daß ohne die genannten Gegensätze von wahrer Eßkunst gar keine Rede sein kann. Ein bloß vegetabilisches wie ein bloß animalisches Gastmahl ist für den Eßkünstler schlechthin ein Absurdum, ein Gemälde ohne Licht und Schatten, also gar nichts. Wenn nun von zwei Gegenständen jeder rein für sich, ohne den andern gedacht, absurd ist und nur durch die Verbindung beider der Begriff sich konstruiert, so wird ja das Wesenhafte ebendieser Verbindung von selbst einleuchten. Eine einzige Zangenbranche, ein einziges Scherenblatt ist keine Zange, keine Schere. So ist auch das Wort »Zange« im Hebräischen eine Partizipial-Dualform: »die beiden Nehmenden« – wie denn überhaupt diese Dual- und Partizipialformen der alten Sprachen tiefe lebendige Bedeutung haben.

Aber was braucht's vieler Demonstrationen, wo die Natur so laut und vernehmlich spricht! Ober beweisen die mittlere Länge des menschlichen *tractus intestinorum*, die carnivoren Spitzzähne und die herbivoren Backenzähne nichts? – Sollte das übereinstimmende Urteil aller gesunden und unbefangenen Menschen zufällig und nichtig sein?

Die erste Nahrung des Menschen ist naturgemäß die Muttermilch, also Animalisches. Der Knabe neigt dagegen mehr sich zum Vegetabilischen.

»Wie Kirschen und Beeren behagen,
Mußt du Kinder und Sperlinge fragen.«

Hier wie dort ist noch Einseitiges. – Der Mann, wie der Löwe, will, und soll also auch, Fleisch essen. Bloße Fleischnahrung aber ist roh, ja für den Menschen absurd. Wer weiß nicht, mit welchen Strafen die Natur ausschließlichen Fleischgenuß bedroht, als mit Scharbock, Faulfieber, Blutungen, dem Tod. – Aber auch durch ausschließliche, einseitige vegetabilische Kost wird Skorbut erzeugt, der in diesem Falle durch Fleischnahrung geheilt wird, wie jener umgekehrt durch Vegetabilien. Wer kennt nicht die weltgeschichtliche Bedeutung des Sauerkrauts für die Schiffahrt? – Aber wie leer und Ergänzung fordernd ist nicht der einfache Begriff »Sauerkraut« ohne den nötigen carnalischen Gegensatz? – z. B. nur einen gebratenen Hering! – So ist denn auch Muskelschwäche, Mangel an Tatkraft und Mut Folge ausschließlichen Pflanzengenusses.

Wie schön sagt Cervantes: »Bei einem Gastmahle nimmt sich neben dem wohlzugerichteten Fasan eine Schüssel grüner, frischer und schmackhafter Salat nicht übel aus.« – Es ist dies ganz meine Meinung, wie ich in einigen appetitlichen Beispielen weiter darzutun bestrebt sein werde.

So bestätigt denn Natur, Kunst und Wissenschaft unsere Ansicht gleichmäßig!

Ein für allemal erkläre ich, daß ohne Salz, Wasser und Feuer weder Koch- noch Eßkunst sich verwirklichen kann. Es wäre aber ermüdend, bei den nun darzulegenden Gegensätzen jedesmal des Salzes usw. eigens zu erwähnen, aus welchem Grunde ich es eben weglasse; aber ausdrücklich inbegriffen wissen will.

Schon bei der simplen Fleischbrühe offenbart sich die Bedeutung der Gegensätze. Wie schal und einseitig ist Fleischbrühe, ohne Zusatz von Küchenkräutern gekocht! – Ähnlich ist's bei der Milchsuppe. Nicht nur gibt hinzugebrocktes schwarzes Brot einen hübschen, pittoresken Kontrast, wie ein Mohr neben einer europäischen Schönheit, sondern es wird dadurch noch der süßen Milch ein derberer, herber Gegensatz, überhaupt die geheischte vegetabilische Antithese gegeben, und das tropfbar Flüssige findet zugleich soliden Halt und Grund im Festen.

Wie der sauerteigige Beigeschmack einer schwarzen Brotsuppe durch die Süßigkeit eines beigesetzten frisches Eies – also wird auch umgekehrt die süßliche Einseitigkeit einer Petersilien- oder Kerbelkrautsuppe durch zugesetzten sauren Milchrahm versöhnt und ergänzt.

Milch und Flüssiges überhaupt genügt aber nicht lange. Man biete einem Kinde von nur einjährigem Verstand eine Bratwurst dar, und es wird die schönste Mutterbrust fahrenlassen und nach der Bratwurst greifen. Ich wende mich zum Festen.

Hier bildet unstreitig die mildeste und sanfteste Form der Verschwisterung des Animalischen mit dem Vegetabilischen, ein Bild und Gleichnis des idyllischen Urzustandes der Menschheit, das Butterbrot. Diesem schließt sich Honigbrot an. – Gesteigert in seiner Qualität fühlt man solchen einfachen Gegensatz, wenn man gut ausgebacknes schwarzes Brot oder geröstete Semmelscheiben und warmes Mark aus einem tüchtigen, soeben der kochenden Brühe enthobenen Rindsröhrenknochen mit etwas Salz darauf verspeist. Avicenna rät, es zu pfeffern. Dadurch wird jedoch der zarte Geschmack zu sehr überschrien.

Ein weiteres Beispiel dieses einfachen Gegensatzes auf erster Stufe gibt das schon benannte Huhn im Reis. Auch Nudeln bilden dazu eine passende Antithese.

Eine dampfende Kartoffel ist etwas sehr Gutes. Aber ihre spröde Trockenheit wird nicht nur durch zugegebene Butter oder Gänsefett auf das mildeste suppliert und amelioriert, sondern auch damit der entsprechende animalische Gegensatz gesetzt.

Bei Goethes »Götz von Berlichingen« gibt's gekochte weiße Rüben und Lammbraten – eine Verbindung, welche von der tiefen Einsicht des Dichters auch in dieses Fach Kunde gibt. Denn nicht nur harmoniert die charakteristische Eigentümlichkeit des Lammbratens überhaupt mit den milden Rüben, sondern es kommt noch das Temperaturverhältnis in Betracht. Es heißt nämlich: »gekochte weiße Rüben« – also ist von Warmem die Rede, und in der Tat duldet gerade Lammbraten von allen Braten am wenigsten kalte Gegensätze, worauf schon dessen Geneigtheit zur Gerinnung und Erstarrung seines Fettes hindeutet.

Wer jemals eine gute Krautwurst gegessen, wird wahrgenommen haben, wie harmonisch verklärt diese die fragliche Idee in sich verschlossen trägt.

Es ist aber durchaus nicht der gemeine Nutzen, welcher diese Gegensätze hervorruft. Denn warum gäbe man einem gebratenen Spanferkel einen Apfel oder eine Zitrone ins Maul? – Schon der liebenswürdige Anblick rechtfertigt es. Es hat aber auch noch tiefere Gründe. Manchmal zeigt sich eine bestimmte, aber deshalb um nichts weniger geheimnisvolle Wahlverwandtschaft, wie z. B. zwischen Lammbraten und Schalotten, Wildpret und Lorbeerblättern etc.

Warum entspricht frischer Gurkensalat einer gebratenen Taube so innig? – Man denke an die trockne, hitzige, etwas derbe Faser, an den spröden Charakter des Taubenfleisches, und erwäge dagegen die sanfte Milde, die saftreiche Kühle der phlegmatisch-lymphatischen Gurken, und man wird erkennen, wie innerlich harmonisch diese Verbindung zusammenklingt.

Wer weiter nachdenkt, wird finden, daß es sich mit gebacknen Tauben und Blumenkohl, mit geräucherter Zunge und bayerischen oder Teltower Rübchen oder gedämpften jungen Bohnen – mit gebackner Leber und grünen (Zucker-) Erbsen ganz ähnlich verhält. Dagegen würden sich die etwas bitterlichen Artischocken mit der etwas (gallicht-)bitterlichen Leber übel vertragen. Hier ist eine schwergeprüfte, geräucherte Zunge an ihrem Platze, wie Verrina neben Fiesco.

Ein gebratnes Zicklein mit jungen Hopfensprossen als Salat, diese beiderseitige Jugend, wie die Liebe der Nachtigall zur Rose, wie stimmt sie so freundlich zusammen!

Wie bezeichnend begrüßen grüne Erbsen und junge Tauben den holden Frühling zugleich!

In sehr liebenswürdigem Einklang steht ein gebratenes junges Hähnchen mit zartem, lenzentsproßtem Gartensalat. Aber auch einem bejahrteren, ernsteren Schinken steht diese jugendlich heitere Gesellschaft sehr wohl zu Gesichte.

Liebhaber des Massenhaften werden einen Gansbauch am liebsten mit italienischen Kastanien gefüllt sehen, und allerdings geht deren spröde Trockenheit mit der schmiegsamen Hingebung jener simplen Unschuld und Harmlosigkeit eine passende Vermählung ein. Andere ziehen dazu den aromatischen Beifuß *(Artemisia vulgaris)* vor, der in der Tat den etwas faden Ganscharakter entsprechend würzt; aber auch die entschiedenere Schärfe eines wohlgepfefferten Krautsalats steht nichts weniger als im Widerspruch damit – ähnlich wie sich auch etwas Zitronensaft und Pfeffer zu Austern sehr wohl verträgt.

Unter jenem Gänsebauch ist aber durchaus ein sehr junges Gänschen gemeint. Gott bewahre jeden vor einer alten Gans!

Wenn zu einfach gesottenen Forellen ein paar frische Petersilienblätter einc crfreuliche, zart würzende Staffage geben, so leisten einem in Essig und Wein gesottenen Karpfen einige schwäbische Mehlspätzle gar versöhnliche Gesellschaft, und einige Kartoffelschnitte unter einem in Salzwasser gekochten und mit Butter geträuften Hecht gebreitet, können nicht anders denn als konvenierende Basis betrachtet werden.

Kartoffelklöße schicken sich zu Sauerbraten recht wohl. Ißt man sie aber dazu, so muß man nicht auch noch zugleich Brot essen. Dieser zweite Gegensatz ist ungeeignet.

Wildschwein erfordert Kapernsalat, eingemachte saure Weichseln und dergleichen, was sich umgekehrt mit dem davon zu verschiedenen Charakter eines Kalbsbratens nicht eignete, welchem vielmehr Kopfsalat, etwa mit hartgesottenen Eiern, oder Spargelsalat näher zusagte. Hier ist zu bemerken, daß der weiche, zarte, milde Spargel besser zu einem Kalbsschlegel und dessen etwas stärkerer Faser paßt – der etwas stärkere Kopfsalat dagegen mit der zarteren milchigen Kalbsbrust ergänzender übereinstimmt.

Rebhühner gehen mit den waldbewohnenden Morcheln eine freundnachbarliche Beziehung ein. Die fetteren, milderen Bratwürste lieben dagegen die Nähe strengerer Gesellschaft von Sauerkraut, sauren Gurken, Senf und dergleichen – und zwar aus ähnlichem Grunde, warum das zur nichtssagenden Indifferenz gekochte Rindfleisch die schärferen Gegensätze von Senf, Meerrettich, roten Rüben, Schnittlauch mit Eigelb und Essig, Radieschen, Salzgurken, Bohnensalat etc. verlangt.

Aber auch das kräftige Beefsteak fordert dringend Kresse, Senf, Essiggurken, aromatische Küchenkräuter, geröstete Kartoffeln etc.

Wie schön ist der Anblick eines blendend scharlachrot gesottenen Krebses und das zarte Grün von frischer Petersilie und das lichte Braun von Kümmel darauf, und welch feines Aroma gewinnt zugleich der Krebsgeschmack dadurch!

So wohlschmeckend sich die Verbindung von Sauerkraut, einigen Wacholderbeeren und einigen gebratenen Krammetsvögeln erweiset, so sinnig deutet sie zugleich auf naturwissenschaftlich verwandte Verhältnisse. Überhaupt erschließen sich dem denkenden Eßkünstler oft die tiefsten Mysterien der Natur und Kunst.

Schön klingt ferner zusammen: geröstete Weizenbrotschnitten mit Schnepfendreck; ebenso aber auch mit gehackten, gebratenen Schnecken. In beiden Fällen schaden einige

Zitronenschalen-Atome nicht, die jedoch, wenn man den kräftigen Kaviar aufstreicht, nicht passend wären.

Sehr geeignet verbindet sich Gänseleber mit Trüffeln, Krautskopf mit Fleischgehäcksel gefüllt, Kalbs- oder Schweinskotelettes mit Lactuca, Endivien, Kohlrabi etc., während frikassiertes Kalbfleisch Champignons, Kapern etc. verlangt und die starke Bologneser Wurst selbst einigen Knoblauch sehr wohl verträgt.

Bei diesen Gegensätzen gibt aber natürlich der Geschmack des Essers den bestimmenden Ausschlag. So kann man z. B. Sauerbraten durch Erbsen, Kartoffelklöße, Linsen etc. mildern; ebenso aber durch Kapern-Zwiebel-Tunke etc. seinen Charakter steigern. Beides paßt.

Bestimmt Saures mit ausgeprägt Süßem paßt aber unter keiner Voraussetzung. Zuckerbrot und Hering ist schlechthin lächerlich.

Es gibt aber in jeder Kunst sehr viel Unaussprechliches. Also auch hier. Man kann sehr leicht fehlgreifen, auch wenn man den allgemeinen Grundsatz »Animalisches fordert Vegetabilisches« festhält. So wurde mir öfter Stockfisch mit Spargel und Muskatblüte vorgesetzt. Mir schien jedoch jedesmal sowohl der zarte Spargel als die feinere höhere Muskatblüte für den populären Stockfisch sich nicht zu eignen, und Kartoffelschnitten als vegetabilischer Gegensatz und geröstete, kleingewürfelte wenige Zwiebelstückchen zur Würze in diesem Falle viel zusagender.

In ärmeren Gebirgsgegenden erhielt ich nicht selten zu Kalbsbraten gedörrte gekochte Zwetschen. Obgleich damit die Notwendigkeit des Gegensatzes anerkannt ist, konnte ich doch niemals diese Wahl billigen. So wurde mir auch in Gasthäusern kleiner, entlegener Orte, z. B. in Jean Pauls Geburtsort, Kohl mit gerösteten Brotschnitten vorgesetzt, die einmal, an einem Sonntag, in Eiern gebacken waren. Auf diese Weise suchte man, trotz hinderlicher Dürftigkeit, ohne sich zum bestimmt animalischen Gegensatz erheben zu können, doch die antithetische Forderung einigermaßen zu erfüllen.

Ehe wir nun zu zusammengesetzteren Gegensätzen übergehen, mag ferner noch davon die Rede sein, ob man diese Gegensätze gleichzeitig und je zugleich oder vielmehr sukzessiv, abwechselnd und je einzeln für sich essen solle. Sind sie, was vorausgesetzt wird, gut gewählt, so mögen sie zwar immerhin gleichzeitig gekaut werden, man wird wohl auch dadurch ganz neue eigentümliche Geschmäcke entdecken. Doch wäre dabei nicht außer acht zu lassen, daß man nicht von beiden Gegensätzen gleich große Mengen, sondern je immer von dem einen mehr als von dem andern zu nehmen habe, um das Spezifische doch nicht zu sehr zu verwischen. Dies gilt natürlich zunächst von geschieden aufgetragenen gegensätzlichen Speisen. Denn wo die Kochkunst selbst jene Vereinbarung der Gegensätze schon vermittelt und vorgebildet hat, versteht sich auch das Simultan-Essen von selbst. Doch läßt sich nicht leugnen, daß das Spezifische klarer und bestimmter dann hervortritt, wenn man jedes zunächst für sich mit je darauf folgendem Gegensatze kaut, wodurch zugleich die erfreulichste Abwechslung gegeben wird.

Ißt man z. B. ein Hühnerflügelchen und läßt erst, nachdem dieses gekostet und gekaut ist, eine Gabel Salat folgen, so hat man klar und entschieden den spezifischen Geschmack eines jeden dieser Gegensätze, während beides zumal und zugleich gekaut weder recht eins noch das andere, sondern ein Drittes, Vermischtes, eine Art trübes Grau gibt. Dagegen wäre es z. B. – schon wegen der Indifferenz der Butter an sich – kaum zu rechtfertigen, wenn jemand Butter und Brot, jedes für sich, äße.

Das Verhältnis der besprochenen Gegensätze hat Broussonet dahin bestimmt, daß, nach der Beschaffenheit und Zahl der für Animalisches zunächst bestimmten Schneide- und Eckzähne und der zum Kauen des Vegetabilischen eingerichteten Backenzähne, die Menge der animalischen Speisen zu der Menge der vegetabilischen, also wie 12 zu 20 sich verhalten müsse. – Das ist so spitzig, daß man sich die Zähne damit ausstochern könnte.

Soviel nun, um nicht durch zu viele Beispiele zu ermüden, von den einfachen Gegensätzen. Indem ich nun zur Steigerung der Gegensätze durch weitere Zusammensetzung übergehe, behalte ich des Zusammenhangs und größerer Anschaulichkeit wegen meistens die schon gegebenen Objekte bei.

Werfen wir einen Blick auf eine der genannten einfachen Suppen und vergleichen wir eine in Deutschland fälschlich *Olla Potrida* genannte Vielerleisuppe damit, so tritt uns die Gehäuftheit der Gegensätze bis zum Staunen entgegen. Ich nenne nur folgende Bestandteile, ohne auf die Komposition der einzelnen Klößchen, Raviolen etc. Rücksicht zu nehmen.

Vegetabilische Reihe	*Animalische Reihe*
Blumenkohl	Tauben
Artischocken	Huhn
Spargel	Kalbfleisch
Lactuca	Kalbsdrüsen (Briese)
Morcheln	Hirn
Kohl	Nierlein
Scorzonera	Bratwürstlein
Grüne Erbsen	Leberlein
Weizenbrot	Rindsmark
Cardamomen	Mägelein
Pistazien	Krebse
Muskatblüte	Schnecken
Piment	Eier
Pfeffer	Butter

Trotz dieser Häufung und Komplikation kann ich's doch nicht übers Herz bringen, das Verdammungsurteil darüber auszusprechen; denn, ach! – die Gegensätze sind gar zu schön gewählt! – Und am Ende reduziert sich das Ganze doch auf sehr einfache verwandte chemische Grundstoffe.

Während sich uns ferner bei dem patriarchalischen Butterbrot der einfache Gegensatz des Vegetabilischen und Animalischen (letzteres noch dazu in seiner mildesten Form) zeigte, hat eine neuere Zeit z. B. sogenannte Speckkuchen zur konkreten Erscheinung gebracht. Sie bestehen bekanntlich aus feinem, mit Milch und Eiern geknetetem Mehl und enthalten auf ihrer Oberfläche einige feingewürfelte Speckstückchen und etwas Kümmel. Hier ist also der vegetabilische Gegensatz von Mehl und Kümmel durch die animalischen Antithesen von Milch, Eiern und Speck bereits überboten, überhaupt das Ganze komplizierter. Diese Speckkuchen schmekken durchaus nicht unangenehm – meine schon belobte Frau Base pflegte zu sagen, zu Milchkaffee gäb's nichts Besseres auf der Welt –, während dagegen Zwiebelkuchen (welche ein in der fünften Vorlesung genannter Schriftsteller merkwürdig gern ißt) eben wegen der Einerleiheit ihrer Vegetabilität und anderer Inkonvenienzen einem feineren Sinne nicht wohl zusagen.

Nehmen wir noch einmal Butterbrot! Wem die klassische Simplizität desselben nicht genügt, kann es beliebig ins Animalische oder Vegetabilische steigern. Einfach ins Vegetabilische hinüber gesteigert wird es durch aufgestreuten gehackten Schnittlauch oder frische Rautenknospen. Eine doppelte Steigerung ins Vegetabilische ergibt sich, wenn man noch Radieschen beifügt.

Eine einfache Steigerung des Butterbrots ins Animalische wird durch beigesetzten Käse gesetzt. Ebenso verhält es sich mit zugegebenem Schinken, welcher jedoch in diesem Falle nicht fett sein darf, weil die beiden Indifferenzen: Butter und Schinkenfett als nichtssagend zu erachten sind. – Shakespeares Honigbrühe über Zucker! – Setzt man dem Schinken noch kalten Kalbsbraten und Sardellen bei, so erhält man dreifach gesteigerte animalische Gegensätze, welche durch Zervelatwurst noch bedeutend vervielfältigt würden. Doch schmeckt das schon stark nach Manier. Einem gesunden Geschmack wird Einfacheres besser zusagen. Es wäre nichts gewonnen, ja übel ärger gemacht, wenn man in den oben angegebenen konkreten Verhältnissen durch größere Anhäufung auch des Vegetabilischen ein Gleichgewicht suchte.

Jeder unverdorbene Mensch wird Radieschen und Käse zusammen für abgeschmackt halten. Wie nämlich die Radieschen durch ihre beizende Schärfe die den Vegetabilien sonst eigentümliche Milde einigermaßen überschreiten, so bleibt eben auch der Käse durch seine milchige Unentschiedenheit hinter dem charakteristisch ausgeprägten Fleisch zurück. Besitzt nun der Käse auch bestimmte Schärfe, so steht doch deren Arthaftigkeit mit der der Radieschen in offenbarem Widerspruch. Durch beides erklärt sich beider Unvereinbarkeit. Schinken aber und Radieschen passen sehr wohl. – Warum harmonieren denn Trüffeln und Gänseleber so schön? – Um wieviel die Leber hinter dem eigentlichen Fleisch zurückbleibt, um soviel geht die Trüffel über das gewöhnlich Vegetabilische hinaus, und gerade dadurch ergänzt und mischt sich beides so entsprechend.

Wer wird nicht mit Indignation in Frankreich bemerken und bloß der französischen Oberflächlichkeit verzeihen, daß Gartensalat ein Gericht für sich bildet? Mit Zusatz von hartgesottenen, aufgeschnittenen Eiern könnte er eher dafür gelten, und dieses Trikolor von Weiß, Gelb und Grün hat auch was augenfällig Liebliches. – Andere ziehen den ebenfalls richtigen Gegensatz von kleingewürfeltem gerösteten Speck zu Gartensalat vor. – Wie sehr aber gewinnt das Ganze, wenn z. B. eine wahlverwandte Kalbsbrust dazukommt! – Eine mit Rosinen und Milchbrot gefüllte Kalbsbrust dagegen hat zu weibischen Charakter. So wird auch in Deutschland Spargel für sich gegeben. Man sucht zwar durch Eiersauce, Krebsbutter etc. den geforderten animalischen Gegensatz einigermaßen zu ergänzen. Wie kräftiger und großartiger aber macht sich z. B. ein gebratener Truthahn und Spargelsalat? Ein zweiter Salat von Neunaugen dazu steigert das Animalische, wie ich öfter das Vergnügen hatte, mich zu überzeugen, auf die anmutigste Weise.

Nehmen wir gedämpfte junge Bohnen. Warmer Schinken bildet einen allerliebsten Gegensatz. Will man das Vegetabilische steigern, so schicken sich zugegebene Champignons vortrefflich dazu. Ähnlich ist's mit Kohl und Kalbskotelettes, welches Gericht durch aufgelegte gebratene Kastanien sehr angenehm und ergiebig noch mehr vegetabilisch verstärkt wird. So paßt auch zu einem einfachen gebratenen Kapaun ein zusammengesetzter Salat von Endivien, Sellerie, Kresse etc. – und Rapunzeln mit Kartoffelsalat stellen sich freundlich einem gebacknen Karpfen gegenüber.

Ich bemerke hier, daß die vegetabilische Seite in der Regel höhere Steigerung verträgt als die animalische. Fleisch, namentlich Braten, ist an sich schon so bedeutend und vielsagend, daß Zusätze gleicher Art meistens unnötig, überflüssig, zerstörend sich zeigen. Freilich gibt es auch treffliche, wenn schon gehäufte Steigerungen ins Animalische, z. B. gefüllte Artischocken. Die vegetabilische Seite davon besteht lediglich aus der Artischocke, Weizenbrot und etwas Muskatblüte, während die animalische Gegenseite überwiegend Animalisches enthält: gehackte Krebsschwänze und Scheren, zarte Leberlein und Eierstöcke von Hühnern, Milch, Fleischbrühe, Butter.

Ebenso vertragen sich Schnecken, Hahnenkämme, Zungen, Hirne, Briese, Kalbskopf, Vogel- und Fischlebern zu dem einfachen vegetabilischen Gegensatz der Champignons sehr wohl.

In dem Kochbuch der Madame Louise Marezoll finden sich folgende zwei Salate:

Sardellensalat. Man wässert 1/4 Pfund Sardellen, schneidet sie in der Mitte durch, den Kopf ab, nimmt die Gräten heraus und ordnet sie in einer Schüssel oder Saladiere. Dann zerschneidet man etwa drei bis vier Bricken in fingergliedlange Stücke, tut das Rückgrat heraus und legt sie zwischen die Sardellen. Außerdem noch Oliven, Kapern, eingemachte Champignons, in Streifen geschnittene Asiagurken dazu, und feingeschnittene Scheiben von Zitronen und Zervelatwurst ringsherum. Hierauf Essig und Öl zusammengeklopft und behutsam darüber gegossen, daß alles ordentlich liegenbleibt.

Heringsalat. Hierzu werden einige Heringe gewässert, ausgenommen, von Haut und Gräten befreit und in kleine Würfel geschnitten. Ferner sechs bis acht Borsdorfer Äpfel, ebenso viele feste, abgekochte Kartoffeln, einige ebenfalls gekochte (?) Selleriestauden, einige Scheiben eingemachte rote Rüben, Asiagurken oder kleine Essiggurken und ein tüchtiges Stück kalten Kalbsbraten. Dieses alles in demselben Format geschnitten und nach Belieben etwas gehackte Zwiebel und Petersilie dazu. Hierauf verrührt man ein paar hartgesottene Eidotter mit einem Löffel Senf und der gehackten Heringsmilch klar, gießt Essig, Öl und Kapern daran, mischt hierauf die geschnittenen Ingredienzen hinzu und streut gestoßenen Pfeffer darüber. Auch dieser Salat ist durch die Zutat einiger in Stücke geschnittener Bricken sehr zu veredeln.

Doch ich fühle, daß ich hiermit von dem Gebiete der Eßkunst mich zu sehr in das der Kochkunst versteige, wollte aber diese Formeln, deren sinnige Anordnung ich zwar nicht verkenne, ohngefähr als die äußersten Grenzen gehäufter Gegensätze darlegen, wenn anders nicht diese Grenzen dadurch schon überschritten sind. Jedenfalls sind diese Salate schon sehr gekünstelt, überpikant und daher wohl dem durch Schlemmerei verdorbenen Magen eines unkünstlerischen Essers zusagender als dem eines gesunden, wahrhaften Eßkünstlers; aber gut schmecken sie doch.

Ich kann mich aber eines nochmaligen Hinblickes auf die Kochkunst aus dem Grunde nicht wohl entschlagen, weil ja der Eßkünstler, ohne daß ihm der Koch in die Hände arbeitet, überhaupt nichts zu leisten vermag. Was helfen die Grundsätze: je zu animalischen Gegensätzen entsprechende vegatabilische zu wählen, wenn diese selbst nicht gegeben sind? – Ich besitze viele alte und neue Kochbücher mit, auf Extrabeilagen für runde sowohl als oblonge Tafeln, genau versinnlichten Angaben, wie die einzelnen Speisen und Trachten, welche speziell benannt sind, aufzutragen und zu stellen seien. Alle lassen jedoch beklagen, daß die Lehre von den Gegensätzen auf bedauerliche Art verkannt und hintangesetzt, ja in einigen kaum beachtet ist.

Allerdings zwar bildet das Brot den stereotypen, aber ebenso einseitigen vegetabilischen Gegensatz, der jedoch durchaus nicht genügt. Meistens findet man Fleisch und fast nur Fleisch, wobei nicht einmal die nötigen Gegensätze in dieser Klasse selbst von Fischen, Vögeln und zahmen und wilden Säugetieren gebührend berücksichtigt sind. Zu einer ungebührlichen Menge der verschiedensten Braten sind kaum zwei oder drei Salate oder sonstige vegetabilische Gegensätze gegeben. Gemüse fehlen öfters ganz. Hier könnte selbst der größte Eßkünstler unser Prinzip nicht bewähren.

Der fleischarmen Tafeln und anderer bis zur charakterlosen Indifferenz ver- und zerkochter Speisen, die mir aufstießen, mag ich gar nicht gedenken.

Möge die eßkünstlerische Kritik auf die Kochkunst einen günstigeren Einfluß äußern als die Kunstkritik überhaupt auf die schönen Künste, namentlich auf die Poesie, die unter dem populären Deckmantel *Malo convivis, quam placuisse coquis* so eigensinnig und widerspenstig gegen Regel und Ordnung ankämpft, daß – bei dem jüngeren Geschlecht besonders – »poetisch« und »über die Schnur hauen« fast synonym geworden sind.

Soviel nun vorläufig über die Steigerung und Häufung der Gegensätze im Vegetabilischen und Animalischen, respektive deren reziproker Beziehung.

Wie aber in der Natur allüberall sich Gegensätze offenbaren, so finden sich je im Vegetabilischen und Animalischen auch einzeln und für sich selber dieselben. Um nicht viel von Schale und Kern, Hülse und Frucht etc. zu sagen, sei nur auf das Brot und dessen gegensätzliche Kruste hingewiesen. Eine Verschönerung und Steigerung dieser Gegensätze spricht sich in der konkreten Erscheinung der Äpfel- und Zwetschenkrapfen, Kirschkuchen etc. aus.

Im Animalischen ist auf natürliche Weise dasselbe durch Fleisch und Fett gegeben. Wie pittoresk, gleich Rosen und Lilien, ist z. B. im purpurrosigen Schinken das schnee- oder blühweiße Fett! – Man vergleicht dieses immer mit Mandelkern, als ob man nicht diesen mit jenem noch besser vergleichen könnte. Die Kunst bildet sinnig diese Naturprototypen nach, man spickt Rebhühner, Hasen, Lebern etc., und der Italiener setzt fetten Fischen etc. sehr zweckmäßig pikantere Sardellen zu.

So gibt man denn auch, wie schon die salernitanische Schule postuliert, Äpfel und Nüsse, Trauben und Mandeln zum Dessert. Und dazu und dafür paßt es auch sehr wohl. So sind Erdbeeren mit Zucker und Wein, wenn man sie nicht lieber rein für sich ißt, allerliebst, dulden aber in sich selber schon auch den zarten animalischen Gegensatz von Milch. So vertragen Äpfel Parmesankäse – frische Feigen Schinken etc. Doch wird das Obst am besten nicht mit, sondern nach Animalischem genossen.

Der Hauptgegensatz wird immer durch Animalisches und Vegetabilisches repräsentiert. Die Gegensätze je im Vegetabilischen und Animalischen selbst sind immer Nebensachen, die den Hauptgegensatz keineswegs entbehrlich machen, vielmehr auf das glänzendste bestätigen und als Einleitendes, Begleitendes und Nachfolgendes, als untergeordnete kleinere Gegensätze höherer, bedeutenderer, aber als nicht mehr, volle Geltung behalten mögen.

Nach allem Gesagten und dem dadurch gewonnenen positiven Prinzip und objektiven Inhalt erweitert sich die schon gegebene Eßdefinition, als Maxime ausgedrückt, also: Lasse gute und angemessene Produkte der Natur und Kunst in gehöriger Menge und Verbindung, d. h. je nach den Gegensätzen des Vegetabilischen und Animalischen, mit Heiterkeit, Ruhe, Sinn und Bewußtsein, auf subjektiv und objektiv angenehme und geschmackvolle Weise, dir schmecken.

ACHTE VORLESUNG

Elementarunterricht

WER BASEDOWS bekanntes Elementarwerk kennt, wird sich mit Vergnügen des freundlichen Eindrucks erinnern, welchen gleich die erste schöne Kupfertafel auf ihn machte, welche lauter sehr appetitlich dargestelltes und hübsch gruppiertes Eßbares enthält. Sehr zweckmäßig fängt dieses durchdachte Werk die Erziehung beim Essen an, dieses gleichsam als Grund, Keim und Vorbild derselben und des Lebens selber betrachtend.

Auch die meisten heutigen Erziehungsanstalten und Pensionen, in welchen die Zöglinge zugleich leiblich verpflegt und gebildet werden, haben das rühmliche Bestreben und die gemeinsame Wirkung, den Zöglingen eine tiefe Sehnsucht nach dem Essen einzuprägen, welche nach Tisch nur ganz wenig abnimmt, ja manchmal durch das Quantum der Atzung sogar gesteigert sich ausspricht, aber meistens außerhalb der Anstalten Befriedigung zu suchen gezwungen ist. Man scheint da auf negativem Wege zum Ziele gelangen zu wollen. Der positive wäre freilich besser, aber nicht so wohlfeil.

Indem hier die Grundzüge einer Elementar-Eßlehre gegeben werden sollen, ist es kaum zu bemerken nötig, daß damit nichts anderes gemeint und gewollt sein kann, als dieselben einer sehr geehrten Versammlung zur gefälligen Prüfung vorzulegen, inwiefern sie zur Heranbildung eines jüngern Geschlechts etwa geeignet sein dürften.

Mit Recht sind die Naturwissenschaften und Realia in unseren gelehrten Schulplanen ganz unbeachtet geblieben, indem Natur und Gelehrsamkeit sich durchaus widersprechen. Um so ergänzender und notwendiger dürfte die heutige Vorlesung denkenden Pädagogen sich anbieten.

Der kluge Sirach ist meines Wissens der erste Schriftsteller, welcher pädagogische Eßregeln gegeben. Spätere Autoren haben dieselben nur erweitert. Wer z. B. Hagers »Jugendspiegel« (Hamburg 1643), des Magister Graf »Höflichen Schüler« (Augsburg 1750), Zobels »Hand- und Reisebuch« (Altdorf 1755) u. a. vergleicht, wird eine merkwürdige Übereinstimmung auch der Form und Ausdrucksweise finden. Systematische Ordnung fehlt aber durchaus. Ich werde bestrebt sein, etwas davon hineinzubringen.

Niemand wird von jemand, der nicht essen kann, sagen, er wisse zu leben. Was aber in dieser Absicht schon in den früheren Vorlesungen Artistisches, Moralisches und Diätetisches bemerkt ist, soll hier nicht noch einmal bemerkt werden. Nun gilt das Besondere, ja Besonderste.

Als Vorbereitungsregel mag in Erinnerung gebracht sein, daß es Alt und Jung fein läßt, wenn man gekämmt und gewaschen ist und die Nägel hübsch abgeschnitten sind, ehe man zu Tische geht.

Zobel ermahnt: »Mache im Hinunterschlingen keinen lauten Ton. Wenn das Halstuch zu enge zugezogen wäre, welches dergleichen Geräusch verursacht, so kann man solches ein wenig öffnen.« – Rätlicher ist's jedenfalls, schon vorher das Halstuch nicht zu fest zu binden. Überhaupt sind die unpassenden, ungesunden und unbequemen, unschönen und höchst zweckwidrigen engen Kleider gänzlich zu verwerfen. Der Eßkünstler trägt durchaus weite Gewänder, denn er hat Geschmack und liebt eine schöne Draperie.

Eine sehr zu beherzigende Regel ist, zum Essen nicht zu spät zu kommen, das Essen überhaupt nie zu lange über die bestimmte Zeit hinauszuschieben. Abgesehen von der dadurch für Tischgäste erwachsenden Beleidigung und Beeinträchtigung, abgesehen selbst von dem unverantwortlichen Verderben, Verkochen, Verbraten der Speisen

– »Suppe kocht und siedet ein,
Braten will verbrennen« –

so verdirbt durch zu langes Warten und zu spätes Essen der Appetit; roher Hunger setzt sich an dessen Stelle, und selbst dieser beginnt bei länger aufgeschobener Befriedigung pathologisch zu tendieren, ins Krankhafte zu deflektieren, wodurch dann die beste Mahlzeit illusorisch wird. Ich weiß nicht mehr, in welchem Lustspiele der Schulmeister sagt, als er vom gnädigen Herrn zur Tafel eingeladen wird, er würde nicht ermangeln, vierundzwanzig Stunden vorher zu fasten, um der zugedachten hohen Ehre pflichtschuldigst und nach Möglichkeit nachkommen zu können. Es ist nicht nötig, das Zweckwidrige dieses Verfahrens weiter zu erörtern.

Sehr zweckmäßig und rätlich ist es dagegen, nicht unmittelbar vor Tisch Briefe zu eröffnen oder, wenn man Schriftsteller ist, seine Literaturzeitungen zu lesen und dergleichen.

In Deutschland pflegt man häufig guten Appetit zu wünschen, ja, mir wurde von einigen Wirten sogar »bester Appetit« gewünscht. Letzteres war nicht ohne Grund, welcher Grund selbst aber leider auf einer tiefen Ironie beruhte. Ersteres hat im allgemeinen immer etwas Freundliches und Sittliches. Wie aber der Staatsbürger je nach dem zeitweiligen Barometerstand ein Belobungsschreiben oder eine Nase oder nach Zeit und Ort für ein und dieselbe Leistung ein Band ins Knopfloch oder einen Strick um den Hals akquirieren kann – wie bei Westwind etwas zeitgemäß und lobenswürdig ist, welches bei Nordost als abscheulich und geradezu verdammungswert betrachtet werden muß –, also kann man sich auch mit dem Appetitwünschen ebenso sehr und leicht rekommandieren als blamieren. Es war z. B. ein ungeheurer Unterschied, ob man Griechen oder Polen eine gesegnete Mahlzeit wünschte. Und doch war die eingebrockte Suppe dieselbe. Hier gilt Takt und Politik.

Nach diesen vorbereitend-einleitenden Bemerkungen scheint es logisch richtig, zunächst von der Handhabung der Werkzeuge zu sprechen.

Es läßt plump und schwerfällig, den Löffel wie einen Hammer mit der ganzen Hand zu führen. Man faßt ihn vielmehr – eingedenk des Ifflandischen Rates, nicht die Faust zu gebrauchen, wo man mit den Schreibfingern ausreicht – zierlich mit Daumen, Mittel- und Zeigefinger, mehr wie eine Schreibfeder. Aus demselben Grunde schneidet man Suppenteile, Fadennudeln, Vermicelli etc. nicht mit Messer und Gabel, weil der Löffel dazu genügt. Will man den Löffel extra zierlich führen, so kann man dabei, wie auf altdeutschen Gemälden die Blumen berührenden Damen, den kleinen Finger von den übrigen Fingern möglichst weit ab, frei in die Luft strecken, wodurch zugleich ein etwa daran steckender Diamantring ins gehörige Licht gesetzt wird. Dagegen fordert die Führung von Messer und Gabel eine vollere Hand.

Hier begegnet man nun aber einer Handlungsweise, welche einen denkenden Künstler zur Verzweiflung bringen könnte. Man esse nämlich mit fünfzig Nichtengländern zusammen und beobachte sie – neunundvierzig davon verfahren also: Sie halten die Gabel zwar, während sie schneiden, mit der linken Hand, weil sie natürlich mit der rechten Hand schneiden. Hierauf legen sie aber das Messer aus der rechten Hand, übergeben derselben mit der linken die Gabel und führen nun mit der rechten Hand den Bissen zum Munde.

Da kein wohlerzogener Mensch gleich alles kurz und klein schneidet, so wandert denn, nach den paar verschluckten Bissen, die Gabel immer aufs neue von der rechten Hand zur linken und von der linken Hand zur rechten, und das Messer wird stets von neuem ergriffen und weggelegt.

Es ist kaum zu begreifen, wie eine so unbeholfene und täppische, plumpe und schwerfällige Manier, wodurch selbst die zartesten, feinsten, küssenswertesten Damenhändchen hufschmiedartig grob erscheinen, nicht längst aufgegeben wurde, da doch die englische Encheirese, die Gabel stets und fortwährend mit der linken Hand zu führen, als so nachahmungswürdiges Beispiel naheliegt. Aber das Ungeschickte wird immer eher nachgeahmt als das Gescheite. Kommt ein vernünftiger Eßkünstler nun mit solchen rechts die Gabel führenden Menschenkindern zusammen und führt dieselbe, wie es gescheit, zweckmäßig und schön ist, mit der linken Hand, so stößt er immer an den linken Nachbarn an, der die Gabel rechts führt, und nun statt seinen eigenen Fehler einzusehen, im Gegenteil den richtig Essenden für unrichtig, links und unbequem hält. Dergleichen ist nun wahrhaft bedauerlich, und allgemeine Änderung und Besserung sehr zu wünschen. Möchten diese Vorlesungen etwas dazu beizutragen imstande sein! Und wenn sie auch sonst nichts leisteten als nur dieses einzige, so hätten sie wahrlich mehr getan als hundert andere, die gar nichts wirken.

Hier könnte Erziehung viel tun. Wie kann man aber erwarten, daß ein Vater, ein Hofmeister oder sonstiger Mann, mit Ernst und Erfolg Führung der Gabel mit der linken Hand einschärfen wird, der sie selber nur mit der rechten zu handhaben weiß? Die Besserung muß von den Erziehern selbst ausgehen, bei ihnen selbst anfangen.

»Man könnte erzogne Kinder gebären,
Wenn die Eltern erzogen wären.«

Handelte es sich um Ausrottung von Vorurteilen, so wollte ich schweigen, weil alle Vorlesungen der Welt hier nichts helfen. Aber selbst ein ganz und gar vernagelter Mensch wird das Gute und Zweckmäßige der linken Gabelhandführung zugestehen müssen. Auch ist mir kein politisches und religiöses Bedenken bekannt, welches sich *diesem* vernünftigen Verfahren in den Weg stellen könnte. Es bleibt also nur Gewohnheit, Trägheit und Gedankenlosigkeit zu beseitigen übrig. Freilich immer noch genug. – Wenn aber der Träge überzeugt würde, daß gerade die linke Gabelführung die mühelosere, bequemere, leichtere ist, wenn der Gewohnheitsmensch bei der Ambition gepackt wird und spitzzahnige Eitelkeit die unnachdenkliche Gewohnheit in die dicken Waden beißt, so geht's doch wohl. Die Gedankenlosigkeit muß überhaupt verschwinden, sowie diese Vorlesungen Verbreitung finden. Zu dem allen nun gütigst mitzuwirken, bitte ich meine sehr verehrten Herrn Zuhörer auf das eindringlichste.

Freilich scheint die Sache anfangs einige Schwierigkeiten zu haben – aber gleich wie das »Morgenblatt« ein Klopstockisches Motto vom »Reiz des Schweren« an der Stirne trägt, ohne deshalb im geringsten weniger leicht zu sein, also ist auch das Schwierige der linken Gabelführung nur vorn am Anfang. Später ist's eine wahre Kinderei.

Ich selbst war noch als Jüngling und Bengel von vierundzwanzig Jahren gewohnt, die Gabel rechts zu führen, als der Anblick eines links und schön essenden Mannes mich für immer englisch links determinierte. Allerdings ist's nicht rätlich, die neuen Exerzitien mit fein- und kurzgeschnittenem Endivien- und Krautsalat, mit Rapunzeln und Kresse etc. zu beginnen. Aber mit Beharrlichkeit nur kurze Zeit fortgesetzt, wird diese Übung bald auch jene etwas schwerbegreiflicheren und anstechbaren Objekte mit Leichtigkeit zu überwinden ermächtigt haben.

Ich habe selbst sehr fertige Violin- und Gitarrespieler und andere Virtuosen, welche mit der linken Hand die schwierigsten Passagen mit der höchsten Leichtigkeit ausführten, dennoch die Gabel rechts führen sehen. Es kann die Sache also auch nicht an der Schwierigkeit der Sache liegen. Und in der Tat ist die Hauptursache auch die Unwissenschaftlichkeit, mit welcher man bis zur Zeit der Erscheinung dieser Vorlesungen das Essen überhaupt betrieb.

Zobel hängt einzelnen Eßregeln die Bemerkung an, wenn man allein oder zu Hause esse, dürfe man anders, weniger geniert, gröber verfahren. Dem ist auf das bestimmteste unbeugsam zu widersprechen. Wer, sagt Goethe, bei Proben tragischer Rollen die Hand in den Busen steckt, kommt in Gefahr, bei der Aufführung eine Öffnung im Harnisch zu suchen. – Wer zu Hause beim täglichen Essen die Gabel rechts führt, wird sie nie links handhaben lernen. Wer sich zu Hause keiner Serviette bedient, wird auch öffentlich nicht anständig damit zu verfahren wissen. Wer zu Hause ein Rembrandt ist, wird schwerlich anderwärts ein Raffael sein.

Virtuosität überhaupt ist im Grunde gar nichts anderes als fortgesetzte Gewohnheit – nämlich virtuose Gewohnheit. Ich reiste einst mit einem Violinvirtuosen und einem Oboevirtuosen drei Tage und Nächte ununterbrochen auf dem Eilwagen. Es war natürlich unmöglich, während dieser Zeit Violine zu spielen oder Oboe zu blasen. Als wir am vierten Tage in einer großen Stadt angekommen waren, wo sie ein großes Konzert geben wollten, fielen sie gierig über ihre Instrumente her und jammerten nun zu mir: Sie wären außer aller Übung, sie könnten nichts mehr. – Wahrscheinlich war dies auf widersprechendes Lob von meiner Seite berechnet; jedenfalls übertrieben. Doch merkte ich mir die Sache zu eigenem großen Nutzen.

Ehe man nun aber der Eßinstrumente sich bedient, werfe man mit Diskretion einen vorsichtigen Blick auf dieselben. Besonders kommt es manchmal vor, daß zwischen den Zakken der Gabeln noch etwas vom Eisenhammerschlag oder von irgendeiner anderen, nicht wohl genießbaren Substanz, welche zum Putzen verwendet wurde, befindlich ist, welche, wenn sie übersehen und nicht entfernt wird, einen sehr störenden, unangenehm knirschenden Eindruck auf die Zähne und somit auf den ganzen Menschen hervorbringt.

Es versteht sich von selbst, daß man im fraglichen Falle bemerkte Allotria auf kluge Weise unbemerkt zu entfernen habe. Ich kann auf dergleichen minutiöse Regeln nicht eingehen, weil das viel Wichtigere, welches mir zu sagen obliegt, viel zu kurz dadurch käme. So gibt auch Zobel den ausdrücklichen Rat, sich nicht in die Serviette zu schneuzen. Obschon nun, nach einer bereits angeführten Stelle Winckelmanns, zu vermuten steht, daß dies bei Griechen und Römern je zuweilen vorgekommen, kann doch davon nicht weiter die Rede sein. Derselbe Zobel empfiehlt, fette Finger nicht mit der Serviette, sondern mit Brot abzuwischen. Wie widerlich! – Hier liegt die spießbürgerliche Idee zugrunde, die Servietten möglichst zu schonen. Die Bestimmung der Serviette auf der Welt ist aber gerade die, nicht geschont zu werden. Es ergibt sich aber hieraus noch die zu beherzigende Regel: Zweck des Eßbaren ist das Gegessenwerden – jeder andere Gebrauch, der bei Tisch davon gemacht wird, ist zweckwidrig, herabwürdigend, appetitstörend. So streicht auch mancher gute Hausvater am Messer haftende Fleisch- und Fetteilchen sorgfältig aufs Brot, welches er dann noch einmal so gerne ißt, weil er auf diese Art »nichts hat umkommen lassen«. Löffel, Messer und Gabel sind durchaus an der Serviette zu reinigen, da, wenn sie nicht gewechselt werden – in welchem Fall ein Abwischen derselben nicht nötig ist –, sonst gar nichts zu tun übrigbleibt.

Übrigens schneidet man manche feuchte Mehlspeisen wie Pudding, Klöße etc. nicht, weil sie durch den Druck des Messers patzig werden und an Wohlgeschmack verlieren, sondern man trennt sie durch zierliches Zerreißen, natürlich nicht mit den Fingern. Brot aber kann man, wenn man anders nicht symbolisieren will und das Brot nicht ganz neugebacken ist, nach Belieben brechen oder schneiden. Einige Schriftsteller sind sehr eigensinnig absolut fürs Brechen.

Bei der Handhabung der Serviette wird, besonders von Frauenzimmern und jungen Herrn – von eigentlichen Stutzern als nur uneigentlich zum Menschengeschlecht gehörig ist gar nicht die Rede –, sehr viel kokettiert. Dieses ewige Herumwerfen, Hervorziehen und wieder Zurechtlegen, wie man es so oft sieht, ist sehr lächerlich. Unstatthaft ist dagegen auch das Festbinden der Serviette im Knopfloch oder sonst. Es erinnert an das Schurzfell eines Handwerkers, es läßt auf zu eifrigen Vorsatz einer dauernden Arbeit, die man zu ernst nimmt und gar nicht zu unterbrechen gedenkt, schließen; es erscheint gar zu auffallend und absichtlich und: – »man fühlt die Absicht und ist verstimmt.«

Man breite also die Serviette ruhig über den Schoß und bediene sich ihrer mit Ökonomie. Wer die Serviette unentfaltet beiseite legt und sich ihrer nicht bedient, entfaltet dagegen seinen Charakter dadurch um so mehr und spricht die Art seiner Erziehung, seines häuslichen Lebens und seines Geschmacks und Sinns, ohne ein Wort zu sprechen, sehr sprechend aus. Dies merke man wohl. Der Mensch ist, wie er ißt. Wie man aber aus dem Essen eines Menschen wohl abnehmen kann, was in und an ihm ist, so kann man auch von einem Menschen, hinter dessen eigentliches Sein oder Nichtsein man gekommen ist, unschwer aussagen, wie er essen wird. Ich hatte einmal mit einem jungen Mann eine halbe Stunde lang gesprochen, als ich ihn fragte, ob er nicht, wenn er Nüsse bekäme, alle nacheinander aufknackte, die Kerne zusammenlegte und erst, wenn er alle Nüsse aufgeknackt, alle Kerne esse. Er bejahte es, mit dem Bemerken, daß er nicht begreife, wie ich das wissen könne.

Hager verlangt von jungen Leuten, sie sollten bei Abendmählern das Licht mit guter Art putzen und fleißig zusehen, daß mit dem Gestanke der Lichtputze niemand beleidigt oder das Licht gar ausgeputzt werde. Allerdings ist beim Lichtputzen Gestank zu vermeiden, ob aber gerade junge Leute dazu berufen seien, ist eine andere Frage. Es ist überhaupt was sehr Verfängliches ums Lichtputzen, womit man sich noch dazu selten jemandes Dank verdient. Oft brennen aber die Lichter gar zu finster und düster, so daß man selbst fast nichts mehr sieht, und da bleibt denn freilich nichts übrig, wenn sich niemand anders dazu findet, es selbst »auf gute Art« zu versuchen.

Soviel über die Handhabung der Instrumente. Es soll nun vom Kauen, Kosten und Schlingen oder Schlucken, vom diskreten Gebrauch der Nase, von anderweitigen Naturalien, Eructieren, Schneuzen, Gähnen etc. die Rede sein. Allgemeine und besondere Kautelen, Kunst- und Klugheitsregeln in Beziehung auf den Essenden selbst und die Mitessenden und auf Wahl und Behandlung der Speisen nach Qualität und Quantität dürfen nicht fehlen.

Nicht nur zur Bestätigung der schon berührten Übereinstimmung der späteren Eßlehrer mit Sirach, sondern auch um hierher gehörige Grundregeln zusammenzufassen, folge Folgendes:

Sirach führt den Reichen, indem er spricht: »Wenn du bei eines reichen Mannes Tische sitzest, so sperre deinen Rachen nicht auf und denke nicht, hier ist viel zu fressen. Greif nicht nach allem, was du siehst, und nimm nicht, was vor dir in der Schüssel liegt.

Nimm's bei dir selbst ab, was dein Nächster gern oder ungern hat, und halt dich vernünftig in allen Stücken.

Iß wie ein Mensch, was dir vorgesetzt ist, und friß nicht zu sehr, auf daß man dir nicht gram werde.

Um der Zucht willen höre du am ersten auf, und sei nicht ein unersättlicher Fraß, daß du nicht Ungunst erlangest.

Wenn du bei vielen sitzest, so greif nicht am ersten zu.

Ein sittiger Mensch läßt ihm am Geringen genügen, darum darf er in seinem Bette nicht so keuchen. Und wenn der Magen mäßig gehalten wird, so schläft man sanft, so kann einer des Morgens frühe aufstehen und ist fein bei sich selbst. Aber ein unersättlicher Fraß schläft unruhig und hat das Grimmen und Bauchwehe.

Wenn du zuviel gegessen hast, so stehe auf und gehe weg und lege dich zur Ruhe.«

Obgleich nun Herr von Rumohr das Bezügliche aus Hagers »Jugendspiegel« schon abdrucken ließ, heischen doch Zusammenhang und Vergleich, daß dies auch hier geschehe. Hager lehrt aber also:

»Sitze aufrecht und sei nicht der erste, in die Schüssel zu langen. Schlürfe die Speisen, etwa die Suppe, nicht hinein wie ein Schwein, blase die Kost auch nicht, daß es allenthalben umherspritze. Schnaube nicht wie ein Igel; trink auch nicht zum ersten; sei mäßig und meide die Trunkenheit. Trink und iß so viel, als dir Not ist; darüber getan gebieret Krankheit.

Wenn nun jedermann in die Schüssel gegriffen hat, so greife zuletzt auch hinein.

Deine Hände müssen nicht lange auf dem Teller liegen. Schlenkere auch nicht mit den Füßen hin und her unter dem Tische wie ein Leinweber.

Das Angebissene tunke nicht wieder in die Schüssel. Lecke die Finger nicht ab, auch benage kein Bein, sondern schneide mit dem Messer davon, was du essen willst.

Wann du die Zähne stocherst, so halte die eine Hand vor den Mund. Das Brot schneide nicht vor der Brust. Iß, was zunächst vor dir liegt, und greife nicht an einen andern Ort; drehe auch die Schüssel nicht herum, daß vor dir komme, was dir gefällig ist.

So du Fleisch willst vorlegen oder Fisch, so tu es mit dem Messer und nicht mit den Fingern, wie heutigen Tages etliche Nationen gewohnt sind.

Schmatze nicht wie eine Sau über dem Essen. Dieweil du issest, kratze dein Haupt nicht. Fege auch nicht an der Nase.

Du sollst auch nicht zugleich essen und reden, denn solches ist bäuerisch.

Oft niesen, sich schneuzen und husten stehet nicht wohl an.

Wenn du ein Ei issest, so schneide zuvor das Brot. Mache die Brocken nicht zu groß oder lang. Sieh darauf, daß dir nichts daneben abrinne, und iß es bald. Die Eierschalen zerbrich nicht; lege sie wieder in die Schüssel, und während du am Ei issest, trinke nicht darein.

Mache das Tischtuch oder das Wams nicht unsauber. Mache auch nicht um deinen Teller von Beinen, Brotrinden und dergleichen eine Schütte herum wie die Schanzgräber.

Wirf auch die Beine nicht unter den Tisch, damit von den Hunden kein Scharmützel entstehe und die Beisitzenden darob eine Unlust empfänden. So du gegessen hast, wasche deine Hände und das Angesicht, spüle den Mund aus und sage Gott für seine väterliche Wohltat Lob und Dank.«

Aus des Magister Graf »höflichem Schüler« mögen die leider so oft vergessenen Verse in Erinnerung gebracht sein:

»Wenn du dich schneuzen willst, so mußt du nicht posaunen,
Daß andre vor dem Ton erschrecken und erstaunen.
Beim Gähnen sollst du gleich die Hand zum Munde bringen,
Daß nicht dein Nachbar glaubt, du wolltest ihn verschlingen.«

Doch findet sich noch gar manches Beherzigenswerte bei diesem Autor, welches nur aus Furcht unnötiger Breite und nur ungerne weggelassen wird, da dieses Werk in neuerer Zeit sich etwas rar gemacht. Auch Zobels Handbuch kommt nicht mehr oft vor. Zobel aber gibt folgende Vorschriften:

»Lehne noch lege dich nicht auf den Tisch; die Hände magst du wohl ein wenig über dem Tisch halten, doch daß du nicht mit dem Ellenbogen dazu kommest noch weder mit Messer, Gabel oder Teller einiges Getöse verursachest.

Lange bescheiden zu und nimm auf einmal nicht mehr, als sich's fügt.

Laß nichts aufs Tischtuch noch auf die Kleider fallen, weswegen du dich mit dem Haupt ein wenig über den Teller biegen kannst.

Blase nicht, wenn etwa die Suppe oder auch eine andere Speise noch zu heiß wäre, sondern rühre sie ein wenig mit dem Löffel um oder warte so lange, bis die Speise selbst erkaltet. Verbrennest du dich aber mit etwas, so trag's mit Geduld und laß dich's nicht merken, wo es anders möglich ist. Ist aber der Schmerz zu groß, so siehe zu, daß du geschwind den Teller zum Mund bringest, halte die eine Hand für und wirf es auf den Teller, den du hernach einem hinter dir stehenden Diener geben oder selbst wegtragen kannst, denn die Gesundheit muß der Höflichkeit vorgezogen werden. (Diese Verfahrensweise ist nicht zu billigen. Zobel vergißt hier die Serviette, mit welcher dergleichen am besten maskiert wird.)

Das Brot schneide mit dem Messer oder, so es zu neugebacken wäre, brich es mit den Fingern; aber mit den Zähnen abzubeißen ist nicht erlaubt. Wird dir aufgetragen, einem andern das Brot zu überreichen, so tue solches nicht mit bloßer Hand, sondern mit einem Teller.

Des Salzes kannst du dich mit einem Messer, welches nicht mit Fett beschmiert ist, aus dem Salzfasse bedienen und eine Messerspitze voll auf den Rand deines Tellers legen; aber ja nicht mit den Fingern danach langen, noch weniger deinen Bissen in das Salzfaß tunken, welches nur ungehobelte Leute also zu machen pflegen.

Wann den Gästen vorgelegt wird, so lange deinen Teller nicht hin, dir auch etwas zu geben, sondern warte, bis man dir etwas darreicht. Neige dich mit dem Haupt und lange mit höflichen Mienen den vor dir liegenden Teller dagegen hin.

Leget man dir etwas vor, so du nicht gerne issest, so sage nicht: Ich esse keinen Hasen, ich kann nicht essen, wo Pfeffer, Muskate, Zwiebel und dergleichen darauf ist. Sondern nimm alles an, was man dir gibt, und zwinge dich, soviel möglich, etwas davon zu essen. Wäre aber ein gar zu heftiger Widerwille für eine Speise bei dir, so laß dich's nicht merken, sondern iß von etwas anderem und ersiehe Gelegenheit, wie du das, so dir so gar sehr zuwider, heimlich hinwegpraktizierest. Es bestehet aber gar viel in der Einbildung; und wenn sich nur mancher Mensch etwas kasteiete und seinen Begierden nicht allzusehr nachhängen wollte, so würde er viele dergleichen üble Gewohnheiten ablegen.

Langet jedermann selber in die Schüssel, so warte, bis die Reihe an dich kommt, greife alsdann nicht nach dem Besten vor eines andern Ort, sondern bleibe bei dem, was vor deiner Türe liegt, lange auch nicht zu oft hinein und hole alle Krümchen mit der Gabel hervor, sondern versiehe dich auf ein- oder ein paarmal.

Iß nicht zu geschwinde oder geizig, wenn du auch noch so großen Hunger hättest, damit du dich nicht überfrissest und den Hals zu voll fassest. Iß vielmehr langsam, ehrbar und daß du nicht für einen unersättlichen Fraß angesehen werdest. Füge auch im Essen die Lippen wohl aufeinander, damit du nicht schmatzest noch schlappest wie die Hunde oder anderes Vieh.

Die Beine oder Knochen fasse nicht mit der ganzen Hand an wie eine Pfeife, sondern mit dem Daumen und Zeigefinger oder auch wohl noch mit dem Mittelfinger einer Hand; denn zweier Hände bedienen sich die Vielfraße. Nage nicht daran, wie es die Hunde und Katzen machen. Sauge auch nicht daran, daß es die Anwesenden hören; brich sie weder mit dem Messer noch anders womit entzwei, stoße sie auch nicht auf den Teller, um das Mark davon zu bekommen, sondern sei zufrieden, wenn du allmählich das Fleisch davon geschnitten. Alsdann lege sie vor dich auf den Teller und laß keines auf die Erde fallen.

Merke anbei, daß du über der Mahlzeit nicht von guten Leckerbißlein redest noch die vorhandenen Speisen und Brühen tadelst, welches ein offenbares Kennzeichen eines wollüstigen Gemütes und einer schlechten Auferziehung wäre.«

Sehr angenehm zu lesen sind die Eßregeln, welche Don Quijote seinem Sancho gibt, da dieser als Statthalter nach seiner Insel abzieht, wobei besonders vom mit vollen Backen Kauen und Eructieren die Rede ist.

Sowohl zur Ergänzung als Berichtigung des Angeführten ist nun weiter zu bemerken:

Daß durch gute Erziehung, wie zu aller, so auch zur Ausbildung des Eßkünstlers von vornherein das Ersprießlichste zu leisten ist, wird niemand widerstreiten. Der zu hoch gehängte Brotkorb wird viel weniger schaden als das leider so häufige Verzärteln, Verziehen, die Nachsicht gegen Gefräßigkeit, Naschhaftigkeit und Leckerei. Dem ist mit Energie und Konsequenz vom Hause aus zu steuern, wenn der junge Mensch nicht, oft für immer, zum wahren Eßkünstler verdorben werden soll.

Doch mute man auch den Kindern nicht gar zuviel zu, vermeide zu schwere Versuchungen, denen auch Erwachsene unterliegen würden, und sei doch nicht allzustrenge. Zur Bestätigung alles dessen kann ich einen traurigen Beitrag in folgender tragischer Geschichte mitteilen:

Ein überaus naschhafter Apothekerlehrling war dieser Unart wegen von seinem etwas groben Herrn öfters hart, jedoch stets erfolglos gezüchtigt worden. Der Herr, ein Mann ohne Religion, wie die Leute sagten, naschte so gern als der Lehrling und verzieh deshalb diesem um so weniger, weil sein eigner Genuß dadurch beeinträchtigt wurde. Wie Lehrlinge zu allerlei Verrichtungen gebraucht werden, wegen welcher sie keineswegs in die Lehre geschickt wurden, so hatte eines Tages der Unglückliche, von dem ich spreche, den sehr verfänglichen Auftrag erhalten, in temporärer Abwesenheit der Köchin auf ein bratendes Spanferkel achtzuhaben und dasselbe mit Butter zu bestreichen. Der wonnigliche Duft dieses leckern Gerichtes war viel zu lockend, als daß der leicht verführbare Jüngling hätte der Versuchung widerstehen können. Einige Blasen, die sich auf der lieblich bräunlichen Haut des Spanferkels gebildet hatten, verlockten den Unglückseligen, sie niederzudrücken. Die Haut war aber schon so gar gebraten, daß sie mit krachendem Knistern einbrach und sich senkend löste. Im Wahne, das abgelöste Fleckchen würde sich durch längeres Braten und Butterbestreichen wieder bräunen und auf diese Art komplettieren – was man heftig wünscht, glaubt man gern –, naschte er das Stückchen Haut weg. Es schmeckte ihm jedoch so allerliebst, und sowohl die reizende Kürze des so spärlichen Genusses als die reiche Masse des noch zu genießenden vorliegenden Objektes, welches sich ja, *ex hypothesi,* ebenso gut supplieren konnte, brachte ihn dahin, daß er im Wonnetaumel der Geschmackslust, im Wirbel seliger Vergessenheit fast die ganze gar zu schmackhafte Hülle des ihn so süß anlächelnden Ferkels verzehrt hatte, als die Köchin herbeikam, die schreckliche Entstellung des zarten, nun schaudrig hautlos nackten Gerichtes mit Schreck und Grausen gewahrte und mit der furchtbaren Drohung: der Herr würde ihn diesesmal ob des unerhörten Frevels unfehlbar totschlagen, den Sünder aus seinem Taumel weckte und zugleich in das tiefste Entsetzen, in die trostloseste Angst stürzte.

Er floh, um sich zunächst auf seinem Schlafkämmerlein der Prügelpein, die seiner wartete, zu entziehen. Um dahin zu gelangen, mußte er vor der Materialkammer vorbei. Sein Entschluß war gefaßt. Der so oft und schwer Mißhandelte, diesmal das Qualvollste fürchtend, gleich mächtig niedergedrückt von Gewissensbissen und Furcht, ergriff ein großes Glas, dessen Inhalt ihm sein Herr warnend als ein neues, erst aus Brasilien angekommenes, Gift bezeichnet hatte, nahm es mit in sein Kämmerlein und genoß die tödliche Speise.

Er hatte sich, den Tod erwartend, zu Bette gelegt. Das Gift aber wirkte langsam, so daß er, um sein Ende zu beschleunigen, den ganzen Inhalt des Glases, welcher nichts weniger als bitter schmeckte, zu sich zu nehmen veranlaßt ward.

Wutentbrannt, mit dem Prügel in der Hand, stürzte nun der Herr herein. – Um Gottes willen, winselte der geängstigte Lehrling, lassen Sie mich ruhig sterben, ich habe mich vergiftet. – Jetzt kehrte sich der Schreck plötzlich dem Apotheker zu. Im Nu standen alle die Giftarten ihm vor Augen, die er zu Nutz und Frommen der leidenden Menschheit und Viehheit vorrätig hatte, und statt loszuschlagen, fragte er ängstlich teilnehmend nach dem Namen des gewählten Giftes. Weinend deutete der Lehrling auf das leere Zuckerglas. Es waren eingezuckerte Nüsse gewesen, die der Herr dem Lehrling als Gift angegeben hatte, um sie um so sicherer vor dessen Naschhaftigkeit zu schützen. – So sind denn Nüsse und Ferkel zum Teufel, schrie der Apotheker und zerplatzte vor Lachen. »Handwerker trugen ihn. Kein Geistlicher hat ihn begleitet.«

Viele Eltern und Erzieher fehlen nun auch darin, daß sie der Jugend das Brotessen über Tisch und zu allen und mit allen Speisen zu sehr einschärfen. Es ist gar nicht selten, daß man Brot zur Suppe essen sieht, welches einem beobachtenden Eßkünstler geradezu lächerlich erscheint. Die guten Brotesser denken überhaupt nicht daran, daß, je mehr sie

Brot essen, sie sich um so mehr der Kapazität für andere Speisen berauben.

Wird ferner Brot zu Braten, Käse etc. gegessen, so ist dies zwar, wie die vorige Vorlesung gezeigt, im Prinzip richtig, aber meistens in der Ausführung falsch. Durch das gleichzeitige Kauen von Brot und irgendeiner Speise geht nämlich der spezifische Geschmack der Speise großenteils verloren; man kaue also abwechselnd je die Speise allein und das Brot allein etc. Auch dies habe ich schon bemerkt, wiederhole es aber als wichtig und, weil gerade hiergegen allermeist verstoßen wird, geflissentlich. Ich kenne alte Leute, welche zwar wissen, wie eine gewisse Mischung von Brot und Käse, aber nicht wie Käse selbst schmeckt, da sie, so oft sie auch dergleichen aßen, doch jedesmal von vornherein so viel Brot in den Mund stopften und damit kontinuierten, daß sie hinter den eigentlichen, reinen Käsegeschmack, hinter den Käse schlechthin, gar nicht kamen.

Nicht selten bemerkt man vorzugsweise Herbivoren, die sich so ausschließlich an die Gemüse halten, daß sie aufliegende Kotelettes etc. gar nicht nehmen. Sie sollten sich hüten, so viel Einseitigkeit zur Schau zu tragen. Das Gemüse ist ja bloß der geforderte vegetabilische Gegensatz, das *Accessorium*, und *Accessorium sequitur suum principale,* lehrt das römische Recht mit Recht.

Den Gebrauch der Nase anlangend, gilt als Grundsatz: Jede Prüfung einer Speise durch direktes Beriechen mittels unzweideutiger Annäherung der Nase an den Gegenstand ist als unschicklich, roh und andere im höchsten Grade störend auf das bestimmteste zu mißbilligen.

Ferner ist der Jugend einzuschärfen, daß von dem, was man einmal der Schüssel oder dem Präsentierteller entnommen und auf seinen eignen Teller gebracht, niemals etwas auf jenen zurückgebracht werden darf – auch nichts ohne Not in den Mund zu nehmen sei, was man wieder heraustun muß.

Für den Fall, daß etwas aufgetragen wird, welches man noch nicht gegessen und womit man nicht zu verfahren weiß, raten alle Schriftsteller einstimmig, man solle warten und zusehen, wie es andere machen. So könnte es freilich kommen, daß zwei und mehr beisammensäßen und jeder auf den andern wartete, und wer kennt nicht ähnliche Ereignisse im Leben und in der Weltgeschichte, bei denen dies wirklich der Fall war und wobei bald die am ersten zugegriffen, bald die am längsten gewartet hatten, am meisten zu kurz kamen? – Oder es riskiert einer, ohne Regel zu verfahren, und ein anderer macht's nun nach, indem er glaubt, jener verstünd's. Der Erfolg hängt vom Zufall ab. Es ist schwer, hier eine allgemeingültige Vorschrift anzustellen, und auch Sallusts goldne Regel, vorher reiflich nachzudenken und nachher zu handeln, sowie der Pandektengrundsatz: *In obscuris inspici solet, quod verisimilius est, aut quod plerumque fieri solet,* lassen oft gerade da im Stich, wo sie einem beifallen. Was nützen einem schüchternen Jüngling, der noch keine Artischocke, keinen Krebs gegessen hat, im Notfalle allgemeine Regeln? Doch fährt man mit dem Rat, sich der Majorität anzuschließen, immer allerliebst.

Es wird aber aus allem klar, wie nötig es sei, sich nach guten Mustern zu bilden. Sowie man einen Menschen, der auf der Manège reiten gelernt hat, leicht von dem noch so guten naturalistischen Reiter zu unterscheiden vermag, also erkennt ein geübtes Auge auch den Eßnaturalisten auf den ersten Blick. Eine solche liebe Unschuld wird bei allem Appetit doch eine gewisse Befangenheit nicht von sich wegbringen, sie wird sich möglichst an die Suppe halten und nachher von dem eigentlichen Essen um so weniger profitieren können. Wird ihr von einem gebratnen Hähnchen Kopf und Flügelstück zuteil, so läßt sie Kamm und Hirn, das Delikateste, unberührt liegen, ebenso beim Braten das in der auseinandergehauenen Rückenwirbelhöhle liegende, lieblich schmeckende Rückenmark. Das beste am Knochen haftende Fleisch bleibt ungegessen, weil man sich durch zu sorgfältiges Abpräparieren zu kompromittieren fürchtet, und so hundert andere Dinge mehr. Man erkennt überhaupt den Nichteßkünstler besonders an dem, was er nicht ißt.

Sieht so ein noch nicht zum Eßkünstler gereifter Mensch etwa die Köchin schnupfen – ich ziehe Köchinnen Köche vor –, bemerkt er zufällig ein zartes langes oder gekräuseltes kurzes Frauenhaar in der Suppe, ein kleines Räuplein im Blumenkohl oder dergleichen, so kann das liebe Herz nichts mehr essen, oder es wird ihm gar übel. Sehr richtig sagt Mephistopheles: Wer fragt danach in einer Schäferstunde?

Buchstäblich zu beherzigen ist Goethes Rat:

»Du mußt dich niemals mit Schwur vermessen:
Von dieser Speise will ich nicht essen.«

Ad semel renunciatum non amplius datur regressus, sagt das *corpus juris.* – Von gleicher Unerfahrenheit zeugt es, ein erhaltenes Stück als zu groß zu beschreien. Bist du denn sicher, unbesonnener Jüngling, ob sich durch Essensehen und Selberessen nicht dein Appetit so vollkommen entwickelt, um sich deinen unbedachtsamen Worten nicht schnurstracks und quälend entgegenzusetzen? Kennst du die giftigen Schlangenbisse der Reue?

Es sind nun bald fünfzig Jahre, daß ich einmal morgens in ein befreundetes Haus kam, wo man gerade auf das freundlichste mit einem Gabelfrühstück der exquisitesten Neunaugen beschäftigt war. Man lud mich ein, und ich – es ist mir nun fast unbegreiflich, warum eigentlich? –, jung, dumm und unerfahren, gab bestimmt abschlägige Antwort. Vergebens hoffe ich auf eine wiederholte Einladung. Man aß vor meinen sehnsüchtig schmachtenden Blicken fort, und ich hatte die Qual, zusehen zu müssen. Niemals sind diese fürchterlichen, reuezermalmenden Augenblicke aus meinem Gedächtnisse entschwunden, fast täglich werden sie durch prosaische und poetische Reminiszenzen aufs neue lebendig, und wohl verfolgt mich diese bittre Reue, bis dies arme Herz aufgehört zu schlagen.

Über die Lehre vom Reputationsbissen, d. h. über das Postulat, nicht alles aufzuessen, sondern ehrenhalber etwas auf dem Teller liegen zu lassen, bemerke ich nur kurz, daß sie gegenwärtig mit Recht nicht nur als obsolet betrachtet wird, sondern deren Befolgung auch jetzigen reiferen Begriffen widerspräche. Der Bewirtende kann durch nichts auf schmeichelhaftere und augenfälligere Weise zu der genugtuenden Überzeugung gelangen, daß alles gut war, als wenn alles aufgegessen wird. Daß man aber nicht alles auftunken, den Teller nicht ängstlich von aller Sauce etc. reinigen solle – daß man nicht von allen präsentierten Speisen zu essen braucht, wenn man nicht selbst Lust hat –, daß man namentlich Nachbarinnen auf das aufmerksamste zu bedienen habe –, daß man nicht eher um etwas bitten soll, als es gewährt werden kann, z. B. tranchiert ist –, daß man beim Dessert, wo es der Anstand erfordert, satt zu sein, nicht erst recht anfängt, sich etwa ein großes Stück Butterbrot streicht, und anderes dergleichen verdient keine ausführlichere Erwähnung.

Obgleich ich von einem bedeutenden Kunstakademiker Käse mit der bloßen Hand habe anfassen sehen, so verdienten doch junge Leute, welche sich dieses erlauben, auf die Finger geklopft zu werden. (Der Usus, Käse ohne Gabel, bloß mit dem Messer zu Munde zu führen, stützt sich auf den Grundsatz: *quod fieri potest per pauca, non fieri debet per plura.*) Obst aber, Konfitüren etc. nimmt man mit der bloßen Hand, wobei es jedoch nicht nötig ist, wie neuere Anleitungen fordern, dasselbe gerade beim Stiel anzufassen. Dies läßt allerdings bei Trauben z. B. gut; mehr als überflüssig ist dieser Rat aber, wenn das Obst gar keinen Stiel hat.

Hippel bemerkt schön: Obst aus Frauenzimmerhänden wäre wie beinahe vom Baume.

Da ich vom Essen handle, kann ich zwar die Tischgespräche nicht umgehen, aber ebensowenig lange dabei verweilen.

Wenn es allerdings unschicklich ist, Speisen zu tadeln, so ist's doch auch höchst lästig, sie in einem fort loben zu sollen. Oft kommt man vor lauter Loben gar nicht zum Essen. Ach, wie manches Gastmahl, wie manche Kunstsammlung ist mir dadurch schon aufs trübste verleidet worden! Die Eßkunst ist eine freie Kunst, und alles Forcierte, jeglicher Zwang zum Essen und Loben ist gleich verhaßt. Wie schrecklich ist's, wenn einem was schmecken muß! – Lob aber mit Diskretion, z. B. nur durch strahlende Heiterkeit des Antlitzes, durch reichliches, starkes Essen etc. ausgedrückt, ist oft viel aus- und eindrucksvoller und viel wahrer, ermutigt auch andere sehr; wie umgekehrt eine widerliche ekelnde Miene vielen den Appetit stören kann und überhaupt unverzeihlich ist.

Während nun aber die Kunstkritik ein motiviertes Urteil verlangt und die Exklamationen: Gut! Schön! Sehr gut! Sehr schön! Vortrefflich! etc. als eigentlich nichtssagend mit Recht verwirft, so sind gerade bei Urteilen über Speisen weitere Motivierungen und Begründungen unzulässig, und z. B. die mit Ausdruck und entsprechenden Gesichtszügen vorgebrachte kurze Interjektion: »Delikat!« ist hier viel besser als die längste Auseinandersetzung eines Urteils.

Goethe sagt als Hofmann sehr richtig: Von Rechts wegen soll eine gesellige Unterhaltung nur etwas mehr als nichts sein. – Es ist aber schwerer, als mancher glaubt, nichts zu sagen. Auch haben die wenigsten Menschen (manche aber wider Wissen und Willen) diese hohe Stufe der Zivilisation erreicht. Die meisten betrachten Essen und Reden überhaupt wie Ein- und Ausatmen und mögen lieber gar nicht essen, wo sie nicht etwas sagen dürfen.

Die Hauptsache ist, wenigstens beim Essen, Heiteres, Leichtes, Appetitliches, Objektives, Freundliches, Angenehmes, Wohlwollendes zu sagen und von allem dem das Gegenteil zu vermeiden, wie denn auch Sirach spricht: »Pfeifen und Harfen lauten wohl, aber eine freundliche Rede besser denn die beiden.« Unter jenem Leichten ist aber nichts weniger als Anekdoten gemeint. Es ist allemal vorauszusetzen, daß von vierundzwanzig erzählten Anekdoten dreiundzwanzig bereits anderen bekannt sind, die nun die Pein haben, tun zu müssen, als erführen sie dieselben zum ersten Mal. Mit den in diesen Vorlesungen erzählten verhält es sich ganz anders. Die sind alle funkelneu.

Geraten Gäste in Disput, so rede man ja nichts drein. Wird man zu einem Urteil aufgefordert, so sage man: die Wahrheit liegt in der Mitte – und esse ruhig weiter. Während andere disputieren, hat man Gelegenheit, die schmackhaftesten Bissen zu Leibe zu nehmen.

Übrigens ist beim Essen jedes andere heitere Gespräch passender und interessanter als eines übers Essen. Weiteres würde mich zu weit abführen. Gegen eine gewisse, Essen und Sprechen gleichmäßig beeinträchtigende Aufregung, genierte Spannung und zappelnde Ungeduld, welche jungen Leuten bei größeren Gastmählern und ungewohnter zahlreicherer Umgebung eigen zu sein pflegt, in welcher sie besonders leicht Gefahr laufen, dumm zu reden, helfen Regeln nichts, sondern, wenn überhaupt etwas, allein Zeit und Übung. Gut ist's, Sirachs Rat zu befolgen: »Ein Jüngling mag auch wohl reden ein Mal oder zwei, wenn's ihm not ist, und wenn man ihn fragt, soll er's kurz machen und sich halten, als der nicht viel wisse, und lieber schweigen. Und soll sich nicht den Herren gleich achten, und wenn ein Alter redet, nicht dreinwaschen.«

Von den Bewegungen und Zuständen des Gemütes, die man vermeiden soll in sich selbst oder in anderen während des Essens anzuregen, oder zu unterhalten, ist im schon oft belobten »Geist der Kochkunst«, Seite 173 und folgende der zweiten Auflage, so erschöpfend gesprochen, daß ich bitte, diese Stelle nachzulesen.

Der angehende Eßkünstler wird aber wohl tun, auf Reisen seine weitere Ausbildung zu komplettieren. Da es kaum möglich ist, sich mit der Küchenterminologie der verschiedenen Völker vorher irgend genügend bekannt zu machen, so müssen vorläufig die allgemeinen Sprachkenntnisse genügen. Hat der Eßkünstler viel Geld, so hat er freilich um so weniger Sprachkenntnisse nötig; inkommodieren aber werden sie ihn keinesfalls. Mir begegnete in Italien ein Kunstgenosse, welcher wußte, daß *aglio* Knoblauch heißt, den er nicht leiden konnte. Kam er in ein Gasthaus, so schüttelte er mit dem Kopfe und sagte: Nix (nichts) *aglio!* – Damit, versicherte er, käme er recht gut fort. Doch ist's bedenklich. In Paris lockte schnöder Übermut einige Kunstgenossen, welche schon etwas längere Zeit da verweilt hatten, einem neuen Ankömmling, der kaum so viel Französisch verstand als der oben erwähnte italienische Reisende Italienisch, manchen Streich zu spielen. Da er sich durch seine Freunde die einzelnen Speisen nach der Karte bestellen lassen mußte, so war die Gelegenheit doch gar zu verführerisch, ihm statt der gewünschten Suppe: Salat, statt des erwarteten Kalbsbratens: Schweizerkäse etc. zu bestellen und mit der Suppe schließen zu lassen, wobei dann der hilflose Zorn des Wackeren in deutscher, sehr verständlicher und eindringlicher Sprache, mit vielem Ausdruck auf das anmutigste und ergötzlichste sich zu äußern Anlaß fand.

Kommt der reisende Eßkünstler nach Berlin, so sage er nicht: Sauerkraut, Kartoffel etc., sondern Erdtoffel, Sauerkohl, sonst sieht man ihn über die Achsel an und sagt: er wäre aus dem Reich. Er lerne, was Rippespeer zu deutsch heißt, ergötze sich an süß gebratnem Hasen, studiere Mäßigkeit, wozu er sehr gute Gelegenheit hat, und übe sich, Tee und Butterbrot für ein Abendessen anzusehen. Zu ebenso ergötzlichem als verdauungsbeförderndem Lachen wird er sich veranlaßt sehen, wenn er wahrnimmt, wie die dortigen Menschen ein Monopol auf die gesunde Vernunft zu haben glauben und dies ihm selber sagen. Befremden darf es ihn nicht, wenn er eine nichts weniger als kleine Rechnung bezahlt hat und der Kellner bemerkt, er hätte gesehen, daß der Herr auch Senf genommen, dies mache sechs Pfennige mehr. Ländlich, sittlich!

In Wien hat er dergleichen nicht zu besorgen, und wenn er dem Kellner mittags und abends jedesmal sechs oder auch nur drei Kreuzer extra gibt, so wird er gut fahren. Es gibt aber in Wien eine gewisse Paprikasauce, womit Neuankömmlinge jezuweilen von älteren Kunstgenossen gehänselt werden. Wenn er weiß, daß Paprika auf deutsch *capsicum annuum* heißt, wird er die Warnung mit Dank erkennen. Liest er auf dem Speisezettel »Ungarisches Rebhuhn«, so erwarte er nichts Besonderes, denn es ist bloß Ochsenfuß.

Übrigens bedarf es meiner Worte nicht, um erst darauf aufmerksam zu machen, wieviel in fraglicher Beziehung in der fröhlichen Kaiserstadt zu profitieren ist, wozu nicht das Geringste dazu beiträgt, zu sehen, daß es jedem schmeckt und daß sich's ringsum jeder schmecken läßt. Ich kenne keine andere Stadt, von der ich dies im gleichen Maße zu sagen wüßte. Im übrigen aber steht's wie gegenwärtig anderwärts eben auch. Bekanntlich sind Friedrich der Große und Joseph II. gestorben.

Frankfurt am Main und die Rheingegenden werden den reisenden Eßkünstler zunächst mit der Musterhaftigkeit guter Bedienung bekannt machen, die freilich von der in Paris übertroffen wird. Ich erinnerte daselbst einmal ein Beefsteak, welches trotz der prompten Bedienung zufällig etwas lange ausblieb – *»une petite seconde, et vous l'aurez«,* sagte der Garçon. Man kann nicht mehr verlangen.

Die schönsten natürlichen Eßstilleben wird er im Palais royal zu beobachten und zu genießen Gelegenheit haben. In dieser Beziehung übertrifft das Palais royal allerdings den Markusplatz in Venedig. Aber da sieht man eben das Meer! – Ist der reisende Eßkünstler zugleich ein Gelehrter, so wird er wohl oft im sogenannten Lateinischen Viertel zu essen sich gemüßigt sehen. Hier wird er dem höflich-groben *Pain à discrétion!* auf den Speisekarten begegnen und sich danach achten. Genau wird er merken, welche einzelnen Speisen er gehabt, da er diese beim Bezahlen der am Ein- respektive Ausgang sitzenden *dame du comptoir* namhaft zu machen hat. Ist ihm etwas entfallen und er weiß es nicht zu benennen, so wird er die Entdeckung zu machen Gelegenheit haben, daß er etwas einfältig dasteht. Schon deshalb wird er die Notwendigkeit einsehen, sich mit der kulinarischen Terminologie vertraut zu machen, außerdem könnte es ihm auch widerfahren, daß er eine pompös klingende sesquipedale Speise verlangt und z. B. geröstete Kartoffeln erhält. Er wird manche lehrreiche Erfahrung machen, z. B. die: Ein wandelnder Pastetenverkäufer ruft auf der Straße seine delikate Ware aus. Lieblich lockender Dampf steigt von den allerliebst zierlichen Pastetchen auf. Der Eßkünstler läßt sich verlocken und findet bis zur Ungenießbarkeit Altgebackenes. Der Verkäufer ist verschwunden. Der Dampf kam von einer betrüglichen Vorrichtung unter dem Brette, auf dem die Pastetchen lagen.

Dergleichen wäre noch viel zu berichten; doch ist die Stunde zu Ende.

Adressen von Pariser Restaurants, wo man sich ausgezeichnet gut restaurieren kann, findet man leicht. Da ich aber schon zur Zeit der Restauration in Paris war, sind wohl die mir bekannten heute nicht mehr in Cours, weshalb es wohl unnütz wäre, sie anzuführen.

Will sich der Eßkünstler mit dem einfachen, klassischen, nämlich kräftigen Stil der englischen Küche bekannt machen, so gibt ihm das wohlbediente englische Speisehaus in Paris erwünschte Gelegenheit.

Ist er so glücklich, das großartige England selbst bereisen zu können, wohl ihm! – Kommt er anders an keinem Sonntag an, so wird's ihn gleich anfangs anmuten. Er wird erstarken und zunehmen an Kraft, Mut und Gewicht, und ebenso bald mit Überraschung wahrnehmen, wie umgekehrt seine Börse abnimmt. Später wird er bemerken, daß die klassische Simplizität des Rindfleisches nicht sehr abwechselnd ist, und mag er endlich ins liebe Deutschland zurückkehren, so wird er finden, daß man auch da es sich schmekken lassen kann, wenn man anders von diesem und jenem und jenem und diesem abzusehen weiß. Wüßten meine sehr verehrten Herren Zuhörer mir vielleicht zu sagen, wo man dies nicht wüßte?

NEUNTE VORLESUNG

Höhere Kunstregeln

WÄHREND der exoterische Lehrling mit einem aus banger Erwartung, Freudenschauer und gläubigem Ernst, Demut und Stolz gemischten Gefühle die geheimnisverhüllenden Vorhänge aufrauschen sieht und zum ersten Mal ins Innerste des Tempels tritt, lächelt der bereits eingeweihte Esoteriker – wohl wissend, wie wenig jener erfährt, was er nicht schon vorher selbst gewußt oder doch hätte wissen können.

Erfreut, früherer kleinlicher und lästiger Obliegenheiten entbunden zu sein, vergißt der Losgesprochene, daß mit gewonnenen größeren Rechten notwendig und zugleich umfassendere Pflichten übernommen werden, wie er doch in vielen Lehrbüchern des Naturrechts sowohl als der Ethik längst gedruckt hätte lesen können.

Wenn der Rekrute beim Exerzieren nicht mehr: eins, zwei, drei! zu zählen braucht, meint er, jetzt wäre er fertig. Es kommt aber erst das Schwerste, die Schwenkungen, das Abbrechen, Rottenfeuer, Manövrieren, Tiraillieren. Es war manches in der Elementarerziehung nötig, welches der Weitergekommene für überflüssig halten zu dürfen glaubt, ohne welches er aber eben kaum oder gar nicht weitergekommen wäre. Mit manchem muß man sich freilich für nichts und wieder nichts placken. So wird denn auch ein Rückblick auf die vorige Vorlesung dem Gereifteren manches Läppische und Unhaltbare ergeben. Mag auch der höhere Eßkünstler über viele der mitgeteilten Eßregeln lächeln und sich nicht weiter daran binden. Sie waren das Blei, welches sich der Tänzer Vestris an die Füße band, um dann, davon befreit, um so höher und leichter zu tanzen.

Die angeführten Schriftsteller stimmen z. B. darin überein, man solle nicht zuerst, sondern zuletzt in die Schüssel langen, dagegen aber am ersten zu essen aufhören. Man sieht ohne großes Nachdenken, daß, da diese Gebote an alle gestellt sind, sie teils unmöglich erfüllt werden können, teils durch das Bestreben, denselben nachzukommen, das Essen auf der einen Seite ebenso lange hinausgeschoben als auf der andern ungebührlich abgekürzt würde. Zum Glück ist der Sache durch die neuere zweckmäßige Einrichtung, die Suppe den einzelnen Gästen je auf den Tellern zu geben oder durch Diener geben zu lassen, heutzutage erledigt. Durch diese Einrichtung ist zugleich die Nichterfüllung eines andern lästigen Gebotes: »nicht den besten Bissen herauszusuchen«, bedeutend erleichtert. Bleiben nämlich die Schüsseln und Präsentierteller nach alter Art auf dem Tisch stehen, so ist freilich nichts übrig, als zu resignieren und gegen Sirachs sonderbares Gebot, den nächsten (oft leider nicht besten) Bissen zu nehmen, da oft selbst ein beträchtlicher Aufwand raffinierter Kriegslist nicht ohne aufzufallen zum Ziele führt. Geht aber die Schüssel herum, sei es nun, daß dieselbe von einem Gast dem andern gereicht oder durch Diener herumgegeben wird, so kann man, nach der Rechtsregel *Melius est praevenire, quam praeveniri,* mit nur einiger Gewandtheit und rascher Entschlossenheit leicht und unbemerkt sich des besten Bissens bemächtigen. Freilich ist dazu eine alles zehnmal umwendende, hinten und vorn beschauende Bedächtigkeit durchaus ungeeignet.

Von den hier genannten Autoren wird ferner das Blasen der Suppe teils ganz untersagt, teils sehr beschränkt erlaubt. – Es ist aber gar nichts wichtiger, als, nachdem man sich zu Tisch gesetzt, mit kluger Vorsicht den ersten Löffel Suppe zu sich zu nehmen – wie bedeutend ist das: zu sich nehmen! –, um sich nicht die Zunge zu verbrennen und so für die ganze Mahlzeit geschmacks-, genuß- und urteilsunfähig sich zu machen. Einem solchen Höllenzustand kann nur durch konvenierendes Blasen auf den mit Suppe halb gefüllten ersten Löffel vorgebeugt werden. Dieses nun in Betracht der unaussprechlichen Wichtigkeit gleichwohl für unschicklich zu halten beurkundet spießbürgerliche Beschränktheit und gänzlichen Mangel an Eßsinn und Wissenschaftlichkeit. Der Eßkünstler wird sich um so weniger an dieses Gebot kehren, als bei dem angeratenen Warten unverantwortlicherweise gar nicht bedacht ist, wie leicht hier die beste Zeit, die Suppe möglichst warm zu genießen, versäumt, der Genuß also geradezu verfehlt werden könne. Was wäre dies auch für ein trister, ja trostloser Anblick: eine ganze Tafel tantalisch wartender Esser! – Ist es doch selbst bei dem Hilfsmittel des Blasens noch schmerzlich zu beklagen, daß man sich bei Mangel nötiger Vorsicht und Selbstbeherrschung auch noch beim zweiten und dritten Löffel verbrennen kann! Auch da darf Vorsicht und Plan dem für sich seienden und als solchen gedankenlosen Genuß nicht weichen. Wie klar wird hierdurch allein die Bedeutung der Eßkunst! Wieviel kann der denkende Esser nur z. B. aus der in der sechsten Vorlesung gegebenen Physiologie der Zunge für den fraglichen Fall mit größtem Nutzen in Anwendung bringen!

Dem Rat Zobels, auf das Knochenmark zu verzichten, wird kein Eßkünstler Folge geben, sondern gegenteils auf jede zulässige Art sich desselben zu bemächtigen trachten.

Während jene Eßregeln die peinlichste *gêne,* einen durchaus störenden, rücksichtsvollen, steifen Zwang zur Pflicht machen, strebt der wahre Künstler durchaus nach möglicher Freiheit. Dies allerdings innerhalb der ästhetischen Schranken; aber unbekümmert um Herkommen, Gewohnheit und Spießbürgerlichkeit, sei es nun, daß er dieser in den großen Städten oder in den kleinsten Nestern begegnet.

Ich gedenke der fröhlichen, im schönen Wien verlebten Tage. Im Sommerhalbjahr war so reichliche Gelegenheit gegeben, im Freien zu essen, daß man sich kaum entschließen konnte, von der drückenden Enge einer Stube sich einschließen zu lassen. In solchen Eßgärten sah man die anständigsten Esser, die feinsten Kavaliere in ebenso feinen, schneeweißen bloßen Hemdsärmeln sitzen und frisch und frei schmausen, welchem Beispiele man begreiflicherweise auch unbedenklich folgte und sich höchst behaglich dabei befand. Ein enge zugeknöpfter schlanker Jüngling aus einer großen norddeutschen Stadt, welcher sich unserm Kreise zugesellen wollte und den wir in einen solchen Garten mit uns nahmen, ging schreckensbleich rückwärts wieder zum Tor hinaus, sobald er diesen Skandal, wie er es nannte, ansichtig wurde, wobei wir uns denn natürlich keineswegs Mühe gaben, den Zarten zu halten. Seine Mutter hatte ihm gesagt, so was schicke sich nicht.

Es gibt Leute, denen es anfängt unwohl zu werden, sowie sie sich's wohl sein lassen dürften, ja welche ihre eigene Existenz geniert. Auch habe ich Physiognomien gesehen, welche deutlich aussagten: Nehmen Sie es mir doch ja nicht ungnädig, daß ich auf der Welt bin. Andere freilich, wozu unser Zugeknöpfter gehörte, scheinen gegenteils zu glauben, nur sie hätten das Recht, dazusein, und wer nicht so da sei wie sie und ihr Herr Vater und ihre Frau Mutter und die lieben Nachbarn und desgleichen, der sollte lieber gar nicht existieren. Ach, wenn sich doch solche Unglückliche das ohnehin schon enge genug zugeknöpfte Leben nicht selber noch enger bis zur Engbrüstigkeit zuschnüren zu müssen glaubten!

Obgleich nun Schiller in seinem traurigen Lied an die Freude mit Wehmut Unglücklicher gedenkt, die sich weinend fortstehlen sollen aus der Compagnie, so tragen doch solche Seitenblicke nicht sehr viel zur Plaisierlichkeit des Ganzen bei, weshalb denn jenes genannten Zugeknöpften und seiner Unglücksgefährten billig hier nicht weiter gedacht werden soll. *Error nocet erranti.*

Welch schönen Genuß das Reisen, frische freie Luft, namentlich auf Berghöhen, frische neue Wäsche und Baden in raschfließender kristallner Flut gewährt, wie fröhlich überhaupt die Freude und wie freudig die Fröhlichkeit ist, wissen viele, der Eßkünstler auch, und noch etwas dazu. Überhaupt weiß und denkt ein Eßkünstler mehr als ein anderer Mensch. So gewährt ihm z. B. der zarte Duft frischer Austern Reminiszenzen, die man einem andern Menschen gar nicht einmal sagen kann. Er versteht Sätze, die jedem andern unbegreiflich sind, z. B. den: ABC ist nicht A+B+C, sondern =X, oder doch nur ABC. – Man bedenke noch die Menge der dem Eßkünstler eigentümlichen feinsten Kenntnisse aller möglichen Eßbarkeiten je nach ihren Kennzeichen und Merkmalen, nach Güte, Alter, Geschlecht, Vaterland etc., nach der Art, ihrer habhaft zu werden, ihrer Behandlungsweise im Leben, bei und nach dem Tode, das Detail aller einzelnen Organe, Teile und Teilchen als Bissen betrachtet, ihre verschiedenen Verbindungen, Gestaltungen, Zurichtungen, die Beziehungen der einzelnen Monate zur Tafel, die ungeheure Nomenklatur allein und anderes, über welches man dicke Bücher schreiben kann, wenn man's weiß – um den wahren Eßkünstler verehrungswürdig zu finden.

Während ferner der gewöhnliche Esser eben ißt, was es gerade gibt, wird bei dem Eßkünstler eine gewisse präparative Sorgfalt und Umtulichkeit um Eßbares und dessen Akquisition hervorleuchten, welche eine Tätigkeit hervorruft, von deren beseligender Genußfülle ein gewöhnlicher Mensch gar keine Ahnung hat. Der Eßkünstler ißt in Zukunft, Gegenwart und Vergangenheit zugleich. Es ist mein tief und wahr aufrichtiger Wunsch, daß jeder Eßsinnige einen eigenen Garten oder doch ein Gärtlein haben möchte. Der Salat, den man selbst gesät oder gepflanzt, den man keimen, sprossen und wachsen sieht, gewährt schon lange vorher wiederholten lieblichen Genuß, ehe er mit Essig und Öl neben dem dampfenden Braten auf dem Tisch steht, und schmeckt dann besser als jeder andere. Was will auch z. B. ein anderer Hase gegen den sagen, welchen man selbst geschossen?

Welche Wonne, auf eigenem Grund und Boden in der frischen Kühle des Morgens oder in schattiger Laube vor den heißen Strahlen der Mittagssonne geschützt oder bei sanft herüberklingendem Vesperglöcklein – es hat nach langer Trockenheit geregnet und der erfrischende aromatische Duft weht kühl umher, und alles sieht grüner und frischer und lustiger aus – in eine saftige reife Birne, einen weinsäuerlichen Borsdorfer, den man nicht anblicken kann, ohne daß der Mund voll Wasser läuft, in eine tauüberhauchte Traube zu beißen, die man selbst gezogen und gebrochen oder mit dem sichelförmigen Gartenmesser abgeschnitten hat!

Hier braucht's keine Gegensätze, hier ist von keinem Kunstwerke die Rede, hier beseligt die kunstlos ungeschmückte Natur!

Selig, wer, wie Bettina, die Bäume selbst zu erklettern und gleich den Vögeln in ihren Zweigen zu naschen und zu schmausen vermag! – Wie lieblich liebkoset die holde Bettina die Früchte, ehe sie dieselben anbeißt! – Auf jenes Klettern wird der bejahrtere Eßkünstler freilich um so mehr verzichten müssen, je lohnender sich seine Kunstbestrebungen durch gewonnene Körperfülle und Schwere bewährten. Jedoch gibt es Zwergbäume und Spaliere, wo man sich bei einiger Imagination, obgleich auf festem Boden stehend, doch in den Zweigen schwebend denken und fühlen kann.

Aber nicht bloß für sich selbst wirkt und schafft der Künstler, nicht nur seine eigenen Genüsse weiß er umfassend zu gestalten und zu veredeln, zu erhöhen; es drängt ihn im Innern, auch anderen Genüsse zu verschaffen, andere genießen zu lassen. Und dies ist das Höhere, und dahin zielen denn auch vorzüglich die höheren Kunstregeln. Daß er Geld hat, wird hierbei natürlich vorausgesetzt. *Impossibilium nulla est obligatio,* lehren die Pandekten.

Sirach sagt aber die goldnen Worte: »Einen gastfreien Mann loben die Leute und sagen, er sei ein ehrlicher Mann, und solches ist ein guter Ruhm. Aber von einem kargen Filze redet die ganze Stadt übel, und man saget recht daran.«

Sowohl für den Eßkünstler selbst nötig und nützlich als auch anderen zugut kommend ist die Kunst des Vorschneidens. Sie hat noch dazu die rein sittliche Bedeutung des Opfers, wie auch Zobel sagt: – »Hierbei ist zu beobachten, wenn du vorlegest, daß du jedesmal das schlechteste Stück vor dich behaltest. Das ist der Lohn für deine Mühe; führest du dich aber geschickt dabei auf, so trägst du noch einen Hut voll Lob davon.«

So wenig man aber Reiten, Fechten und Tanzen aus Büchern lernen kann und selbst die besten Abbildungen dazu soviel wie nichts nützen, so muß auch diese Kunst durchaus praktisch, mit wohlgeschliffenem großen Messer und zweizackiger Gabel in der Hand, erlernt werden. Doch mögen ein paar Worte hierüber hier ihre Stelle finden.

Vor allem verdient Beherzigung, was Zobel rät: »Wird dir aufgetragen, zu zerschneiden und vorzulegen, du kannst aber nicht damit umgehen, so entschuldige dich und überlasse solch ein Amt einem andern: denn sonst wirst du dich mehr prostituieren als beliebt machen.«

Dies hat mancher vergessen, der wohlgetan hätte, sich dessen zu erinnern.

Ich entnehme dem »Magdeburgischen Kochbuch« folgende beachtungswürdige Stellen: »Man kommt in nicht geringe Verlegenheit, wenn bei einem Gastmahl oder einer Gesellschaftstafel der zuteil gewordene Platz das Tranchieren erfordert oder wenn man von einem andern Gaste darum ersucht wird und man nicht gehörig damit umzugehen weiß.

Das Tranchieren ist ein Ehrenamt und die Übernehmung desselben eigentlich Pflicht für einen der nächsten männlichen Gäste; aber viele, besonders junge Männer mögen sich immer gern davon losmachen, und wenn sie nicht umhinkönnen, dasselbe zu übernehmen, so wird man bald gewahr werden, daß es den meisten an den nötigen Vorkenntnissen dazu fehlt. (Welche traurige Wahrheit!)

Wer es aber gelernt hat, dem wird die Ausübung nicht die geringste Last machen, vielmehr zum Vergnügen gereichen.

Man muß sich sowohl der Stärke als auch der Schwäche seines Messers zu bedienen wissen. (Es verhält sich damit wie beim Fechten.) Bei einem starken Schnitt setzt man dasselbe am Ende der Klinge an, bei einem leichten Schnitt aber nur die Spitze etc. Hauptsächlich muß man das Messer nicht nach der Länge der Fleischfasern, sondern quer hindurchführen.

Übrigens verrichtet man das Geschäft stehend, und nur dann sitzend, wenn es die Umstände erlauben. Damit man aber dabei seinen Nachbarn nicht beschwerlich falle oder bei starken Gerichten sich nicht erhitze und Kräfte verschwende, so halte man die Arme soviel als möglich an sich und lasse sich während des Geschäfts auch nicht in vieles Gespräch ein, damit man dasselbe mit aller Ordnung und so geschwind als möglich vollendet, die Speise nicht kalt und der Appetit der Gäste bald befriedigt werde.«

Zu diesen *Generalioribus* mag noch bemerkt sein, daß die Größe der Bissen besonders den Takt des Vorschneiders bezeichnet. Zu große Bissen sind nicht immer wohl darzustellen, wenn es am Ende nicht fehlen soll, man hält sie für unschicklich, und mancher Gast könnte auch in Erfüllung der Pflicht: aufzuessen, einigermaßen dadurch inkommodiert werden. Dies alles reichte aber nicht hin, sie den Augen des Eßkünstler als verwerflich erscheinen zu lassen, käme nicht folgendes hinzu: Bekanntlich ist nicht nur der Geschmack der verschiedenen Teile eines Tieres überhaupt anders, sondern je ein bestimmter einzelner Teil zeigt in seinen einzelnen Teilen wieder verschiedenen Geschmack, sei es nun von Natur aus oder sei es, daß dieser oder jener Teil im Braten besser geraten ist. Auch dem umsichtigsten Künstler kann es nun begegnen – z. B. wenn ein Stück auf der verunglückten Seite liegt und eine gleißende Oberfläche darbietet –, daß er ein ihm nicht zusagendes Stück gewählt. Er wird es, obschon mit Überwindung, doch aus Zartgefühl aufessen, um ein anderes zu erproben. Es ist klar, wie dies alles durch kleinere Stückchen erleichtert wird, durch welche überhaupt jedem einzelnen Gaste eine viel größere Mannigfaltigkeit dargeboten ist. Geniert sich ein oder der andere Gast, bei kleineren Stücken mehrere entweder auf einmal oder nacheinander zu nehmen, so ist es seine eigene Schuld und nicht die des Vorschneiders, welcher sich dadurch nicht abhalten lassen wird, nach der Theorie der kleineren Bissen zu verfahren.

Wird in kleinere Stücke zerlegter Braten etc. präsentiert, so haben manche Gäste, deren Schüchternheit doch einigermaßen von ihrer Eßlust übertroffen wird, um nicht wiederholt nehmen zu müssen, den Gebrauch, unter dem Schein der Zerstreuung oder irgendeinem andern Prätext mit der Gabel so tief zu stechen, daß zugleich mit dem direkt und unmittelbar gemeinten Bissen noch ein oder der andere, welcher unter jenem oder demselben sonst nahe liegt, ebenfalls angestochen und so auf ihren Teller gebracht wird. Sie bedienen sich zu diesem Zwecke des Manövers, mit scheinbarer Leichtigkeit, aber tiefdringendem raschen Gabeldruck den ersten Bissen etwas seitlich anzustechen.

Diese Encheirese belächelt der wahre Eßkünstler nicht sowohl deshalb, weil sie unschicklich ist und von Mangel an Geradheit und Offenheit zeugt, sondern weil man dadurch unwissenschaftlich und blindlings in den Besitz ganz unerwünschter Teile kommen kann, welche eben durch jenes erst angestochene Stück gedeckt sein können.

In Beziehung auf das Vorschneiden will ich aber noch, einer eigenen schmerzlichen Erfahrung gedenkend, der Kautele erwähnen, das Gesicht sowie die Nase dem zu zerschneidenden Objekte nicht zu nahe zu bringen. Es gilt für unschicklich, hat aber noch viel wichtigere Gründe gegen sich.

Ich hatte einst die Verpflichtung übernommen, für noch zwei Freunde ein Spanferkel zu zerlegen. Das zarte Geschöpf war im Braten besonders geglückt und unsere gesamte Erwartung höchst gesteigert. Dadurch zu nie zu billigendem, etwas hastigem Eifer angespornt, brachte ich ungeschickt Nase und Mund der duftenden Oberfläche, eben als ich den Kopf abgeschnitten, zu nahe. Ein glühend heißer, in solcher Nähe unangenehm riechender und schmeckender Dampf entströmte dem geöffneten Körper, fast mich betäubend, und raubte wie mit einem Zauberschlag allen Appetit. Bis ich mich wieder erholt, gesammelt und gefaßt hatte, waren die besten Bissen von meinen Freunden verzehrt, und mir blieb nur noch die traurige Wahl einer nicht mehr ganz warmen vorderen und einer hinteren Extremität. – *Felix quem faciunt aliena pericula cautum!*

Daß man die Tranchierübungen nicht bei schwierigen Objekten wie Truthahn, Gans, Auerhahn, Kalbskopf etc., sondern bei leichteren, Rindfleisch, Rebhuhn etc., zu beginnen habe, ist klar. Bekannt ist's, wie die Hauptsache darin liegt, bei Geflügel, Wildpret etc. die Gelenkverbindungen zu kennen und zu treffen. Dies alles aber wird, wie gesagt, nicht durch Wort und Bild klar, sondern durch unmittelbare Anschauung und Übung. Übrigens gibt es bei Zerlegung einzelner Objekte sehr viel willkürliche Regeln, welche, mit unbedingter Verwerfung anderer, von manchen Meistern eigensinnig und ausschließlich festgehalten werden. Hier wäre manches zu vereinfachen. Möchte überhaupt der sehr vernachlässigten Vorschneidekunst, in welcher noch im vorigen Jahrhunderte besonders die Deutschen exzellierten, bald wieder die freundliche Morgenröte eines neuen Tages heraufleuchten!

Ein wohlgesinnter und sinniger Bewirtender wird ferner seinen Gästen schöne, brauchbare, zweckmäßige, spiegelblanke, wohlgespitzte und scharf geschliffene Waffen zu Gebote stellen.

Von der absoluten Verwerflichkeit ganz silberner Gabeln ist schon die Rede gewesen. Fast ebenso unbrauchbar sind Eßgabeln von Stahl, die nur zwei Zacken haben. Der Dreizack, oder noch besser Vierzack, gehörig stark und spitzig, ist die vorzüglichste Form.

Über die Löffel läßt sich nicht viel sagen, als daß sie, wie sich von selbst versteht, von Silber und in hinlänglicher Anzahl, am besten, nach holländischer Manier, für jeden Gast mehrere, vorhanden sein müssen.

Wichtiger sind die Messer, besonders in Beziehung auf ihre Spitzen. Gegenwärtig sind besonders folgende drei Formen in Gebrauch:

Die Form *A* ist erst neuerdings aufgekommen und taugt ganz und gar nichts. Diese Messer sind unbequem zu handhaben, geben gedrückte, zackige Schnittflächen, man bricht leicht die Spitze ab, verhakt sich damit, sie bringen nicht selten ein scharfkritzelndes, ohrenschmerzendes Geräusch hervor und verderben durchaus Teller aller Art auf heillose Weise. Man scheint ihre Unzweckmäßigkeit bereits einzusehen und sie selbst außer Nachfrage und Gebrauch zu kommen, welches ich daraus schließe, weil ich ohnlängst ein Dutzend zum Geschenk erhalten habe.

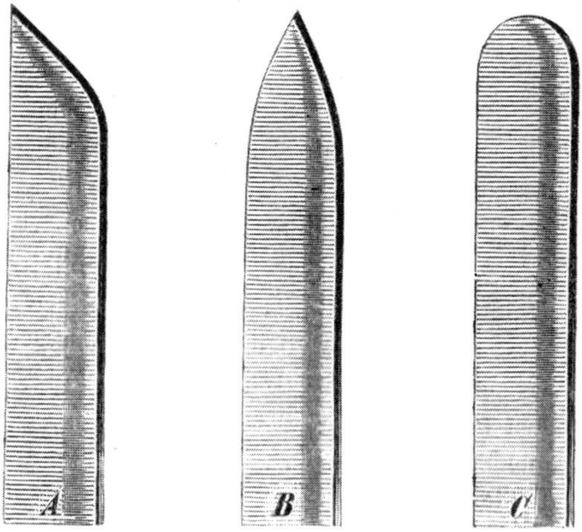

Die Form *C* ist alt, wurde in neuerer Zeit unter Napoleons Herrschaft in Italien gesetzlich eingeführt, verhindert zwar, daß man sich selbst damit sticht oder andere ersticht, da sie keine Spitze hat. Da in Deutschland und sonst gegenwärtig Denunziationen alles Dolchartige reichlich ersetzen und überbieten, so wäre die Einführung dieser Messerform mehr als überflüssig. Unzweckmäßig ist diese Form aber, weil sie ein tieferes Eingehen in engere Knochenvertiefungen unmöglich macht und als plump und stumpf überhaupt keine feinere Handhabung zuläßt.

Die Wahrheit liegt hier in der Mitte. Die Form *B* entspricht allen Anforderungen aufs beste und ist durchaus frei von allen Mängeln, welche man *A* und *C* vorwerfen kann.

Es gibt noch andere verwerfliche Formen. So hat man die Form *C* noch dadurch möglichst verschlechtert, daß man das stumpfe Ende gar noch von größerem Durchmesser als die übrige Klinge bildete, wodurch dann das vorspringende kreis- oder scheibenförmige Ende die Schneide überragt und das Messer fast ganz unbrauchbar macht. Auch spitzige Messer verlieren durch zu großen Bauch der Schneide sehr an Brauchbarkeit und leichter Handhabbarkeit.

Von den Tellern will ich bloß in Erinnerung bringen, daß sie für warme Speisen wohlgewärmt sein müssen. Daß alles Geschirr spiegelblank strahlen und funkeln muß, bedürfte kaum einer Erwähnung, wäre nicht in »Semilassos Vorletztem Weltgang« bemerkt, daß selbst an vielen deutschen Höfen das Silbergeschirr, wegen Mangel des Putzens, oft wie Zinn aussähe.

In Berlin gibt man neuerdings zu Krebsen rosenfarbene Servietten. Wer die Klagen reinlicher Hausfrauen gehört, wie schwer weiße Servietten von allen Krebsfleckenspuren zu befreien sind, wird jene, und sich selbst dadurch, zu empfehlen wissen.

In Gasthäusern trifft man häufig den lobenswerten Gebrauch, daß Zahnstocher auf und in allerlei künstlichen, sinnigen Vorrichtungen – z. B. mit Zahnstochern gefüllte Köcher tragenden Amoretten, Stachelschweinen und dergleichen – zum Gebrauch der Gäste auf der Tafel stehen. Man gibt diese Zahnstocher auch aus wohlriechendem Holze. Ich halte das Einfachere für besser. Daß man aber Zahnstocher überhaupt zur Verfügung stellt, verdiente auch bei Privatgastmählern fleißigere Nachahmung. Der wahre

Eßkünstler wird zwar ebensowenig jemals ohne Zahnstocher ausgehen als der Trinker ohne Pfropfenzieher, der Offizier ohne Degen, die Hoffnung ohne Anker oder mein Freund S. ohne Regenschirm; aber es ist ja nicht jeder, der ißt, ein Eßkünstler, und: *»Superflua non nocent«,* sagt der Jurist.

So sollte man sich auch nicht damit begnügen, bloß einfache Salzfässer auf den Tisch zu stellen, sondern wohlassortierte komplette Gewürzbüchsen, die zwar nicht gerade von oder nach Benvenuto Cellini zu sein brauchen, aber doch sonst eine anmutige Form haben sollten. Möge man diesen unmaßgeblichen Vorschlag nicht befremdlich finden, sondern lieber darauf eingehen. Der Eßkünstler wird sich zwar nur mit der höchsten Sparsamkeit der Gewürze bedienen, aber ebenso ungern dieselben vermissen, wo er einzelnes zu ergänzen, zu vervollständigen, zu verbessern nötig findet. Übrigens stößt man nicht selten auf so flache, wenig konkave Salzfässer, namentlich gläserne, daß man kaum eine ergiebige Messerspitze daraus zu nehmen vermag. Diese verdienten vernichtet zu werden.

Glasglocken deckt man zwar sehr zweckmäßig über Limburger Käse (Peters des Großen Liebling) und andere Substanzen von etwas indiskretem Geruche; sie wären jedoch auch zur Warmhaltung anderer Gerichte ebenfalls füglich öfter zu adhibieren.

Eine Front Soldaten stellt man zwar so auf, daß sie nach dem militärischen Terminus: die Fühlung haben, d. h. zu deutsch, daß sie sich mit den Ellenbogen berühren. Leider erinnere ich mich der Pein, bei Tische ebenso militärisch plaziert gewesen zu sein. Nichts ist tadelnswerter!

Man lade nicht mehr Gäste, als man bequem und anständig plazieren kann. So war ich einmal auf das Landhaus eines sehr verehrten Edelmanns geladen, welches zwar sonst in allen Beziehungen sehr schön, namentlich aber in der Räumlichkeit des, zwar ebenfalls sehr geschmackvollen, Speisesaals für die Menge der Gäste viel zu klein war. Bloß Mädchen und Frauen fanden an der Tafel Platz, wir Männer mochten sehen, wo wir sonst Raum und Unterlage für unsere Teller fanden. Ich ermittelte ein allein noch freies schmales Fenstergesimse und fing fröhlich an zu schneiden, als sich der Porzellanteller (es war ein schöner Kupferstich der Treue darauf abgedruckt) überschlug, zu Boden fiel und schallend auseinanderbrach. Ich machte mir aber gar nichts daraus. Es mochte dem Wirt zur Lektion dienen. Aber für den delikaten westfälischen Schinken war's um so mehr schade, als mir damals die westfälischen Schinken und Göttinger Würste viel besser behagten als jetzt.

Schiller läßt den Octavio Piccolomini zu Buttler sagen:

»Ein halbes Dutzend guter Freunde höchstens
Um einen kleinen, runden Tisch, ein Gläschen
Tokaierwein, ein offnes Herz dabei
Und ein vernünftiges Gespräch – so lieb' ich's.«

Buttler antwortet:

»Ja, wenn man's haben kann, ich halt' es mit.«

Ich auch; bis auf den runden Tisch; echter Tokaist ist ohnehin so selten als ein vernünftiges Gespräch. Ohne jemand in seinem Urteil im mindesten vorgreifen zu wollen, finde ich den runden Tisch als Eßtisch nicht empfehlenswert. Man denke nur darüber nach, wenn man die Inkonvenienz nicht aus Erfahrung kennt.

Tisch!

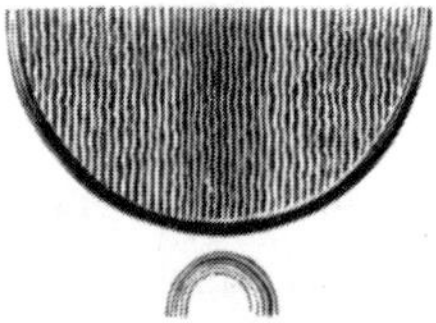

Bauch –

Ich ziehe oblonge Tische entschieden vor. Aber sie müssen gehörige Breite haben, daß man Erwünschtes in der Nähe erreichen kann und Raum findet, Platten, von denen man genommen und welche nicht weiterbefördert werden, sondern auf dem Tische bleiben sollen, wegzustellen.

In Nancy stieß ich auf merkwürdig niedrige Tische (was ich in Frankreich überhaupt öfter wiederfand); aber die ebenfalls sehr niedrigen Stühle (auch die Fenster) standen im richtigen Verhältnisse damit. So befremdend der Anblick war, wenn man in die Stube trat, alles so tief unter sich zu sehen, so überaus bequem fand ich das ganze, welches wohl Nachahmung verdiente.

Bloß ein Nichteßkünstler wird die vorgetragenen Bemerkungen für unwichtige Nebensachen halten; sie sind nichts weniger, obschon das Essen selbst unbestritten die Hauptsache bleibt. Davon nachher!

Es ist Zeit, vom Einladen der Gäste zu sprechen, welches vielleicht schon früher hätte geschehen sollen.

Mit Übergehung alles ganz Bekannten und Trivialen, welches ich überhaupt nach Kräften und Möglichkeit, und wo nicht höhere Zwecke darauf Rücksicht zu nehmen fordern, liegenlasse, welches sich überdies am allerwenigsten gerade für diese Vorlesung eignete, obschon für die vorige, erlaube ich mir nur zu bemerken, daß Einladungskarten zu Gastmählern sich sehr schön ausnehmen würden, wenn sie mit Emblemen und Arabesken verziert wären, die in andeutenden Beziehungen zu den zu erwartenden Speisen ständen. Man würde wohl mit einem Dutzend verschiedener Muster ausreichen, die vielleicht auch die betreffenden Monatshieroglyphen enthalten dürften.

Welch liebenswürdiger Anblick!, nicht bloß mit süßer Erwartung des Bevorstehenden zu betrachten, sondern auch die schönsten Erinnerungen zu vergegenwärtigen geeignet. – Da es Sitte ist, erhaltene Visitenkarten an den Spiegel zu stecken, um Besuchenden auf verblümte Art zu verstehen zu geben, mit welch ansehnlichen Personen man verkehre – die, worauf keine Wappen oder Titel stehen, wirft man billig weg –, so würden sowohl zu dieser Absicht als überhaupt solche angenehm und geschmackvoll verzierte Einladungskarten, zur Schau aufgesteckt, die Blicke besonders auf sich ziehen und auch auf andere den erfreulichsten, mundwässerndsten Eindruck machen.

Durch diese Karten würde der Eingeladene zugleich anmutigst auf das vorbereitet, was er zu erwarten, worauf er sich zu freuen hat. Man ist mit Recht von der bescheiden prahlenden Einladung »auf einen Löffel Suppe« zurückgekommen; man sollte auch die Unbestimmtheit und objektive Inhaltlosigkeit der Eßeinladungen überhaupt aufgeben und wenigstens das zu erwartende Hauptgericht andeuten. Als ich jung war, d. h. in der zweiten Hälfte des vorigen Jahrhunderts, hieß es: man erbäte sich die Ehre auf einen Rehbraten, Auerhahn, Wildschwein etc. Der Geladene wußte, woran er sei, und konnte vergnüglich darüber nachdenken, was wohl damit weiter in Verbindung stehen werde. Es verdiente der Wiedereinführung, so spießbürgerlich es auch *scheinen* mag. Manches übliche großstädtische Zugeknöpftsein *ist* dagegen spießbürgerlich und verdiente abgeschafft zu werden. Überhaupt ist großstädtisch keineswegs der Gegensatz von spießbürgerlich.

Bei der von mir gemeinten bestimmten Einladungsart wäre aber mit Sinn zu verfahren und nicht wie z. B.: Der Schauspieler Pope erhielt eine in folgenden Worten verabfaßte Einladung: »Komm, alter Freund, und iß bei mir, und deine gastronomische Strenge möge nicht zuviel verlangen. Wir haben durchaus weiter nichts als Lachs und Beefsteak.« – Der Geladene kam, fand Beefsteak und Lachs trefflich, und bald war er außerstande, weiter etwas zu sich zu nehmen. Da zeigte sich seinen verwunderten Blicken ein herrliches, so appetitlich duftendes Wildpretstück, daß der gesättigte Gutschmecker nicht umhinkonnte, zu versuchen, ob es nicht doch noch ginge. Aber nach einigen vergeblichen Versuchen legte er Messer und Gabel nieder, richtete seine mit Tränen gefüllten Augen auf seinen Wirt und sagte schluchzend: »Von einem zwanzigjährigen Freund hätte ich dies nicht erwartet!«

Dergleichen ist nun allerdings auch unverantwortlich.

Daß man nicht mehr Gäste ladet, als man vollständig mit Speisen zu versehen imstande ist, versteht sich von selbst. Feinheit gehört aber dazu, solche Gäste zusammenzuladen oder zusammenzusetzen, welche auch wirklich zusammenpassen. Man glaubt insgemein, Mitglieder eines Standes, einer Fakultät, eines Kunstzweiges paßten am besten zusammen. Sie passen aber nicht nur nicht am besten zusammen, sondern ganz und gar nicht. Bringen es die Verhältnisse mit sich, daß man Genossen eines Faches zu laden nicht umhinkann, so versäume man doch ja nicht, sie so weit als möglich auseinander zu setzen, so daß sie nicht miteinander reden können, wenn man anders nicht Gefahr laufen will, durch stundenlange Disputationen über einen etrurischen Stiefelknecht und dergleichen das köstlichste Mahl gestört zu sehen.

Über die Teilnahme schöner Frauen und Jungfrauen an Gastmählern ist schon am Schlusse der sechsten Vorlesung vom Gesichtspunkte des Eßkünstlers aus, und zwar für eigentlich esoterische Essen, das Nötige bemerkt. Für Gastmähler überhaupt aber kann keine andere Gesellschaft erwünschter und beglückender sein. Nur hüte man sich vor der Grausamkeit, den Eßkünstler zwischen zwei Göttinnen zu setzen. Die eigne Frau zählt für nichts.

Man hat gesagt, je mehr Ideenassoziationen bei einem Kunstgenuß rege würden, um so vollkommner sei er. Es ist hier nicht der Ort, darüber zu streiten; jedenfalls ist aber damit gemeint, daß jene Assoziationen vom Kunstwerk selbst ausgehen müssen, welches wohl zu beachten.

Ob aber Menschen, welche aus Standesrücksichten immer stolz, steif und ernsthaft sein zu müssen glauben und in deren Gesellschaft der kecke Hagen im Nibelungenlied nicht gerne zu sein versichert, zu laden seien, muß man freilich dem besten Ermessen oder dem Stande des Wirts selbst überlassen. Manche Eßkünstler glauben am besten zu fahren, wenn sie unter solchen Verhältnissen höflichst bedauern, schon anderwärts geladen zu sein.

Versteht der Einladende, wie leider nicht selten, selber nichts von Koch- und Eßkunst, so ist's gleichgültig, wen er ladet. Der einladende Eßkünstler selber wird nur daran Geschmack finden, wieder Eßkünstler zu bewirten; umgekehrt aber auf das unangenehmste sich berührt fühlen, wenn er Leuten zu essen gibt, die gar nicht wissen, was sie essen, die bloß schlucken und von den Ideen gar keine Idee haben, die der Wirt mit auftragen ließ.

Der höhere Genuß eines Kunstwerkes besteht denn doch wohl darin, daß der Genießende den Koch und Wirt versteht, wie auch der befriedigendste Lohn des Bewirtenden der ist, von seinen Gästen begriffen zu werden.

Ladet man zum Essen ein, so lasse man ferner nicht außer acht, daß man zum Essen eingeladen hat, und vermeide störende Allotria. Man beabsichtige z. B. vor oder nach dem Essen kein Kartenspiel. Abgesehen davon, daß man dadurch für sich selbst und die Gäste die nicht sehr schmeichelhaften stillschweigenden Geständnisse ablegt, man wisse nichts zu reden oder dürfe nicht reden oder man wolle Geld gewinnen, so ist nichts geeigneter, vor Tisch den Appetit und nach Tisch die Verdauung zu stören, als das unglückselige Kartenspiel.

Überhaupt lade man nicht zu früh, sondern fange gleich mit der Hauptsache an, und lasse das Essen zur in der Einladung bestimmten Zeit auftragen; denn die Augenblicke des Wartens sind die peinlichsten im Menschenleben.

Der Wirt und Koch erwäge wohl, daß irgend etwas Verfehltes, etwas Tadelnswertes gern von den Gästen vergrößert und als noch tadelnswerter genommen wird, wie ja auch die schiefen Türme zu Pisa und Bologna von den Zeichnern gewöhnlich noch viel schiefer abgebildet werden, als sie wirklich sind, und nehme sich in acht.

Der Bewirtende bedenke ferner, daß der Eingeladene sich aller Dankbarkeit überhoben hält, wenn er für das Genossene zu schwere Verpflichtungen zu erfüllen hat, als z. B. wenn er nach oder gar vor dem Essen ein Liebhaberkonzert, Klavierspielen, von der Tochter des Hauses hergekrähte Arien u. a. zu verwinden bekommt.

Ein Dichterdilettant schickte Piron einen Fasan. Am andern Tag kam er und zog ein Trauerspiel aus der Tasche. »Ich merke den Pfiff«, rief Piron, »da, nehmen Sie Ihren Fasan wieder!«

Was nun die Ordnung, Wahl, Quantität und Qualität der aufzutragenden Speisen betrifft, so möchte folgendes hierhergehören:

Im sechzehnten Jahrhundert fing man in Deutschland die Mahlzeit bald mit dem Braten an und hörte mit der Suppe und dem Gemüse auf, bald war es umgekehrt. Aber die liebe Suppe durfte und darf außer in England nirgends fehlen. Dem ist nun einmal so. Daß man die Suppe, die schon Hippokrates für Gesunde unstatthaft findet, die prosaische Suppe – eine Supp' aus Brüh, ein Ding, das selten vorkommt in der Poesie, wie Byron sagt –, daß man die Suppe aber zuerst und nicht zuletzt aufzutragen habe, bedarf für einen einfach gesunden Sinn gar keiner weiteren Auseinandersetzung. – »Suppe nach Fleischspeisen!« läßt Shakespeare in »Troilus und Cressida« den Pandarus verächtlich sagen, als nach Hektor allerlei schlechtes Volk vorüberzieht, und auch der bekannte Ausdruck »Löffeln« bezeichnet sehr treffend einen mehr präludierenden, an sich ungenügenden Genuß.

Man lege aber den Gästen nicht zu viel Suppe vor; denn die Suppe ist und soll für den Esser nichts weiter sein als das Klopfen des Kapellmeisters als Zeichen, daß nun die Ouvertüre beginne, für das Orchester. Es ist noch kein Akkord, nicht der Anfang selbst, sondern lediglich eine Ankündigung des bevorstehenden Anfangs.

Der lieben Suppe folgt nun in der Regel das liebe gesottene Rindfleisch, welchem jene ihre Existenz verdankt, ohne welche sie gar nicht auf der Welt wäre. Und dieses ab- und ausgekochte, saft- und kraftlose Fasergewebe, welches schon als Mittel zu einem andern Zweck gedient, dieses *caput mortuum,* dieser schnöde Abhub, dieses bereits verbrauchte Überbleibsel, dieser Altweibersommer gilt als eine Speise!

Was ist gewonnen, wenn man, wie zuweilen geschieht, statt des abgeschmackten, geschmacklosen gekochten Rindfleisches eine gekochte Ochsenzunge gibt?

Der gegenwärtige Herr Geheime Rat, dessen offenen, gastfreundlichen Charakter wir verehren zu können so glücklich sind, hat dies wohl erkannt und bei unserer vorletzten, jedem Teilnehmer ewig unvergeßlichen, mit unauslöschlichen Zügen sämtlichen Herzen eingegrabenen Sitzung nach der Suppe unvergleichliche Austern herumgeben lassen. Rohe Austern jedoch nach warmer Suppe und vor zu erwartenden anderen warmen Speisen hätten wohl als kaum zulässig erkannt werden müssen. Aber der sinnige, feine Takt unseres hochverehrten Mitgliedes bewährte sich eben darin, daß die Austern gebraten waren. Und wie waren sie das? – Über allen Ausdruck, über alles Lob so erhaben wie der gütige Geber!

Der hochverdiente Stifter, der ehrwürdige Nestor unseres schönen Vereines, hat in der letzten Versammlung, wo sich die Schönheit der Formen, die Wahl der Gegensätze und Verbindungen, die wohlgeordnete Reihenfolge mit der inneren qualitativen Gediegenheit und wohlgeratenen Trefflichkeit der Speisen um den Vorrang stritten, nach der Suppe Kaviar auf zart gerösteten Weizenbrotschnitten gegeben, Kaviar, dessen entzückender Anblick allein durch seinen bezaubernden Wohlgeschmack übertroffen wurde und werden konnte!

Wem gebührt der Preis? – Ich glaube im Sinne meines sehr verehrten Auditoriums zu verfahren, wenn ich den Lorbeer teile.

Bei Gastmählern, die diesen Namen wirklich verdienen wollen, sollte man billig, statt des gesottenen Rindfleisches, Roastbeef geben, wenn man jenes nicht anders zu ersetzen weiß, vermag oder willens ist.

Die entsprechenden vegetabilischen Gegensätze verstehen sich, nach dem aufgestellten Prinzip, hier und für das folgende von selbst, natürlich je in vervielfältigter Mannigfaltigkeit.

Als aller Empfehlung würdig muß hier des in Italien üblichen Imbisses von Schinken, gesalzenen Zungen, Sardellen, geräucherten Würstchen und Würsten, Neunaugen etc. gedacht werden. Diese Speisen, als Vorläufer des eigentlichen Essens, haben die Aufgabe, die Eßlust nur mehr anzuregen, zu determinieren, durchaus aber nicht zu befriedigen; wollen also *cum grano salis* genossen werden. Wie sie ihren Zweck nicht erfüllen, beweist der Schottländer, von dem Byron erzählt, welcher gehört hatte, daß Vögel, die man dort Kittiewiaks heißt, besonders die Eßlust reizten, und sechs Stück davon verzehrte, darauf aber klagte: er wäre nicht hungriger als vorher.

Goethe deutet ebenso kurz als treffend die Hauptbestandteile eines Mahles mit den Worten

»*Vögel, Wild und Fische*«

an, und allerdings sollte, meiner bescheidenen Meinung nach, keines der drei bei einem eigentlichen Gastmahle fehlen. Diese sollten die Grundzüge, gleichsam die Disposition der Predigt, bilden, wieviel auch dazwischen und nebenbei angebracht werden möge. Am passendsten folgten sich diese Gerichte wohl in der Weise, daß nach dem Rindfleisch oder dessen Stellvertreter und ein paar kurzen Übergangsakkorden Fische aufgetragen würden. Nach einem weiteren Übergang käme dann der oder die Braten, wild oder zahm – und diesem folgte ebenso Geflügel, zahm oder wild.

Pastetchen, Torten, Krebse und dergleichen würden ein mildes Verklingen, ein süßes dahinsterbendes Decrescendo vermitteln, bis endlich das Ganze in den wohlgesetzten Schlußakkorden eines wohlbesetzten Desserts von Obst, Konfitüren etc. (Butter und Käse als herkömmliche Fermate) im schmelzenden Piano sanft verhallt, wie etwa die Ouvertüre zum »Don Juan«, welche (sie geht aus D-Dur) mit dem Akkord:

c
g
e
—
c

eigentlich auch nicht abschließt, sowenig wie das Gastmahl; denn nun fängt ja erst das Trinken an.

Damit glaube ich nun zugleich mit hinlänglicher Besetzung alle überladene Instrumentierung ausgeschlossen zu haben. In der Tat besteht die Vortrefflichkeit eines Gastmahles durchaus nicht in der Menge und Vielheit der Gerichte, sondern in der inneren Güte und gelungenen Zurichtung, in der harmonischen Zusammenstimmung des Vor- und Aufgetragenen, in dessen zweckmäßiger Folge, in dem geschmackvollen, überall schönen *tout ensemble,* bei welchem jede einzelne Stimme noch deutlich gehört und erkannt werden kann, und – was nicht zu vergessen! – in der heiteren freien Tonart, aus der alles geht.

Bei einem überladenen Gastmahl hat man ein ähnliches Gefühl als in einem schnellsegelnden Schiff, wo man Bäume, Häuser und Berge am Ufer verschwimmend und schwindlich vor sich vorüberlaufen sieht, und man geht davon wie aus einer großen Bildergalerie, wo man vor lauter Wald keinen Baum gesehen – oder von einer türkischen Musik mit gellenden Ohren, die gleichwohl nichts gehört haben. Das Urteil wird verwirrt und getrübt statt geläutert und gebildet, und statt eines ruhigen, klaren, bestimmten und bewußten Genusses hat man nichts gewonnen als ein unbehagliches Gefühl dumpfer Betäubung und chaotischen Drucks.

Im einzelnen möchte unter anderm noch zu erinnern sein, daß man eigentliche Leckerbissen (besonders kleinere) am passendsten gegen Ende des Mahles aufträgt und daß solche eminente Bissen in der Regel keine Gegensätze dulden, sondern in absoluter Reinheit und Einheit geschmeckt sein wollen. Es ist die Frage, ob nicht manche derselben vorzüglich deshalb dafür gelten, weil sie von so zartem, schwer zu ermittelndem Geschmack sind, daß sie der ergänzenden Kraft, der Phantasie des Genießenden so viel überlassen?

Ob dieselbe Speise, wenn auch noch so verschieden zugerichtet, bei demselben Gastmahl wiederholt werden dürfe oder nicht – darüber scheinen die Stimmen geteilt zu sein, wie ich aus den Mustern von Tafelbesetzung in mehreren Kochbüchern entnehme. Ich finde es unrätlich und höchstens beliebiger Auswahl wegen zulässig. So wird auch ein denkender Komponist z. B. in einem Flötenkonzert außer der obligaten Flöte keine andere Flötenstimme setzen, eben um jene dadurch bestimmter hervortreten zu lassen. Doch gehört diese Frage zu den Kontroversen. Eine andere dergleichen, ob und inwiefern es nämlich passe oder nicht, als Gast für den Tisch des Bewirtenden selbst Speisen mitzubringen, findet man in Goethes »Italienischer Reise« (zweiter Aufenthalt in Rom, Oktober 1787) besprochen.

Die höheren Eigenschaften des Eßkünstlers sollen mit denen des Künstlers überhaupt zusammenfallen. In Schorns »Kunstblatt« heißt es: Im rechten Künstler unterscheiden wir folgende wesentliche Eigenschaften:

1) Schule, Übung, Bewußtsein, Technik.

2) Naturliebe, Geschmack, Formensinn, Übertragen der Natursprache in die seinige.

3) Bildungstrieb, Erfindung, bewußtloses Treffen, Inspiration, Ausbilden im Unendlichen der Kombinationen.

Wer diese Worte, vom Gesichtspunkt der Eßkunst aus, versteht und begreift, der ist der wahre Eßkünstler, und für den sind alle weiteren Vorlesungen entbehrlich. Und so schließe sich denn auch diese, nachdem ich den Sinn jener Worte weiterem Überdenken, Ergründen, Erforschen und Erfahren empfehle. Ich bemerke ausdrücklich, daß ich die Wahrheit jener Worte für den Künstler überhaupt vollkommen anerkenne; ich kann aber nichts dafür, freue mich vielmehr herzlich, daß sie wie gemacht auch für den Eßkünstler passen.

Sollten meine sehr verehrten Herren Zuhörer vielleicht der bedenklichen Meinung sein, sie wären nach der Art, wie sich diese Vorlesung angekündigt, etwas ganz anderes, Feineres und überhaupt mehr zu erwarten berechtigt gewesen, so mögen sie geneigtest erwägen, daß Gelehrten leicht predigen ist – *sapienti pauca!* –, außerdem aber billig bedenken, was Goethe sagt: »Nur ein Teil der Kunst kann gelehrt werden. – Die Worte sind gut, aber sie sind nicht das Beste. Das Beste wird nicht deutlich durch Worte.«

ZEHNTE VORLESUNG

Spezielle Eßbarkeiten

ÜBERBLICKE ICH den Gegenstand meiner heutigen Vorlesung – die ganze Natur liegt vor mir auf dem Präsentierteller –, so wird mir von vornherein klar, daß ich auf Vollständigkeit verzichten muß und nur einzelnes, Ausgewähltes zu geben imstande bin. Es ist nicht möglich, in einer Stunde nur die bloßen Namen alles dessen auszusprechen, was der Mensch ißt und essen kann.

Der mit der Natur in so innig liebendem Konnex lebende Eßkünstler wird wohl irgendeine gute Naturgeschichte besitzen oder, auf eine dringende Empfehlung, sich anschaffen, um sich zu orientieren. Gute Dienste würde auch der dritte Band von Tiedemanns »Physiologie« leisten, in welchem mit heutigen Tages außer Mode gekommener, ausgebreitetster Gelehrsamkeit alles mögliche angeführt ist, was die Menschen aller Zeiten und Länder aßen und essen.

Einfache Formen und das Essen derselben zunächst im Auge, verweise ich in Beziehung auf deren Bereitungsart auf den nicht genug zu rühmenden »Geist der Kochkunst«. Über Verbindungsart je der einzelnen Gegensätze glaube ich das Nötige bereits angedeutet zu haben.

Als Nominal- und Realrepräsentant aller Speise wird von zivilisierten Völkern das *Brot* bezeichnet und betrachtet. Der Mann hat sein Brot, oder sogar: sein gutes Brot, heißt bekanntlich soviel als: Er hat seinen Lebenszweck erreicht, er kann alle Tage heiraten, er ist ein gemachter Mann.

Auch für die Betrachtung des Eßkünstlers ist das Brot ein nicht unwichtiger Gegenstand. Es kann der Kruste eine kleine Kohle, etwas Asche und dergleichen anhaften, es kann mit so viel Kümmel, Koriander und Fenchel bestreut sein, daß ohne Entfernung dieser Dissonanzen das Essen vielfach beeinträchtigt würde.

Daß das Brot überhaupt weder altgebacken noch zu neugebacken sein darf, ist bekannt. Geizige Gastgeber und Wirte geben gerne über Tisch recht neugebackenes Brot, um unerfahrene Esser zu verlocken, recht viel davon zu essen und so statt teurerer anderer Speise wohlfeileres Brot zu konsumieren. – Man ißt in Deutschland gewöhnlich schwarzes Brot über Tisch. Man sollte aber lieber Weizenbrot wählen, wenigstens zugleich mit jenem zur beliebigen Disposition stellen. Bei dem feineren Weizenbrot tritt eben doch der spezifische Geschmack aller Speisen bestimmter hervor, während der gröbere Charakter des schwarzen Brotes und dessen Sauerteig-Assonanz manches Zarte überstimmt und bedeckt. Zu einfachen Gegensätzen wie Butter, Radieschen, Schinken, Käse etc. beim Vesperbrot, unter idyllischen einfachen Verhältnissen im Freien und sonst findet dagegen das schwarze Brot besser seine Stelle, und hier eignet sich vor allem der treffliche Pumpernickel, Pompernickel, auch *Bonpournikel* genannt.

Ein edler Sinn aber liebt edlere Gestalten. Man wird z.B. auch bei dem längsten Aufenthalt in Paris das schwarze Brot kaum vermissen.

Dem Brot nahe steht die Kartoffel, in ihren besseren Arten und wohlgezeitigt eine sehr schmackhafte Speise, und zwar im einfachsten Zustande, in glühender Asche gebraten oder mit Dampf gekocht, wohl am besten. Mancher Eßnaturalist, der sich seine dampfende Kartoffel mit Salz und Butter innigst wohlschmecken läßt, denkt nicht weiter daran, aus welchen Gründen diese Speise so weite Verbreitung gefunden, oder sucht höchstens die Ursache in deren Wohlgeschmack, Wohlfeilheit, leichtem Anbau, sättigenden Massenhaftigkeit, Ludwig XV. und dergleichen. Er lese aber eine neuere Eubiotik und staune über die tiefe Bedeutung des Kartoffelessens. Nichts Geringeres nämlich als »die riesenhaft und ungestüm vorwärtsschreitende Entwicklung der höheren Beziehungen des Menschenlebens im Laufe der letzten Jahrhunderte machte die Kartoffeln instinktisch als gelind gegenhaltendes und retardierendes Mittel zu einem so sehr verbreiteten Komestibel. Denn der Kartoffel ist stets eine narkotische Kraft in geringem Grade eigen, und durch diese eben werden jene höheren Beziehungen des Menschenlebens gedämpft und herabgezogen.«

Der Kartoffelesser braucht darüber nicht zu erschrecken und um seine höheren Beziehungen bange zu werden, sondern mag getrost fortessen; es hat damit nicht so viel zu sagen. Derselbe Verfasser bietet die beste Hilfe. Der Kaffee-Aufguß ist nämlich – was auch manche nicht wissen – eines der wichtigsten und wirksamsten Hilfsmittel zur raschen, energischen und vielseitigen Entwicklung des sensitiven und dadurch mittelbar selbst des höhern geistigen Lebens in Europa durch die letzten Jahrhunderte.

Man hat also durch dieses Korrektiv die Sache in seiner Hand. Wer vormittags einer Sitzung beizuwohnen hat, in welcher er dumm sein soll, wird sich die Sache durch ein

Kartoffelfrühstück sehr erleichtern. Ist's vorbei, so trinkt er ein paar Tassen Kaffee und ist so gescheit wie zuvor.

Es liegt ein furchtbar fruchtbarer Wink für diejenigen, die wollen, daß es wieder rückwärts gehen soll, in diesen Worten. Sie brauchen bloß den Kaffee zu verbieten und zu bewirken, daß jeder Kartoffeln ißt. Ludwig XV. begünstigte bekanntlich den Kartoffelbau mit merkwürdigem Eifer. Napoleon verbot den Kaffee. – Welches ungeheure Licht geht einem auf, wenn man so tiefsinnige Betrachtungen über den Weltinstinkt liest!

Indem ich nun zunächst der *Suppen* zu gedenken habe, will und kann ich nicht verhalten, wie wünschenswert aus den wichtigsten Gründen ich eine Annäherung unserer Nation an die englische Eßweise erachte. In Kosthäusern, bei Wirtstafeln, überhaupt beim Zusammenstoßen mehrerer und vieler, namentlich protestantischer Menschen, könnte wohl damit begonnen und durch gänzliche Verbannung oder doch möglichste Beschränkung des Suppenessens und dadurch allein zu erzielende große, kräftige Rinder- und andere Braten das Erwünschteste erreicht und erfüllt werden. Doch ist die Gewohnheit des Suppenessens zu festgewurzelt, als daß die Erfüllung solcher Hoffnungen irgend wahrscheinlich wäre. Für den Familientisch siedet man Rindfleisch der Brühe wegen, und den Katholiken ständen ihre Fasttage u. a. entgegen. Möchte wenigstens bei eigentlichen höheren Gastmählern auf die über diese Angelegenheit bereits mitgeteilten Bemerkungen Rücksicht genommen werden.

Ich nahm einst an einer Beratung über ein zu veranstaltendes Gastmahl teil. Daß mein Antrag, die Suppe ganz wegzulassen, trotz einer deshalb gehaltenen langen und breiten Rede verworfen wurde, war fast vorauszusehen; schmerzlich ergriff es dagegen, als das entgegengesetzte Amendement einer in Burgunder gekochten Sagosuppe mit großer Stimmenmehrheit durchging. Ich prophezeite das Unglücklichste, was leider eintraf. Obgleich die eifrigsten Wortführer dieser Suppe das mögliche taten, sie schmackhaft zu finden, aus Rechthaberei selbst sich zweimal davon geben ließen, so war das Simulierte und Erzwungene dabei doch nicht zu verkennen. Andere schützten verschiedenes vor, warum sie nicht viel davon essen wollten; einige aber sagten geradezu: sie fänden keinen Geschmack daran.

Doch genug über einen ungeliebten Gegenstand.

Viele Eßkünstler hegen eine nicht zu billigende Geringschätzung gegen *Gemüse*. Allerdings bilden Gemüse keine Speise für sich und sollen dies auch nicht; aber durch sie und die Salate können ja zunächst nur die schon besprochenen Gegensätze verwirklicht werden, und wie einzige, wie unersetzliche Geschmäcke und Genüsse gewähren z. B. die blutreinigenden und erfrischenden, versüßenden, mildernden und erquickenden Gemüse: Blumenkohl, Artischocken, Broccoli, Spargel, junge Erbsen- und Bohnenschoten, Schwarzwurzel, Wirsing, Spinat, Endivien, Kohlrabi, Rübchen etc. etc.

Häufig werden Gemüse zerhackt aufgetragen und auf diese Art die oft so schöne Blumen- und Blattform ganz zerstört. Ein sinnig Essender wird, wo es geht, die Form auch mitessen wollen und also an diesem Verfahren keine Freude finden. Man gibt Blumenkohl auch kalt als Salat; warm als Gemüse gegessen, wird aber seine Zartheit wohl zusagender verstanden werden. Auch Scorzonera ist so besser. – Der Spargel wird warm als Gemüse fast zu weichlich und scheint als Salat zu gewinnen. Wenn Gratarolus rät, den Spargel vor anderen Speisen zu essen, so beweist dies bloß, daß ihm die neuerkannte Bedeutung der Gegensätze völlig unbekannt war. – Junge Bohnen zeigen sich als Gemüse und Salat gleich gut und liebenswürdig.

In Beziehung auf die *Salate* verdiente wohl die französische Sitte allgemeinere Nachahmung, daß der Salat ohne Essig, Öl und Gewürz aufgetragen und vom Esser selber gemischt und nach Belieben zurechtgemacht wird. Meistens trifft man auch in Deutschland einen ungebührlichen Überschuß von Essig im Salat, während umgekehrt viel mehr Öl als Essig entsprechend ist. Leider schmeckt aber das Öl häufigst so schlecht, daß man froh ist, es durch den Essig überdeckt und überstimmt zu finden. Hat man aber gutes Öl, so wird durch dessen Überschuß und durch geringeren Essigzusatz der zarte Geschmack des Salates, besonders des Garten- oder Kopfsalates, gar sehr erhöht. Sonderbarerweise beseitigt man allenthalben gewöhnlich beim Kopfsalat die größeren Blattrippen, Kerne und Herzen, welches alles doch sehr wohl schmeckt. So wird gewöhnlich Sellerie auch zum Salat vorher abgekocht, wodurch er ganz fade wird. Als Suppenkraut mit Möhren, Porree, etwas Petersilie, Kerbelkraut, Portulak, Dragun etc. abgekocht, gibt er zwar eine vortreffliche Brühe, als Salat aber sollte er stets ungekocht gegeben werden.

Mit Recht hat schon Unzer das unzweckmäßige Auspressen der frischen Gurken getadelt, wodurch sie des einzig Nützlichen und saftig Schmackhaften beraubt werden, was sie enthalten. Das Verdammungsurteil, welches Galen über diesen milden, lieblichen Salat ausgesprochen, wird keinen Eßkünstler abhalten, sich denselben aufs beste schmecken zu lassen. Er weiß, daß er wohlgepfeffert sein soll und wenig oder kein Öl verlangt. Wozu er paßt, ist schon gesagt. – Man pflegt Gurken gewöhnlich in Essig einzumachen Dies ist sehr gut; man sollte dies aber auch öfter, als man pflegt, mit Salz tun, wodurch man eine sehr angenehme Abwechselung erhält. Kaum begreiflich ist's, wie man gekochte Gurken empfehlen kann, wie von unnachdenklichen Schriftstellern gleichwohl geschieht.

Von Obst, Zucker- und anderen Dessertsachen wird am Ende die Rede sein.

Auch wenn Aristoteles es nicht schon gesagt hätte, würde ein denkender Esser, der, was er ißt, auch wirklich schmecken will, aus inneren Gründen sich aller Würzen nur mit äußerster weiser Sparsamkeit bedienen. Es ist unverantwortlich, wie oft die besten Speisen durch Überwürzung bis zur Ungenießbarkeit verdorben werden, was in den seltensten Fällen vom Essenden verbessert werden kann. Zu scharfer Senf oder Meerrettich kann zwar durch Zusatz von gepulvertem Zucker leicht entsprechender gemacht werden. Wie aber ist es möglich, z. B. eine Wurst, welche durch Basilikum, Majoran etc. entstellt ist, zu restituieren?

Eine Überwürzung wäre nur in jenen bedauerlichen Fällen rätlich, wo man irgendeine widerstrebende (namentlich Fleisch-)Speise, durch Verhältnisse und Rücksichten determiniert, zu essen sich gezwungen sähe. Je mehr Würze, um so weniger reiner, wahrer Geschmack. Dies gilt auch von zu stark gezuckerten Lobpreisungen, sowenig es auch die Gepriesenen selber merken oder glauben.

Pilze und Schwämme – Persoon zählt einundvierzig eßbare Gattungen auf – bilden den Übergang zum Animalischen, können dies sogar manchmal ergänzen und surrogieren. Der lohnende Genuß, welchen sie gewähren, verdient es wohl, daß man sich mit ihrer Naturgeschichte genau vertraut macht, um nicht auf schädliche zu stoßen. Freilich wird der feingebildete Geschmack des Essenden am besten über ihre Gedeihlichkeit entscheiden, indem kein giftiger Pilz gut schmeckt. Doch ist diese feinere Geschmacksausbildung nicht bei jedem Esser vorauszusetzen. Schwärzt sich ein in das aus Schwämmen bereitete Gericht getauchter silberner Löffel, so verzichte man aufs Essen.

Übrigens vertragen die meisten derberen Pilz- und Schwammarten etwas reichlichere Würzzusätze, welche man in gegebenen Fällen nachträglich zu ergänzen sich nicht genieren sollte. Der nachsalzende oder nachpfeffernde Esser spricht dadurch nicht nur keinen absoluten Tadel über das konkrete Gericht aus, sondern er kann ja, nach Bedarf seine (angebliche) Gewohnheit, nachzuwürzen, schlau selbst tadelnd, mit um so weniger Anstoß seine Absicht erreichen.

Trotz des Reichtums der schmackhaftesten Einzelheiten, welche wir dem Pflanzenreich verdanken, die aber hier nicht füglich aufzuzählen sind, könnte doch auch dieser Kreis noch bedeutend erweitert werden, wie man z. B. bei Tiedemann finden wird.

Wie nun das Brot als Repräsentant des Vegetabilischen, so tritt das Rindfleisch als der des Animalischen auf. Beides ißt man täglich, ohne dessen jemals überdrüssig zu werden, und hätte einer Mahlzeit eines von beiden gefehlt, so würde man sagen, man habe eigentlich gar nicht gegessen.

Vom Fleisch aber überhaupt und im allgemeinen gilt, daß bloß die Muskelsubstanz eigentlich den Namen Fleisch verdient und als solches zu achten und zu essen ist. Der sanfte Gegensatz des Fettes ergänzt allerdings die etwas trockene und spröde Muskelfaser vortrefflich, doch ist das Fleisch die Hauptsache – die männlichen, tatkräftigen Muskeln schmekken und nähren – und das weiblichere Fett nur Beigabe, Zusatz, Mitgift, welche letztere leider so oft für die Hauptsache gilt.

Das Muskelfleisch muß aber gebraten sein; gekochtes Fleisch ist eigentlich bloß etwas mehr als gar keines.

Mit dem Herz ist's eine eigene Sache. Wohl ist es das in sich festeste und dichteste Fleisch, aber dabei denn doch zugleich auch schwach und fad. Doch mag's den nächsten Rang nach dem eigentlichen Fleisch einnehmen, wenn man diesen anders nicht der dem Merkur, dem Gott der Überredung, geweihten Zunge, dem zartesten Fleisch, zugestehen will. Demnächst kämen Nieren, Drüsen, Kuheuter, Bockshoden, Lebern, Hirn. (Nach Avicenna ist Schöpsenhirn besser als Kalbshirn.) Am letzten kommt Blut.

Die schwammig porösen Lungen und Milze lehnt der Eßkünstler ab. – Gekröse, Euter und Hoden werden mit Unrecht von manchen ebenso übertrieben erhoben als von anderen für gar nichts geachtet. Sie haben ihr Gutes, und wer's zu schätzen weiß, lasse sich es wohlschmecken.

Die alten Römer schätzten besonders die weiblichen Geschlechtsteile der Schweine, und Plutarch sagt sogar: *Vulva porci nihil dulcius ampla.* – *Sumen* waren die Brüste einer Sau, die eben geworfen und an der die Jungen noch nicht gesaugt hatten, worüber man Martial vergleichen kann. – Besondere Feinheit verrät dieser Geschmack wohl nicht, wenn schon Raffinement. – Bei Horatius findet man die Leber mit Feigen gemästeter Schweine als besondere Delikatesse erwähnt. Man lese dessen zweite Satire des zweiten Buches, etwa mit Wielands Noten, woraus man allerlei lernen kann, wenn man dabei nicht vergißt, daß der Dichter dem Osellus hier manche Ansichten in den Mund legt, die er weit entfernt war, zu den seinigen zu machen.

Man hat sehr darüber gestritten, welche Tiere das beste Fleisch liefern, und namentlich konkurrierten hier Rind und Schwein. Galen behauptet an mehreren Stellen, daß Schweinefleisch unter allen Speisen, die wir kennen, am nahrhaftesten sei. Auch Hippokrates empfiehlt bei Erschöpfung durch körperliche Anstrengungen vor allem Schweinsbraten als das Beste. Die Salernitanische Schule lobt, auf solche Autoritäten hin, Schweinefleisch über die Maßen als allem andern Fleisch durchaus vorzuziehen, und zwar aus dem Grunde, weil es die meiste Ähnlichkeit und Wahlverwandtschaft zu dem des Menschen habe. Kenner, welche Menschenfleisch und Schweinefleisch versucht, hätten keinen Unterschied gefunden.

Celsus war fürs Rindfleisch, und auch diese Autorität fand viele Anhänger. Bekanntlich schlossen und schließen religiöse Gründe eine Menge Menschen (Juden, Araber etc.) von dem Genuß des Schweinefleisches aus. Vielleicht war dies ein Grund mehr, warum sich eine überwiegende Mehrzahl von Menschen zugunsten des Rindfleisches erklärten. So fing denn das Disputieren an.

Wollte die eine Partei vom moralischen Gesichtspunkt aus das Schwein einer zu sinnlichen Weltanschauung, einer epikuräisch materialistischen Philosophie, einer zu objektiven Naturpoesie bezichtigen, so durfte wohl die Gegenpartei dem Ochsen Bornitur, lyrische Befangenheit und spießbürgerlich beschränkte Subjektivität zum Vorwurf machen.

Vergebens mochten Dritte zu bedenken geben, daß beide, Ochse und Schwein, zwei gleichwerte animalische Mitglieder der Gesellschaft seien, jedes derselben gleich befugt sei, dazusein, jedes gäbe, was es eben hätte und wäre, jedes von beiden seine spezifischen trefflichen Eigenschaften habe; dem Charakter des Schweins zwar größere Vielseitigkeit, dagegen dem des Ochsen größere Simplizität nicht abgesprochen werden dürfe, da dieser Gras, jenes aber alles mögliche fresse und verdaue, daß übrigens bei Geschmacksurteilen nicht vom moralischen, sondern vom ästhetischen Gesichtspunkte aus der Gegenstand aufzufassen sei, daß übrigens gar nicht abzusehen sei, warum ein Ochs sittlicher sein solle als ein Schwein – es brachte keine Entscheidung.

Was die einen als lebenslustige und kräftige schöne Heiterkeit priesen, tadelten die anderen als faunenhafte Frivolität. Dagegen schalten jene traurigen Blödsinn und melancholisches Wiederkäuen, was diese männlich ernste Stimmung und höhere Würde nannten.

Die eine Partei stieß sich immer an den abstrakten Begriff: »Schweinerei«, die andere an den: »Ochsenhaftigkeit«, und beide warfen sich beides vor und vergaßen, wie trefflich konkrete Schweins- und Rindsbraten wirklich schmecken.

Vergebens würde man chemisch, physiologisch, histologisch, zootomisch etc. nachgewiesen haben, daß der große Unterschied, den man finden wolle, zwischen beiden streitigen Objekten wesentlich gar nicht vorhanden sei.

Einzelne, zwischen beiden schwankend, gaben nur einzelne zufällige Urteile, die natürlich um so weniger entscheiden konnten. So sagte z. B. der Junker Tobias in Shakespeares »Was ihr wollt«: »Mir ist, als hätt' ich manchmal nicht mehr Witz, als ein Christensohn oder ein gewöhnlicher Mensch hat. Aber ich bin ein großer Rindfleischesser, und ich glaube, das tut meinem Witz Schaden.«

Manche zogen Dinge in den Streit, die gar nicht hergehörten, z. B. daß die Malerpinsel aus Schweinsborsten seien und dergleichen.

Auch vom patriotischen Gesichtspunkte sollte die Sache debattiert werden. Die Volkspartei war für das Rindfleisch; die Aristokraten zogen Schweinsbraten vor.

Die Trivialen sagten, dieser sei mehr für den Kopf, jenes fürs Herz, worunter sie ihren Magen verstanden.

Die Verehrer der Wahrheit in der Mitte bestritten die Zulässigkeit der Frage überhaupt. Andere dergleichen tadelten und lobten bald an diesem jenes und dieses, bald an jenem dieses und jenes – und Leute, welche überhaupt Fleischspeisen nicht vertrugen oder an bestimmten Tagen weder Rind- noch Schweinefleisch essen durften, behaupteten eifrig, es tauge beides nichts.

Selbst zwei große deutsche Dichter wurden gewissermaßen in die Sache kompromittiert. Schiller hatte den Pegasus im Joche neben einen Stier gespannt, seinen Karl Moor sich selber mit Perillus' Ochsen vergleichen lassen und im »Wilhelm Tell« sogar eine Kuh, »die braune Liesel«, verewigt. Goethe schrieb in seiner »Campagne in Frankreich« wörtlich: »Nahe an einem großen zweischläfrigen Ehebett, mit grünem Rasch sorgfältig umschlossen, hing das geschlachtete Schwein, so daß die Vorhänge einen malerischen Hintergrund zu dem erleuchteten Körper machten. Es war ein Nachtstück ohnegleichen.«

Darin fand der blinde Partei-Eifer auf beiden Seiten Patronate oder, was dasselbe ist, glaubte sie zu finden. Der Streit dauerte nichtsdestoweniger oder vielmehr um so mehr fort, und jede Partei blieb, wie gewöhnlich, am Ende bei ihrer Meinung.

Soll ich meine Meinung sagen, so ist das englische, Shakespearisch kräftige Vorbild Roastbeef eine treffliche, ebenso urkräftige als wohlschmeckende Speise, die höchste Urspeise. Die deutschen Nachahmungen sind merklich matter und weniger nahrhaft; gesottenes Rindfleisch aber, wie schon bemerkt, ohne alle Kraft und so wenig ansprechend wie ein durch unaufhörliches Tränenvergießen entmannter Mensch. Die französischen *Boeufs à la mode* – jawohl, *à la mode!* – mit jenem Urbilde verglichen, sind rein eine Sardelle gegen einen Walfisch. Es kann davon gar keine Rede sein. Jenes deutsche Rindfleisch aber sagt besonders dem allgemeinen Hausgebrauche zu. Schweinsbraten wird von vielen, namentlich Nichteßkünstlern, nicht so gut vertragen, ist schon ein leckereres Gericht, außerordentlich vortrefflich wohlschmeckend und nahrhaft und bildet, mit jenem englischen Roastbeef zur Basis, eine schöne, reiche Mannigfaltigkeit.

Vergleicht man aber jenes schon benannte ausgesottene Rindfleisch mit dem originalen saftvollen Schweinsbraten, so bin ich unbedingt auf seiten des Hippokrates, Galen und der Salernitanischen Schule, so gute Krankensuppen auch Rindfleischbrühe geben möge.

Wohl zu beherzigen ist, daß am Spieß Gebratenes vor allem anders Gebratenen den Vorzug verdient. Man vergleiche z. B. am Spieß gebratenen mit dem gewöhnlichen Schweinsbraten, und man wird hochgesteigerten Genuß finden. Auch muß Avicenna und Rhazes vollkommen recht gegeben werden, daß für tatkräftige und arbeitsame Männer die fette Fülle und nährende Kraft des Schweinsbratens zunächst passe. Für träumende Phantasten ist aber gesottenes Rindfleisch sehr entsprechend, wenn auch nicht stärkend.

Wie man nun über die genannten beiden Eßbarkeiten überhaupt gestritten, so erstreckte sich der Disput auch auf ihre einzelnen *Stücke*. – Doch würde mich dies, da ich gar mehr anderes zu besprechen habe, zu weit führen, und ich stelle deshalb billig beim Ermessen meiner sehr verehrten Herren Zuhörer spezielle Urteile hierüber anheim.

Dagegen habe ich der liebenswürdigen Sprößlinge beider genannter Quadrupeden, des Kalbes und Ferkels, zu gedenken. Was ließe sich aber nicht hierüber allein sagen?

Wie schwer ist es, zu bestimmen – es gibt nun einmal Leute, die alles bestimmt haben wollen –, ob die saftige Kalbsbrust, der stärkere Schlegel (sehr wohl auch als Sauerbraten zu verspeisen), der zarte Nierenbraten mit seinem ans Ätherische streifenden markigen Fett, die nahrhaften Kalbsfüße und der so manche ergötzliche Auswahl darbietende Kalbskopf den Vorzug verdiene. Am besten ist's, sich alles wechselsweise schmecken zu lassen. Doch sei das Kalb, welches schmackhaft sein will, nicht allzu jung. Galen fordert achtwöchentliches Alter, auch die Polizei will nicht, daß zu junge Individuen publik werden sollen. Was hilft's? Überall stößt man leider auf Gelbschnäbel, die noch mehr Milch als eigentliches Fleisch sind.

Wenn Galen zu alte Schweine zum Genuß ungeeignet findet, hat er vollkommen recht; daß er aber, lediglich das Fleisch ein- oder zweijähriger Schweine empfehlend, die überaus leckeren und köstlichen Ferkel hintansetzt, wird ihm kein denkender Esser verzeihen. Auch über die Güte der einzelnen Teile des Ferkels kursieren die verschiedensten Ansichten. Ohne mich damit zu befassen, bemerke ich im allgemeinen, daß, wenn man etwas pfeffert und guten, feinen Senf dazu ißt, man sehr wohl tun und mehr wird essen und vertragen können als irgendein neidischer Mitesser, der dies nicht weiß.

Über Schinken und Würste wäre wohl manches zu sagen, wäre nur die mir gegönnte Zeit nicht zu kurz. Wer aber kennt nicht die Schinken von Westfalen, Bayonne, Bordeaux etc. und die Würste von Braunschweig, Bologna, Göttingen, Gotha etc.? – Sie erfreuen sich wohlverdienten allgemeinen Ruhmes. Aber »manche sind berühmt, andere verdienten es zu sein«. – So kann ich es nicht unterlassen, auf die weniger berühmten, aber um nichts weniger trefflichen Nürnberger Bratwürste aufmerksam zu machen. Goethe fand sie so schmackhaft, daß er sie mit der Post von Nürnberg nach Weimar kommen ließ.

Kuriositäten und Monstra, wie z. B. die Anno 1601 in Königsberg konstruierte 2010 Fuß lange Wurst, haben bloß historischen Wert.

Vom Wurstgift und was damit zusammenhängt, z. B. Justinus Kerner, zu sprechen, wäre unerfreulich.

Ich bleibe bei der werten Verwandtschaft und nenne hier gleich das Wildschwein. Galen zieht es zahmen vor. Es ist sonderbar, aber sehr natürlich, daß der Mensch überall vergleicht, überall etwas besser, vorzüglicher finden zu müssen glaubt. – Schnell fertig ist die Jugend (auch das Alter) mit dem Wort. – Gleich heißt ihr alles schändlich oder würdig; bös oder gut. – Ist denn die Nelke besser als die Narzisse? Beide sind ja nur anders. Und anders ist allerdings auch das Wildschwein. Man wird, wie man auch appretieren mag, dem erfahrenen Eßkünstler niemals ein zahmes Schwein für ein wildes geben können, obschon eine feine Zunge dazu gehört, es immer zu unterscheiden. Dagegen scheint mir der Wert des Wildschweinskopfs häufig sehr überschätzt zu werden. Schon Meleager gab der Atalanta den Kopf des Ebers, von welcher derselbe (eigentlich jeder, Eber und Meleager) angeschossen war, als das Beste. Auch heute noch hört man dasselbe Urteil. Ich gestehe, daß mir und meinem Geschmacke ein wohlappretiertes Ochsenmaul lieber ist. Es hat mehr Charakter, welchem zuviel Fett ungünstig ist.

Ziegenfleisch kommt nach Galen – dem Rhazes beizustimmen scheint – gleich nach dem Schweinefleisch, dann erst das Kalbfleisch. Dies lobt aber Averroes sehr, besonders wegen dessen *odoris suavioris et jucundioris,* und zieht es dem Lammfleisch vor, von dem auch Galen glaubt, es tauge weniger, denn es sei *humida, lentoremque ac macorem in se habens.* Allerdings taugt ein altes, mageres Schaf nichts; wie aber ist's mit einem jungen, runden, schneeweißen Schäfchen? – Man hat das Schaf wild machen wollen, es auf Wildpretart zugerichtet, ja betrügerische Wirte geben es wohl für Rehbraten aus. Es schmeckt aber auch nach allem andern eher als nach Wildpret, da der idyllisch sanfte Charakter des Schafs aller Wildheit vom Hause aus widerstrebt. Dasselbe gilt vom zahmen Kaninchen.

Dagegen will Wildpret mortifizierend und beizend behandelt sein. Doch wär's überflüssig, die jedem bekannten wonnevollen Genüsse, die wir Hirschen, Rehen und Hasen verdanken, eigens zu besprechen. Mit Recht dürfen aus forstpolizeilichen Gründen die zarten Gattinnen der genannten geweihtragenden edlen Tiere nicht geschossen werden. Trotzdem kommt dies aus allerlei Ursachen bekanntlich nicht gar zu selten vor. Kann man auf diese Art eine Rehgeiß, eine Hirschkuh etc. bekommen, so versäume man ja nicht, davon zu profitieren. Es ist köstlich! – Zu den individuellen Geschmacksangelegenheiten gehört es wohl, daß manche Rehleber für so besonders wohlschmeckend halten.

Hab' ich nun noch Eichhörnchen und Gemsen genannt, so sind so ziemlich alle Eßbarkeiten beisammen, die wir aus der Klasse der Säugetiere nehmen. Denn junge Kamele und Dromedare, Antilopen, Rentiere, Bisamochsen, Murmeltiere, Affen, Faultiere, Armadille, Beuteltiere, Känguruhs,

Tapire, Elephanten, Flußpferde und Seekühe, Löwen, Bären, besonders die delikaten Bärentatzen, Eisbären, otaheitische Hunde, Robben, Walrosse, Walfische u. a., womit andere Nationen ihren Eßschatz bereichern können, sind leider bei uns kaum aufzutreiben. Vom Elephanten bemerke ich noch, daß, laut Nachrichten aus Genf, wo neulich einer erschossen und verspeist wurde, das Fleisch teurer abging als Rindfleisch und auch viel saftiger und schmackhafter befunden wurde.

Vom Esels-, Pferde- und Hundefleisch, welches alles Hippokrates höchlich lobt, will ich nicht besonders reden, aber die früher als Leckerbissen berühmten Siebenschläfer, die auch bei uns, namentlich in Süddeutschland, vorkommen, sowie Hamster, Dachse, Biber verdienten versucht zu werden, und ich werde die erste sich mir darbietende Gelegenheit mit Freuden ergreifen, hierüber eigene Erfahrungen zu sammeln.

Wenn auch den Fuchs seine eminenten Geistesgaben zur Menschenspeise sehr wohl befähigen und wünschenswert machten, so versichern doch einige Kritiker, daß sein Geschmack hinter seinem Witz meilenweit zurückbleibt. Dasselbe will man von Rabelais, Abraham a Sancta Clara, Kant und noch einigen anderen behaupten. – Es ist aber zu bemerken, daß die Römer Füchse geschmackvoll fanden, wenn sie mit Trauben gemästet waren.

Den Säugetieren zunächst stehen die Vögel. Was aber das Rindfleisch unter den Säugetieren, das ist das Huhn unter den Vögeln, und es gilt hier auch ganz das, was dort über Braten und Sieden etc. gesagt wurde.

Jeder nur einigermaßen Gebildete kennt die annehmliche spezifische Verschiedenheit der Geschmäcke von Hühnchen und Hähnchen, Poularde und Kapaun. Galen, Avicenna, Mesues, Simeon Sethi u. a. loben besonders die Hoden junger Hähne als gleich wohlschmeckende und ersprießliche Delikatesse.

Daß Vogelhirn überhaupt für das feinste gilt und wie verdienstvoll die Lebern vieler Vögel zu schätzen sind, ist bekannt. Ebenso allgemein anerkannt ist die Trefflichkeit des

Fasans, über dessen Wohlgeschmack alle Schriftsteller übereinstimmen.

Groß steht der Truthahn und die Truthenne da und gewährt nicht nur die befriedigendste Fülle des Genusses überhaupt, sondern, je nach den verschiedenen Teilen, auch die lieblichste Mannigfaltigkeit der Geschmäcke. In der Gegend von Lyon werden sie mit Walnüssen gemästet – eine herrliche Idee! – Gestatten es die Umstände, so wird der Eßkünstler wohl tun, von einem gebratenen Truthahn einiges zu retten, um es am andern Tag, so etwa um 10 Uhr morgens, zu Bricken und einem guten Glas Wein kalt zu verspeisen.

Auerhahn und Auerhenne haben bei aller Verschiedenheit doch viel Ähnliches mit ihren oben genannten Verwandten.

Gans und Ente könnte man wohl die Schweine der Vogelgeschlechter nennen. Man fehlt häufig darin, daß man sie zu alt konsumiert. Sumpf- und Wasservögel stehen übrigens in der Regel, doch nicht ohne bedeutende Ausnahmen, den frisch in freier Luft lebenden an Feinheit nach.

Tauben fliegen im Schlaraffenland bekanntlich gebraten herum und gelten dem Volke als Prototyp des Delikaten. Der höhere Esser stimmt nicht bei. Doch ist der Unterschied erstaunlich, der zwischen gebratenen Tauben und gebratenen Tauben stattfindet. Doch gehört dies mehr ins Gebiet der Kochkunst, die, wie ich ausdrücklich nochmals bemerke, füglicher Bratkunst genannt zu werden verdient.

Als einzig in ihrer Art glänzen Schnepfen und Rebhühner. Man vergegenwärtige sich lebhaft die durch sie erlebten Genüsse und lasse mich schweigen. Doch mag im allgemeinen ausgesprochen sein, daß alles wilde, in der Freiheit Lebende, bestimmteren Charakter und anregenderen Geschmack hat. So bemerkt schon Avicenna, daß wilde Tauben schmackhafter sind als Haustauben.

Soll ich noch anderer Wald- und Feldhühner gedenken, der Wachteln, Rothühner, Frankolins, Haselhühner, der Finken, Kernbeißer, Ammern (Ortolan), Drosseln, Lerchen u. a.? – Die Nachtigallen kann ich doch kaum übers Herz bringen zu nennen – wer kennt sie nicht so gut, wie die Regenpfeifer, Strandläufer, Rohr- und Wasserhühner?

Krammetsvögel trägt man nicht selten unausgeweidet auf; man sollte es aber nicht tun.

Ich schweige von den uns weniger zugänglichen Straußen, Flamingos, Papageien etc., kann aber nicht umhin, zu bemerken, daß man in Italien, besonders in Rom, Weihen, Sperber, Kirchfalken, Stare, Dohlen, Dompfaffen oder Gimpel, in Frankreich Raben, in Polen Kraniche ißt und daß man dies auch in Deutschland probieren könnte.

Über die Eßbarkeit und Gedeihlichkeit der Stare, Wachteln, Amseln etc. haben Avicenna, Averrhoes, Baldachus, Aloysius Mundella, Rabbi Moses, Psellus, Rhazes, Savonarola und andere Zelebritäten viel gestritten und geschrieben, was ich bloß anführe, um es anzuführen.

Veraltet sind: Schwanbraten, Störche, Pfauen etc. – vielleicht mit Unrecht. Das etwas trockne Fleisch der Pfauen eignete sich besonders zu längrer Aufbewahrung.

Auch Perlhühner, Kiebitze und Trappen sollte man nicht so sehr vernachlässigen, als man gleichwohl pflegt.

Aloysius Mundella rät die der Aphrodite heiligen Spatzen, welche man schöner Sperlinge nennt, für manche Verhältnisse. Hierüber aber sowie über die Güte und Ersprießlichkeit der verschiedenen Vogeleier herrscht unendlich viel Vorurteil und Aberglauben, welchen man bei so unschädlichen Richtungen vielleicht am besten tut, unangefochten zu lassen.

Über die indianischen Vogelnester ist schon gesprochen. Da sie für die meisten unerreichbar sind, so dient es zur Beruhigung, wenn man sagt, es wäre nichts Gutes daran.

Von den zweideutigen Amphibien, die zum Tierreiche gerechnet werden, kommen in Deutschland zunächst die wetterverkündigenden Frösche – die selteneren Vipern weniger – in Betracht. Hier sieht man recht, was Befangenheit und Vorurteil vermag, indem die überaus zarten Froschschenkel häufig von der unnachdenklichen Menge fast mit Abscheu verschmäht werden. – Andere sagen, sie würden beim Froschessen erst recht hungrig. O Unnachdenklichkeit! – Als ob nicht gerade in diesem Umstande die schönste Bürgschaft eines längstmöglich fortgesetzten Genusses läge! – Wer überhaupt ißt, um den Magen zu füllen, verdient gar nicht zu essen.

Zu den aus Unkenntnis und Mangel eigener Erfahrung häufig überschätzten Eßbarkeiten gehören die Schildkröten. Ich habe in Italien öfters welche gegessen, es ist nicht der Mühe wert, zu bedauern, daß sie nicht auch bei uns heimisch sind, was sie noch dazu sehr leicht gemacht werden können. Doch hat es tiefe Bedeutung, wenn Apollo zur Schildkröte sagt: »Wenn du tot bist, dann wird erst dein Gesang anheben.«

Über die ebenfalls eßbaren Krokodile, Leguane und deren Eier sowie über die Riesenschlangen, welche wie Schweinefleisch schmecken sollen, weiß ich nichts zu sagen, welches zu sagen mir schwer ankommt.

Die Fische sind eigentlich wohl Fleisch; eigentlich aber auch kein Fleisch. Statt darüber zu streiten, lasse man sie lieber sich schmecken.

Im allgemeinen gilt, daß in stehenden Wässern, tiefliegenden Teichen, sumpfigen, langsam fließenden Flüssen lebende Fische indifferenter, dumpfer, fetter und doch schwerer sind; denn es kommt auf der Welt sehr viel auf die Umgebung an. In freier See hausende Fische haben durchaus entschiedeneren, stärkeren, festeren Charakter. Gleich gut und etwas milder zeigen sich die in schnell fließenden Strömen und größeren Landseen.

Vorzüglich geschätzt schon von alters her wegen höherer Feinheit sind die Fische, welche in hoch gelegenen, rasch fließenden kleineren Flüssen mit Kies- und Felsgrund ein frei bewegliches Leben führen, daher, nach Galen, von den Alten *pisces saxatiles* oder *petrosi* genannt, wozu besonders die Forellen gehören.

Mit Recht, denn sie verdienen es, gelten manche Fischlebern, besonders die des Hechts, der Aalbutte *(Gadus Lota)* u. a. als feine Delikatessen. Dasselbe gilt von den Eiern der

Karpfen, Hechte, Barsche, Lachse, Forellen, Störe – Kaviar, *nota bene* flüssiger Kaviar.

Es kommt als eigne Erscheinung im Menschenleben vor, daß man hinten sucht, was vorn, unten, was oben, links, was rechts ist. So glauben manche Nationen, z. B. die Bewohner von Beludschistan, Fischessen mache dumm. Es ist allerdings nicht klug, wenn man sich mit Fischen begnügt, wo man Fleisch haben kann. Aber das Dumm-Machen der Natur vorzuwerfen zeugt wirklich von keiner großen Weisheit. O Himmel! Die Natur ist hier außer aller Schuld. Dies wird systematisch, künstlich betrieben; ja das Sichdummstellen haben zu allen Zeiten, wie jetzt, viele zu solcher Virtuosität gebracht, daß man irre wird, ob ihre täuschenden Darstellungen nicht wirklich natürlich sind.

Daß Grätenfische mit vieler Vorsicht zu essen sind, sagt man schon den Kindern, und doch vergessen es oft die Erwachsenen zu ihrem größten Nachteil.

Fische dürfen bei einem Gastmahl niemals als Haupt-, sondern immer nur als Zwischenessen betrachtet werden, fordern stärkeren Gewürzzusatz, eignen sich ihres Fettes wegen auch zum Sieden; Fischbrühe aber ist etwas Trauriges.

Soviel im allgemeinen. Indem ich aber über die einzelnen Fische sprechen will, wimmelt eine so große Anzahl vor mir herum, daß ich kaum weiß: »wo beginn' und wo end' ich!«

Ich nenne – aber nicht aus lexikographischen Gründen – den Aal zuerst, denn er, der Treffliche, ist der vor allen Verkannte, Vielverlästerte und Verrufene, der auch, wie Maria Stuart und Madame F., sagen könnte: »Ich bin besser als mein Ruf!« Es ist auch jetzt noch, wo es, wie die Königin im »Don Carlos« sagt, keine Ritter mehr gibt, Pflicht, sich der leidenden Unschuld anzunehmen.

Die Autorität Galens ist wohl an dieser üblen Nachrede ebensosehr Ursache als der unnachdenkliche Genuß und die ungeeignete Zurichtung. Und der berühmte Gratarolus betet dem Galen das Verdammungsurteil über den Aal nach, ohne jedoch dessen Wohlgeschmack leugnen zu können, ja der Berühmte wird hier grob, wie Berühmte öfter, indem er, die milden Annehmlichkeiten der Aale zugestehend, sagt: *»quamvis heluonum guttur leniant suaviter.«* Da der Berühmte aber die Krebse zu den Fischen rechnet, eine eigne Giftvene des Aals annimmt und glaubt, man könne jemand das Weintrinken überhaupt verleiden, wenn man einen Aal in Wein ersticke und diesen Wein diesem jemand zu trinken gäbe, so sieht man leicht, wie wenig eine solche Autorität Beachtung verdient.

Die meisten Verlästerer gleichen ganz dem Kinde, welches den Stuhl schlägt, an dem es so ungeschickt war, sich zu stoßen, dem Schlechtschreiber, der die Schuld auf die Feder schiebt, dem, der die Scheibe fehlt und das Pulver anklagt, und wie dergleichen triviale Gleichnisse noch mehr beigebracht werden könnten.

Man sorge für zweckgemäße Zurichtung, wie im »Geist der Kochkunst« zu finden, man esse nicht gar zuviel und trinke darauf, und man wird sich dieses labenden Genusses ohne alle Fährlichkeit erfreuen können. – Nach Gratarolus sind übrigens die weiblichen Aale die besten, und ums Sommersolstitium soll man überhaupt keine Aale essen. – Was hat der Eßkünstler nicht alles zu berücksichtigen und zu bedenken!

Trotz dieser bekannten und für noch größer als wirklich gehaltenen Gefahr drängt sich ein Babington, ein Tishburn nach dem andern um die Lockspeise, und man könnte einen tiefen psychologischen Zug der Natur und des Reizes der Gefahr hierin erkennen, wenn nicht der Reiz des Wohlgeschmacks die Sache einfacher erklärte.

Ein eigener Brauch herrscht allenthalben in Beziehung auf die viel, viel tiefer stehenden Bücklinge. Man glaubt nämlich, sie mit Butter- und Eiergebäck auftragen und essen zu müssen. Es liegt hier eine dunkle Ahnung des geforderten Gegensatzes zugrunde – aber welche Wahl! Sie sind in dieser Verbindung kaum zu verdauen, und zart geröstete Kartoffeln oder dergleichen bilden in jedem Betracht einen entsprechenden Gegensatz. Ich erwähne dies, weil sie viele

Liebhaber zählen, die sich in der Regel den Magen damit verderben. Übrigens schmecken sie roh und trocken nicht gerade schlecht, obschon etwas sehr hölzern; vertragen aber, auf diese Art genossen, um so eher einen guten Trunk.

Ich habe bereits vorhin der Forellen nach Verdienst rühmend gedacht, ohne deshalb, wie die meisten diätetischen Schriftsteller, sie an die Spitze ihrer Klasse stellen zu wollen. Ein Hecht ist allerdings keine Forelle, wie umgekehrt; aber er ist gleichen Ranges. Ich habe oft gehört, wie Gäste sich beklagten, wenn sie statt Forellen, wie sie sagten, nur Hechte bekamen. Warum denn: *nur?* –

Doch ist bereits von Fischen, Stockfischen etc. im Verlaufe der Vorlesungen so oft schon die Rede gewesen, daß ich mich billig darauf beschränke, nur noch die Namen folgender zur angenehmen Reminiszenz meinem sehr verehrten Auditorium zu vergegenwärtigen: Welse – Rochen – Karpfen – Lachse – Schellfische – Schollen – Meerbarben – Seehähne – Knurrhähne – Lippfische – Meerbrassen (Seebrachsen) – große und kleine Makrelen – Barsche. –

Bei den Krebsen finde ich mich zunächst veranlaßt, zu bemerken, daß diejenigen, welche gerade Eier unter dem Schwanze haben, zu dieser Zeit sehr wenig schmackhaft sind und schon deshalb Schonung verdienten, wenn man auch die vielen tausend zukünftigen Krebse, welche man im entgegengesetzten Falle im Keime vernichtet, nicht beachten will. – Der Mensch sollte aber auch in dieser Beziehung essen wie ein Mensch. – Eine feine Zunge wird an den sonderbar, fast wie Siegellack schmeckenden Krebseiern überhaupt nichts Delikates finden. Die rohen Eier aber von lebenden Krebsinnen wegzuessen, wie ich ein paarmal gesehen, gehört zu einem Stil, von dem ich wünschte, daß in diesen Vorlesungen nichts vorgekommen sein möchte.

Beim Krebsessen ist aber vor allem zierliche Fertigkeit nötig, sowohl um Anstoß zu vermeiden als besonders um durch ungeübtes zögerndes Verfahren nicht die größten, besten und meisten Krebse von Geübteren sich vor der Nase wegessen zu sehen. Ißt man selber und jedermann keine

Krebse mehr, so kann man – wenn man's kann; es ist aber spottleicht – aus den Scheren gar niedliche fechtende Männlein machen, auf Brot stecken und zum Divertissement der Gäste seine Geschicklichkeit zirkulieren lassen. Unstatthaft ist die Ausübung dieser plastischen Kunstfertigkeit, solange andere noch Krebse essen wollen und also selbe nicht gerne, namentlich zu so uneigentlicher Verwendung, sich entziehen sehen; dies um so weniger, wenn die Künstler, wie meistens, gerade die größten Krebse zu ihren anthropomorphischen Bildungen wählen.

Der sehr verbreitete Glaube, die Krebse würden schmackhafter, wenn man sie mit kaltem Wasser ans Feuer setzt und kocht, beruht auf einem Vorurteil, einer irrigen Annahme, welche man zu berichtigen menschlich bestrebt sein sollte. Doch geschehen auch in Deutschland immer bedeutendere Schritte zur Abstellung der grausamen Tierquälereien, und Zartgefühl und Menschlichkeit wird herrschend. Erst gestern las ich ein Zeitungsblatt, welches dafür zeugt, indem es erzählt, daß die Humanität mehrerer Bürger einer Stadt durch einen Kutscher, welcher seine Pferde sehr mißhandelte, so indigniert wurde, daß sie denselben ohne weiteres tüchtig durchprügelten.

Wird mit etwas Gutem auf der Welt Mißbrauch getrieben, so ist es mit den so verschieden beurteilten Austern. Es hat etwas Schauderhaftes, zuzusehen, wie manche Austern zu vielen Dutzenden und Hunderten verschlucken, denn vom Schmecken und eigentlichen Essen ist dabei gar keine Rede. Es sind Beispiele vorhanden, daß dreißig Dutzend und mehr verschlungen wurden.

Sonderbar ist's, daß man sich scheuen würde, z. B. ein Dutzend Bratwürste zu verlangen, Austern aber immer nach Dutzenden und Hunderten bestellt oder bestellen zu müssen glaubt, so daß Austern essen und viel essen für identisch genommen wird. Daher stammt denn wohl die Sage, als ob die Austern überhaupt schwer verdaulich seien. Sie sind aber nichts weniger als dies, wie ich mich durch hier nicht wohl zu erzählende Beobachtungen zur Evidenz überzeugte. Ißt man freilich mehrere Dutzend und trinkt noch schlechten Wein dazu, dann kann man freilich sterbenskrank werden.

Der mit Geschmack und Sinn essende Mensch wird, mit Maß sie genießend, finden, daß wenigere besser schmecken als zu viele, und so Lust behalten, sich öfter daran zu erquicken.

Für den angehenden Eßkünstler mag bemerkt sein, daß, im Falle sie nicht schon ohne Bart aufgetragen werden, dieser zu beseitigen ist; daß man, um sie zu schmecken, auch zu kauen und nicht, wie oft geschieht, bloß zu schlucken habe; und daß, ehe man öffentlich als Austernesser auftritt, man wohltut, eine oder ein paar Privatvorübungen vorzunehmen. Im Anfang wird etwas Pfeffer dazu gut sein, welcher freilich wegbleiben muß, wenn man die spezifische Feinheit ihres Geschmacks rein und klar erkennen will.

Man sollte die Austern nicht immer bloß roh essen. Sie sind auch gebraten – allein oder z. B. in einem Kapaun – sehr gut.

Ich erwähne noch der Weinbergschnecken, welche die vollste Anerkennung verdienen. Selbst in der Suppe sind sie noch trefflich, und ist irgendeine Suppe würdig, gegessen zu werden, so ist es gewiß eine Schneckensuppe.

Vieles, was hier noch aufgeführt werden könnte, übergehe ich als fremd und ferner liegend, lasse mich auch in den Streit, ob die Milch, von der ich noch nichts gesagt habe, zu den Speisen oder Getränken zu rechnen sei, nicht ein und gehe zum Dessert über.

Vom verkehrten Volk der Gelehrten haben einige, z. B. Avicenna, Gratarolus u. a., gesagt, Pfirschen, Pflaumen, Kirschen, Aprikosen, Birnen etc. seien vor anderen Speisen zu essen. Selbst die eifrigsten Anhänger des Alten werden aber hier – und warum denn nicht überhaupt? – entgegengesetzter Meinung sein. Im *Théâtre Français* wird an einem Abend ein Trauerspiel in fünf Akten und darauf ein dito Lustspiel gegeben, und so paßt's auch; umgekehrt nicht. Das Dessert ist eine erheiternde Erfrischung nach ernsteren Leistungen. Man wendet in der Regel zuwenig Aufmerksamkeit und Auswahl auf das Dessert in Beziehung auf den Hauptinhalt des Mahles. So z.B. wurde mir einst nach einem gebratenen Spanferkel eine Melone gegeben. So übereinstimmend nun beide Gaben in ihrem Grundcharakter auch sind, so scheinen sie mir es doch eben zu sehr zu sein, um einen Gegensatz bilden zu können, den ich nun einmal, meinem Prinzip zulieb, fordere. Ich glaube, nach Hasen- oder Rehbraten, Rebhuhn etc. hätte die Melone besser gepaßt; umgekehrt nach dem Spanferkel besser die etwas pikanteren Weichseln, Johannisbeeren, Korneliuskirschen – auch Orangen.

Aus ähnlichen Gründen halte ich den Rat der Salernitaner, nach Fischen Nüsse zu geben, für verwerflich.

Ein lieblicher Gegensatz liegt in den Früchten selber. Man esse z.B. Äpfel und welsche oder Haselnüsse – Trauben und Mandeln etc. zusammen und fühle, wie lieb das schmeckt. Die gar nicht üblen Bucheckern verdienten zu diesem Behufe wohl auch einen Platz beim Nachtisch.

Daß der verdauungsbefördernde Zucker, angenehme Konfitüren verschiedener Art, nicht fehlen dürfen, erwähne ich gar nicht extra. Dagegen scheint mir die häufig (in Frankreich allemal) zum Dessert gegebene *Crème* sich weniger dazu zu eignen. Sie bildet keinen rechten Gegensatz und Übergang zum Trinken, welcher viel entsprechender durch Käse vermittelt wird. Man sollte aber nicht immer, wie gleichwohl üblich ist, ein und dieselbe Spezies Käse zum Dessert geben. *Variatio delectat.* – In der Übersetzung des Martialis von Marolles findet man klassische Bemerkungen über Käse, besonders französische Sorten.

Die Trefflichkeit der Pfirschen preist schon Avenzoar. Ich betrachte diese schöne, zarte, saftige Frucht als Zierde des Nachtisches, wobei ich darauf hinzudeuten nicht unterlasse, daß, eben der saftreichen, anmutigen runden Fülle und Zartheit wegen und sonst, die liebliche Bezeichnung: »die Pfirsche« schöner und konvenierender ist als das herbe und eckige: »der Pfirsich«.

Der männliche Apfel ist zum Nachtisch unerläßlich und zum Glück immer zu haben. Ich könnte über dreißig Äpfel-

Spezies aufzählen und beschreiben, die alle sehr schmackhaft sind, hätte ich über das Dessert nicht schon öfter gesprochen und überhaupt genug gesagt. Doch darf ich nicht unerwähnt lassen, daß Gefrornes als Nachtisch verwerflich ist. Einem gesunden Sinn wird es überhaupt schon zum und nach dem Essen nicht zusagen, auch wenn er das Undiätetische davon nicht erkennt oder was er auch sonst von den gefrornen Tendenzen unserer Zeit halten mag.

Noch wäre manches zu sagen; aber nicht nur die sich endende Stunde, sondern auch die Unaussprechlichkeit mancher Objekte läßt es nicht zu. Sehr wahr sagt Hippokrates: »Weizen und Weizen, und Wein und Wein, und alles, was wir genießen, ist gar sehr voneinander verschieden und macht, daß man nicht so genau davon handeln kann.«

Gewährt der Gesamteindruck schöner Gegenstände ungeteilten Vollgenuß, so wird der Kenner doch Lust und Belehrung auch an Prüfung und Würdigung schöner Einzelheiten finden, welche anzuregen keiner der geringsten Zwecke dieser Vorlesung war, wobei denn freilich, wie – *sans comparaison* – in der »Iliade«, auch Thersites nicht fehlen durfte. »Der Bauch«, lehrt aber Sirach, »nimmt allerlei Speise zu sich, doch ist eine Speise besser denn die andere.« – Daraus folgt nicht, daß man bloß nach einem trachten, eines lieben müsse, sondern vielmehr alles Liebenswürdige – immer mit gebührender Beachtung und Achtung des Spezifischen. Nur keine Gleichgüligkeit! – Shakespeares holde Porcia sagt: Die Krähe singt so lieblich wie die Lerche, wenn man auf keine lauschet.

ELFTE VORLESUNG

Vom Trinken

WER DIE BEDEUTUNG des Trinkens, besonders des Weintrinkens, für die Menschheit kennt, wer noch besonders erwägt, daß diese Vorlesungen in deutscher Sprache, für deutsch redende Männer und von einem Deutschen verabfaßt sind, wird unmöglich von einer einzigen derselben, wie der heutigen, irgend etwas Umfassendes oder gar Erschöpfendes erwarten. Der Wein allein ist so viel besungen und besprochen, daß man, wollte man nur alles das lesen, kaum Zeit zum Trinken übrig behielte. Die Kunst, zu trinken, erforderte und verdiente einen eigenen Zyklus von Vorlesungen.

Ich muß mich hier durchaus darauf beschränken, über das Trinken bloß insoweit zu sprechen, als es auf das Essen Beziehung hat.

Hier ist nun die erste Frage: Soll man überhaupt zum Essen trinken?

Meinen sehr verehrten Herren Zuhörern kann es unmöglich entgangen sein, daß, wenn ich vom Essen rede, ich keine spielenden Flöten- und Flageolett-Vorübungen und leichten Divertissements, sondern etwas vollstimmig Besetztes, etwas Gewichtigeres im Sinne habe. Wie ich überhaupt oft Eigentliches meine, wenn ich es auch für schleppend halte, es dabei jedesmal zu sagen, so ist auch hier vom eigentlichen Essen, von einem eigentlichen Mahl die Rede; denn ein Glas oder eine Flasche Wein zu einem Würstlein, einem Neunauge, einigem Kaviar, einem kalten Rebhühnchen und dergleichen versteht sich von selbst.

Das allerunmöglichste wäre, darüber zu reden, ob der Mensch überhaupt trinken solle. Wer erkennt nicht in dem mecklenburgischen Bauern Woldeck, der in seinem Leben gar niemals getrunken hatte und schon als Kind nicht einmal die Muttermilch mochte, ein verabscheuungswürdiges Monstrum, eine unmenschliche Abnormität?

Anders verhält es sich mit dem Trinken über Tisch. Es gibt gewichtige Autoritäten und Gründe dagegen.

Plater leitete sein hohes Alter davon her, daß er niemals eher getrunken hätte, als bis er sich satt gegessen, und Lichtenberg versichert, daß er sich niemals so gesund befunden, als seit er nicht mehr über Tisch getrunken, und noch von seiner Arznei so schnell und handgreiflich die gute Wirkung empfunden, als hiervon.

Wenn aber Plater auch sein hohes Alter davon herleitete und wenn man auch hierauf überhaupt Wert legen wollte, so ist damit nichts weniger als erwiesen, daß er recht hatte, es davon herzuleiten, und Lichtenberg sagt selbst, daß er häufig medizinierte, also nicht gesund, also krank war, also für Gesunde nichts entscheidet. Überhaupt sagt eine Autorität aus dem Grund eigentlich nichts, weil sie kein Grund ist.

Auch die Autorität Hildebrandts ist gegen das Trinken über Tisch; das täte aber gar nichts, wenn er nicht zugleich den für den Eßkünstler ebenso erheblichen als gewichtigen Grund anführte, daß das Getränk neben den Speisen doch auch seinen Platz haben wolle, woraus natürlicherweise folgt, daß einer, der viel trinkt, verhältnismäßig um so weniger essen kann. Dies, und daß der spezifische Geschmack der Speise reiner und bestimmter wahrgenommen wird, wenn man nicht dazu trinkt, ist wohl zu beherzigen.

Tiedemann sagt aber: »Es darf als Grundsatz aufgestellt werden, daß Personen, welche von der Aufnahme von Getränken bei dem Mahle keine nachteiligen Wirkungen spüren, wohl tun, sich des Trinkens nicht ganz zu enthalten, denn der Genuß sehr trockner, zäher, gesalzner und gewürzter Speisen verursacht Durst, und wenn er nicht befriedigt wird, so entsteht dadurch das Gefühl von Völle, Spannen und Druck im Magen.«

Was folgt daraus? – Wem's schmeckt und wohlbekommt, der soll trinken, aber eingedenk der einfachen Wahrheit, daß beim Essen das Essen die Hauptsache bleibt.

Ich berücksichtige absichtlich Diätetiker bei dieser Frage, weil sich die Antwort von dem künstlerischen Gesichtspunkt aus zugunsten des Trinkens, als poetischer Verstärkung, ebenso von selbst ergibt als nach unserem Prinzip, da der Wein nicht nur den schönsten flüssigen Gegensatz des Festen, sondern zugleich die edelste vegetabilisch-flüssige Gegensätzlichkeit überhaupt repräsentiert. Doch will ich der Untersuchung nicht vorgreifen.

Es ist ein chemischer Grundsatz, daß trockne, spröde Körper niemals sich innig verbinden und durchdringen, ja gar nicht aufeinander wirken, es müßte denn rein abstoßend sein *(corpora non agunt nisi fluida).* Die Applikation liegt auf der Hand. Doch sorgen die Köche durch gehörige Tunken und Brühen, und der Hauptkoch, der Magen, vor allem selbst schon für das nötigste Verflüssigende.

Die Salernitaner sagen über diesen Gegenstand: Die Wahrheit liegt in der Mitte. Das heißt, einmal lehren sie:

man solle oft, aber nicht viel *(inter prandendum sit saepe parumque bibendum),* das andere Mal: man solle gar nicht über Tisch trinken *(ut minus aegrotes, non inter fercula potes).* Man kann hieraus im Vorbeigehen lernen, wie klug die in der Mitte sind. Wenn auch einige Einfältige meinen, es sei charakterlos und absurd, ja und nein zugleich zu sagen, so ist doch leicht darzutun, wie klug und lohnend es vielmehr sich im Leben erweise. Da funktioniert z. B. so ein Salernitaner als Leibarzt eines Fürsten, der, wie ein Mensch, gern und lustig über Tisch trinkt. Der Salernitaner sagt: *inter prandendum sit saepe bibendum;* das *parum* verschluckt er. Dem Fürsten tut's aber nicht mehr gut, es ändern sich die Zeiten, Witterungsverhältnisse, Ansichten und der Magen. Der Salernitaner sagt, er hab' es längst gesagt, und sage es aufs neue, es tauge, unmaßgeblich, nichts. Wie sicher, verdienstvoll und edel steht der Salernitaner da! Er kann alle Tage einen Orden bekommen, und warum denn nicht?

Ohne nun zu solcher edlen Wahrheit in der Mitte zu gehören, bin ich gleichwohl weder auf der Seite derer, welche absolut und starr wollen, man solle gar nicht trinken, noch auf seiten derjenigen, die gar behaupten, man solle saufen. Muß man denn gerade rechts oder links oder in der Mitte stehen, kann man nicht auch vernünftig sein?

Wenn nun also das Trinken über Tisch im allgemeinen nicht nur als zulässig, sondern auch als relativ empfehlungswert erachtet werden soll, so ist damit noch nicht darüber entschieden: Was soll man über Tisch trinken?

Krüger in seinen »Träumen«, die wohl noch jetzt gelesen zu werden verdienten, erzählt von einem hypochondrischen Umstandskrämer: »Das Sonderbarste an ihm war, daß er niemals trinken wollte, ob er gleich dürstete. Denn, sagte er, der Wein ist ungesund, die Milch ist zu nahrhaft und macht Säure, das Bier hat unzählige Fehler und wird vom Wasser gemacht, welches zu trinken ich großes Bedenken trage. Denn das Regenwasser nimmt aus der Luft so viele Insekten und Unreinigkeiten mit, daß es notwendig höchst schädlich sein muß. Das Quellwasser ist nichts als anderes Regenwasser, das sich in die Erde gezogen und dadurch noch mehr verunreinigt worden. Das Flußwasser ist noch unreiner, und man möchte sich brechen, wenn man nur daran denkt, was alles hineingeworfen wird. Stillstehendes Wasser ist überdem noch voller Würmer, und das Seewasser ist gar salzig. Ebendergleichen Bedenklichkeiten hatte er bei den Speisen, und weil ich ihm sagte, daß alles das Kleinigkeiten wären, so ärgerte er sich dergestalt darüber, daß er in ein hitziges Fieber verfiel und starb.«

Ich werde in der nun zu unternehmenden Prüfung der verschiedenen Tischgetränke hierauf gebührenden Bedacht nehmen.

Der Arzt Prießnitz in Gräfenberg, der zugleich ein Bauer ist, welches man um so weniger auffallend finden sollte, je öfter es überhaupt vorkommt, füllt seine Kurgäste auch über Tisch um so mehr mit Wasser, je weniger er ihnen etwas Genießbares zu essen vorzusetzen weiß und imstande ist. Dieses Verfahren ist so widerlich, geschmacklos und ungeeignet, daß es nur wegen seiner absoluten Dummheit Erwähnung verdient; denn das meiste auf der Welt ist nur so mittelmäßig, relativ, bedingt, zurückhaltend und schüchtern dumm oder gescheit, daß es kaum die Mühe lohnt, darüber zu reden.

Schiller bemerkt für den Schauspieler, der als Don Carlos zum Herzog Alba die Worte »Sie sind ein großer General« etc. zu sagen hat, daß dies ohne Ironie gemeint und zu sagen sei. Allerdings gibt's Schauspieler, Leser und Menschen, denen man wohl tut, zu sagen: Dies ist Spaß, dies ist Ernst. – Für letztere bemerke ich letzteres. Dergleichen auf flacher, platter Hand liegende Dinge aber erst nachweisen zu sollen ist am allerwenigsten meine Sache, auch abgesehen davon, daß ich nicht gerne, wenigstens nicht mit Absicht, langweile.

Der Eßkünstler wird Leute, die über Tisch Wasser trinken, für alles eher als für Kollegen halten. – Ein frisches Glas Wasser – ein leeres Blatt Papier! – unmittelbar vor Schlafengehen oder nach dem Aufstehen oder für sich in Zwischenzeiten je nach Bedarf und Verhältnis, Sommer oder

Winter etc., ist etwas Erfrischendes, Zweckmäßiges; ein Krug Selterswasser mit Wein und Zucker in einer schattigen Laube an einem heißen, staubigen Sommertag etwas Treffliches; – Wasser aber während eines Gastmahles überhaupt – zu warmen, saftigen, fetten Speisen besonders – ist nicht nur undiätetisch, wie jeder weiß, der nur ein paar Paragraphen über Verdauung gelesen, sondern, was mehr ist, durchaus unkünstlerisch.

Kinder überhaupt, besonders junge Leute in Pensionen und Erziehungsanstalten, die aus purem Hunger zu ihren paar spärlich aufgetischten Bissen Wasser trinken – Studenten, welche die Griffe, Bewegungen und Muskelaktionen des Trinkens so gewohnt sind, daß sie, um nicht in einem fort Bier zu trinken, zur Abwechselung über Tisch Wasser surrogieren, ältere Pönitenztuende, Gräfenberger Wasserenthusiasten und Kranke mancher Art mögen immerhin Wasser auch über Tisch trinken – aber nicht saufen –, wer aber zu keiner dieser Kategorien gehört, überläßt es billig diesen.

Die Salernitanische Schule schildert die fürchterlichen Folgen des Wassertrinkens, besonders über oder nach Tisch, auf das eindringlichste. Das fade Wasser, so lehrt sie, ermangele aller erwärmenden, verdauungsbefördernden Kraft, habe auch rein gar nichts von ätherischer feuriger Substanz, welches alles dem Wein zukomme, der daher dem Wasser durchaus vorzuziehen. Dasselbe bezeugt auch Avicenna, welcher zugleich auf überzeugende Art nachweist, wie durch übermäßiges Wassertrinken wirklich die erschreckliche Wassersucht erzeugt werde. Der ebenso gelehrte als gescheite Erasmus trank gern ein gutes Glas Wein, hielt aber Wassertrinken für schlimmer als die Pest. Schon der Homerische Achilleus hatte so großen Abscheu vor Wasser, daß er lieber von seinem verhaßten Todfeind Hektor als im Wasser sterben wollte.

Antonio Persio erzählt, daß die alten Römer bei großen Gastmählern heißes Wasser zu trinken pflegten. Mag man nun annehmen, daß dies geschehen sei, um die Tätigkeit des Magens zu steigern oder um über sehr heiß aufgetragene

Speisen sogleich herfallen zu können, bevor noch andere ungeübte, minder feuerfeste Gäste sich daranwagten, oder um den Magen zu exonerieren, so wird doch dergleichen Manier, Erkünstelung und Übertreibung ein naturtreuer gesunder Künstler durchaus verschmähen.

Das Gemeinste nach dem Wasser ist Bier. Man nannte es (wie man wahrscheinlich glaubte: poetisch) flüssiges Brot. In vielen Städten, Städtchen, Marktflecken und Dörfern Deutschlands wird es auch über Tisch getrunken. Die Grönländer trinken bekanntlich Fischtran. Es sind das Angelegenheiten des individuellen Geschmacks. Wie aber ein Mensch, der irgend eine Zunge hat, über Tisch Bier trinken kann, ist ein Problem, über welches ich oft ernstlich und reiflich nachgedacht, dessen Auflösung mir aber bis auf diesen Augenblick immer noch nicht gelingen wollte. Vielleicht bin ich heute – durch die Anwesenheit so vieler sehr verehrter Zuhörer, die nicht da sind, begeistert – so glücklich, dem Unbegreiflichen näher zu treten.

Ich habe Tatsachen erlebt, bei deren Erinnerung mir die Haut schaudert. Ich habe gesehen, wie man während des Suppenessens Bier getrunken, wie man gesottenes Rindfleisch aß und Bier dazu trank, wie man Gansbraten aß und dazu Bier trank, wie man Gurkensalat aß und auch Bier trank, wie man Pasteten und Torten aß und auch Bier trank, und wie man, freilich konsequent, beim Dessert zu Äpfeln und Konfitüren eben auch Bier trank. – Dieses Biertrinken über Tisch scheint mir nahe am Gipfel des Ungeschmacks und barbarischer Roheit zu liegen. Ich erkläre mir die wirkliche Möglichkeit dieser Tatsachen, um meinen Glauben an die Menschheit nicht wankend werden zu lassen, denselben vielmehr immer mehr zu stärken und zu befestigen, also: Es gibt Länder und Geldbeutel, welche für den Wein keine oder doch nur sehr wenige Anlagen und Talente haben. Nun kommt es vor, daß, durch allerlei Gründe veranlaßt und bewogen, Mitglieder der menschlichen Gesellschaft reisen, keine eigne Frau und kein eignes Haus haben, Studenten, Offiziere, Handlungsdiener etc. sind. Diese pflegen in Gasthäusern zu essen. Sehr bezeichnend nennt man das Wirtstische, *Tables d'hôte,* um damit anzudeuten, daß der Gastwirt es ist, wegen dessen man eigentlich essen soll. Dieser Gastwirt nun hat Wein und Bier auf dem Lager. Sehr zu verehren ist das Bestreben des Gastwirts, seine Gäste von der Zweckmäßigkeit des Weintrinkens überhaupt, besonders aber über Tisch möglichst durch Autopsie zu überzeugen. Zu diesem Zwecke wird auch insgemein zu jedem Couvert ein Fläschlein Wein gestellt. Dieser sogenannte Wein ist nun aber gewöhnlich, wie alles Gewöhnliche, so schlecht, daß ein vernünftiger Staatsbürger und Mensch denselben nur mit Widerstreben zu genießen imstande ist. Oder der Wein ist so gut (was aber viel seltener vorkommt), daß er zu dem Inhalt der Börse mancher Gäste im umgekehrten Verhältnis steht.

Von der durch das graueste Altertum geheiligten Sitte, zum Essen zu trinken, veranlaßt, supponiert man nun, aus benannten Gründen, das nach dem Wasser gemeinste bezahlbare Trinkbare, das Bier.

Nun gibt es in Deutschland nicht nur schüchterne Jünglinge, die ich sehr liebe, sondern auch schüchterne Männer, die ich sehr bedaure. Wird nun einem solchen im menschlichen Entwicklungsgange Begriffenen oder Steckengebliebenen irgend etwas hingestellt, so geniert er sich, es abzulehnen, und assimiliert sich's eben. So habe ich Leute über Tisch Bier trinken gesehen, die ich näher deshalb befragen konnte und die mir gestanden: Es schmecke ihnen nicht im mindesten, sie tränken es sogar ungerne über Tisch, aber eben des Wirtes wegen.

Ich bitte, nicht mißverstanden zu werden, indem ich gegen das Biertrinken über Tisch eifere. Ich trinke selbst außer Tisch nichts weniger als ungerne Bier. Man kann sich auch damit in die heiterst-melancholische Stimmung versetzen. Doch hat's seine Seiten, z. B. durch wessen Leben sich der Schmerz eines unersetzlichen und unverschmerzlichen Verlustes zieht oder wen der ätzende und stachelnde sauerteigige Gifttropfen »Ideal« durchdrungen, dem ist zwar ein hebendes romantisches Prinzip eingegeben, doch hat sich derselbe sehr zu hüten, nicht zuviel Bier zu trinken.

Soviel vom Trinken des Biers über Tisch!

In Rußland und hier und da in Norddeutschland trinkt man Schnaps über Tisch. Man nennt es Aquavit, Likör, Rum, Arrak, Tafia, *Extrait d'absinthe* etc. etc. Der Namen tut nichts zur Sache. Die Ur- und Grundbedeutung ist eben Schnaps oder Branntwein, wie der Deutsche, der leider immer weniger deutsch zu reden wagt, hier deutsch sagt. Dieser geschmackvernichtende Schnapstrinker verdient in Vorlesungen über Eßkunst gar nicht besprochen zu werden.

Bischof, Kardinal, Met, Punsch, Glühwein, Grog und dergleichen haben, bei viel Maniriertem, zuzeiten doch einiges Verdienst. Über Tisch aber sind sie gar nichts. Es wird auch niemand einfallen, sie, sowenig wie Limonade, über Tisch zu trinken. Doch hab' ich es – zum Glück nur einmal – erleben müssen, ein zweibeiniges Wesen, welches sich für einen Menschen ausgab, Zuckerwasser über Tisch trinken zu sehen. Ich überlasse es meinen sehr verehrten Herren Zuhörern, zu erraten, wer ohngefähr es gewesen sein könnte.

Hab' ich nun davon gesprochen, was man über Tisch nicht trinken soll, so ist es billig, positiv von dem zu handeln, was man trinken soll, nämlich vom Wein. Es ist aber schwer, ruhig und ohne Begeisterung davon zu reden; unmöglich, Besseres hierüber zu sagen als Shakespeares Falstaff und Tiecks Eulenböck. Leicht und gleich gesagt ist aber: Man soll Wein trinken. Welchen denn?

Da stehen die weißen: Rheingauer, Johannisberger, Gräfenberger, Rüdesheimer, Hinterhäuser, Markobrunner, Steinberger, Rothenberger, Geisenheimer, Hattenheimer, Erbacher, Hochheimer, Niersteiner, Liebfrauenmilch, Scharlachberger, Laubenheimer, Bodenheimer.

Leisten- und Steinwein, Saalecker, Wertheimer, Klingenberger.

Forster, Ruppertsberger, Deidesheimer, Wachenheimer.

Zeltinger, Dusemonder, Piesporter, Mannebacher, Brauneberger.

Weinheimer, Hubberger.

Laufener, Sulzburger, Montrachet, Meursault, Chablis.

St. Bris, Haut Preignac, Bommes, Haut Barsac, Sauternes, Carbonnieux, Berons, Côtes, Rion.

Hermitage blanc, Cote-rôtie, St. Peray.

Albano, Montefiescone, Orvieto. – Ödenburger.

Die roten: Assmannshäuser, Niederingelheimer, Oppenheimer, Gimmeldinger, Kallstadter, Königsbacher, Weinheimer, Affenthaler, Bleicher. La Cote. Cortaillod.

Clos de Vougeot, Romanée, Romanée Conti, Chambertin, Richebourg, St. George, Tache, Volnay, Vosnes, Nuits, Pomard, Beaune, Morey.

Château Margaux, Haut Brion, Latour, Lafitte, Larose, St. Julien, Cantenac, St. Estephe.

Hermitage rouge, Coté rôtie, Château grillé, Cornas.

Collioure, Bagnols, Terrats, Tavel.

Ofner, Erlauer. – Portwein, Collares, Vinho de Romo.

Ferner: Madeira, Teneriffa, Kapwein.

Die Sekte: Bangules, Rivesaltes, Muskat-Béziers, Lunel, Frontignac, Ciotat, Coudrieux, Arbois.

Malaga, Tinto di Rota, Alicante, Xeres, Pedro-Ximenes, Tintilla, Calonge, Fontillon, Sherry, Crenache, Alba flor, Majorka.

Lacrimae Christi, Monte Somma, Alliatico, Monte Pulciano, Marsala, Syrakuser, Vino santo.

Tokaier, die Ausbrüche von St. Georg, Menesch, Ratsdorf.

Malvasier von Morea und Kreta, Muskat von Skio, Zyprier.

Kanarien-Sekt von Palma und Teneriffa, Drakenstein, Constantia- und Steen-Wein!

Alle diese und noch mehr sowie den roten und weißen Schiras in Persien und den Wein der Provinz Kacheti in Georgien kann man in Tiedemanns »Physiologie« beschrieben lesen, und bei günstigen Außen- und Innenverhältnissen auch trinken, durch welches letztere Verfahren man einen noch viel klareren Begriff davon bekommt. – O Himmel, wie viel Begriffe gibt's auf Erden, wovon man keine Idee hat! – Alle diese nun – und man denke noch an die Verschiedenheit der verschiedenen Jahrgänge, um die ganze Wonne dieser überreichen Mannigfaltigkeit zu fassen! – »o wunderschön ist Gottes Erde und wert, darauf vergnügt zu sein!« alle diese nun kann man wählen, wenn man kann.

Welche davon aber soll man wählen, welche eignen sich zu Tischweinen?

Nach Unzer sind die gujennischen roten Weine, Bordeaux, Médoc, Pontacq, von allen europäischen Weinen die besten Tischweine. Weiße Weine überhaupt eignen sich weniger zu Tischweinen. Alter Rheinwein wäre zum gewöhnlichen Tischwein zu feurig, junger zu sauer, Mosler zu kühlend, Eremitage für viele zu stark. Ebenso alle gefrornen Weine. Auch Champagner und Burgunder sind keine konvenierende Tischweine. Einige süße Weine passen bloß zum Dessert.

Nach Tiedemann geben die leichten säuerlichen Weine, gehörig abgelegen und mäßig genossen, ein passendes Getränk bei der Mahlzeit ab. Sie löschen den Durst gut, erregen den Magen gelinde, steigern die Nerventätigkeit und beschleunigen den Blutumlauf etwas, ohne zu erhitzen oder Wallungen zu machen; anderer ersprießlicher Wirkungen nicht zu gedenken. Bejahrteren oder phlegmatischen Eßkünstlern passen dagegen die alten edlen und kräftigen Weine, am Ende der Mahlzeit genossen, welche erregender und hebender wirken. Die Salernitaner nennen solche Weine *Vina theologica.* Sehr schwache säuerliche Weine passen für niemand. Äpfel-, Birnen-, Johannisbeer- und Stachelbeer-Weine kommen gar nicht in Betracht.

Sehr schöne tägliche Tischweine sind die ungarischen roten Weine, Ofner, Erlauer, Adelsberger u. a., wie ich mich aus meinen Wiener Studien mit vielem Vergnügen erinnere. Schade nur, daß sie sich nicht länger halten.

Übrigens sei man in der Auswahl nicht zu ängstlich. Mäßig und nicht sowohl während als vielmehr in den Zwischenpausen oder nach dem Essen getrunken, werden diejenigen, welche am schönsten schmecken, auch am besten bekommen.

Menschen, welche sich stark körperlich bewegen, sollen guten Wein trinken zur Erhaltung der Muskelkraft; solche aber, welche eine sitzende Lebensart führen, sollen guten Wein trinken, um den Reiz jener Bewegung zu ersetzen. Im Winter ist es sehr dienlich, guten Wein zu trinken, um sich zu erwärmen, und was ist im heißen, trocknen, staubigen Sommer erfrischender und belebender als ein gutes Glas Wein?

Am besten schmeckt der Wein, wenn man ihn in der Absicht trinkt, sich ihn schmecken zu lassen.

Als Grundsatz darf gelten: Man kann wohl, sehr wohl, ohne Wein zu trinken, essen, man sollte aber niemals Wein trinken, ohne etwas dazu zu essen.

Es wird aber häufig auch noch darin gefehlt oder gar nicht darauf geachtet, auf gewisse wahlverwandtschaftliche Verhältnisse gewisser Weine zu gewissen Speisen bei der Wahl Rücksicht zu nehmen. So gibt's auch Speisen, welche entweder kein Trinken fordern oder es nicht zulassen; andere, welche es bestimmt und entschieden verlangen. Galen und die Salernitaner erinnern daran, daß man zu Schweinefleisch guten alten Wein trinken solle, damit eine gewisse Ergänzung und übereinstimmende Einheit (συμμετρία) in die Sache komme.

Wenn man kalten, trocknen Rehbraten ißt, wird man deutlich die Forderung nach Rheinwein oder Burgunder in sich verspüren. Aal oder Wildschweinskopf fordert Madeira. Kaviar widerspricht absolut allen süßen Weinen. Tee fordert Butterbrot, Milchkaffee Kuchen.

Austern und Champagner werden sprichwörtlich so unzertrennlich gedacht wie Glauben und Hoffen. Es ist aber nicht wohl abzusehen, warum Champagner zu Krebsen, Hummern und dergleichen nicht ebenso gut ist. Champagner und Burgunder passen nicht zu sauren Speisen. Rheinwein empfiehlt sich als Appetit befördernd vor Tisch. Suppen, mit Ausnahme der Schildkrötensuppe, schließen alles Trinken aus.

Rettiche weisen jeden Wein ab und harmonieren, etwa im Freien, zu einem guten Glas Bier sehr wohl.

Man sagt gewöhnlich: Der Fisch will schwimmen. Sosehr ich aber erkenne und anerkenne, wie absolut notwendig es sei, z. B. nach einem wohlgesalzenen und gepfefferten gebacknen Karpfen, nach Herings- oder Sardellensalat und Ähnlichem zu trinken, so darf doch nicht unerwähnt bleiben, daß keine Speise schwimmen will.

Jeder, welcher Physik gehört, weiß, daß Körper in einer bestimmten Flüssigkeit dann schwimmen, wenn sie leichter sind als ein dem ihrigen gleiches Volumen jener Flüssigkeit – er kennt ferner das Prinzip des Archimedes, daß ein in eine Flüssigkeit gesenkter Körper so viel von seinem Gewicht verliert, wieviel das Gewicht der von ihm aus der Stelle gedrängten Flüssigkeit beträgt. Es ist ihm ebensowenig unbekannt, daß ein Fisch genauso viel wiegt, als er Wasser aus der Stelle drängt; er wiegt ein Kilogramm, wenn er 1000 Liter oder einen Kubikmeter verdrängt, weil 1 Liter reines Wasser 1 Kilogramm wiegt. – Dies alles bedenke man wohl; erwäge noch, daß Wein, den man zu oder (wie man zu sagen pflegt) auf den Fisch trinkt, viel leichter ist als Wasser, Burgunder z. B. sich zu Fischwasser verhält wie 0,953 zu 1,030 – und man wird einsehen, was es sagen will, einen Fisch schwimmen zu machen. Allerdings würde der Fisch um so leichter werden, je schwerer die genossene Flüssigkeit und der Kopf des Experimentators. O solche Metaphern (Metaphern überhaupt) sind nur zu oft das größte Unglück der Menschheit, wenn sie nicht mit der Fackel der Naturwissenschaft beleuchtet werden, welches zu tun ich mich nicht enthalten konnte.

Man soll also über (oder, um es nochmals zu bemerken, in den Zwischenpausen; am besten nach) Tisch Wein trinken; aber mit Diskretion und innerhalb gewisser Schranken.

Das über die Wahl der einzelnen Weinsorten zu Tischweinen Gesagte ist zunächst vom gewöhnlichen, täglichen Genuß gemeint. Bei Extra-Gastmählern bindet man sich natürlich nicht an jene Regel, sondern gibt vielmehr keine alltäglichen, sondern extra gute und exquisite Weine.

Wo mehrere Sorten aufgetragen werden, geschieht dies am passendsten in der *climax adscendens,* leichtere, unschuldigere, schwächere voran und stärkere, kräftigere, feurigere darauf! – Zum Dessert passen die im mitgeteilten Weinverzeichnisse zuletzt genannten französischen, spanischen, italienischen etc. Sekte, ungarische Ausbrüche und dergleichen.

Sehr viele sind der Meinung, man solle, besonders bei Tisch, den Wein mit Wasser vermischen. Es ist noch nicht entschieden, welchem Sterblichen oder Unsterblichen die Menschheit diese große Erfindung verdankt. Athenäus sagt, daß Amphiktyon, König von Athen, die Menschen gelehrt habe, Wasser unter den Wein zu gießen. Casaubonus behauptet dasselbe von Amphitryon, König von Theben. Es ist recht schade, daß man nicht im reinen darüber ist. Man könnte dem Erfinder ein Denkmal errichten. Soviel ist gewiß, daß jeder denkende gesunde Eßkünstler dieses Mischen, Verdünnen, Entstellen, Schwächen, Verderben und Vernichten der spezifischen Kraft des Weines gerade über Tisch nicht anstehen wird, für ganz und gar ungeeignet zu erklären.

Ebenso überziert, versüßlicht, verkünstelt und entstellend ist das römische Verfahren, wovon Apicius handelt, Wein vor dem Genuß über Veilchen oder Rosen zu gießen. Es ist schade, daß wir noch keine Suppe von Zuckerwasser, Milch und Vergißmeinnicht haben.

Das chinesische warme Weintrinken nenne ich bloß, um kurz bemerklich zu machen, wie widerlich alle Überkünstelung, alles Unnatürliche ist.

Das heißt weder männlich noch schön getrunken.

Der mächtige Perserkönig Darius ließ auf seiner Grabschrift bemerken, daß er hätte viel Wein trinken und denselben *schön* vertragen können (ἐδυνάμην καὶ οἶνον πίνειν πολύν, καὶ τοῦτον φέρειν καλως). Bayle rühmt dies als *une bonne qualité, une force, une puissance, l'effet d'un tempérament robuste.* – Man kann damit auch Goethes Rochusfest vergleichen. – Was aber in der fünften Vorlesung über das Quantum der Speisen gesagt wurde, mag auch von dem der Getränke gelten.

Es ist nicht gut und nicht schön, mehr zu trinken, als man verträgt; wer also wenig verträgt, trinke nicht viel; woraus aber nicht notwendig folgt, daß der, welcher viel verträgt, gerade auch viel trinken solle. Doch ist dieses Viel und Wenig sehr relativ. So charakterisiert sich der in Frankreich reisende Eßkünstler unverkennbar als Deutscher oder Engländer, wenn er die zu seinem Couvert für ihn hingestellte Flasche Wein austrinkt, welches der Franzose nicht tut.

Es sind viele Mittel zur Verhütung und Beseitigung der Trunkenheit vorgeschlagen worden. Aristoteles, Hippokrates, Galen u. a. empfehlen den Knoblauch. Plutarch führt an, daß Drusus, der Sohn des Tiberius, einige bittere Mandeln verzehrte, wenn er sich zu einem Gelag begab. Andere empfehlen Öl, Kohl und dergleichen. Africanus in seinen Kommentaren rät gebratene Ziegenlunge, Avicenna Weinessig und Granatapfelsaft. Rantzovius erzählt sehr gemütvoll, er trage zu diesem Behufe einen großen Amethyst auf der Brust und er glaube, daß dieser einiges nütze. – Welcher Künstler von nur einigem Natur- und Wahrheitssinn wird solches Zeug nicht in tiefster Seele verachten! In welchen Fällen es übrigens erlaubt, ohne Sünde, rätlich sei, *in Baccho* über die Schnur zu hauen, hat Primerosius in seinem Buche »De vulgi erroribus in medicina« (dritten Buches achtzehntes Kapitel) sehr gelehrt und schön auseinandergesetzt.

Der Eßkünstler soll aber nicht bloß schön essen, er soll auch schön trinken. Durch Unterlassung letzterer Regel wird er sich aller Verdienste berauben, welche er sich in erster Kategorie erwarb.

Hier ist denn der Ort, das mitzuteilen, was der schon belobte Zobel so klar als deutlich hierüber im folgenden sagt:

»Trinke weder allzulangsam noch zu geschwinde, sondern fein ehrbar und sittsam, nicht wie die Säufer, die den Wein oder Bier nur in sich gießen; siehe auch unter dem Trinken nicht viel umher, sondern in das Glas oder anderes Geschirr hinein.

Trinke nicht, wenn du das Maul voll Brot oder anderer Speise hast; auch mache im Schlingen keinen unanständigen Laut mit der Gurgel, daß man alle Schluck zählen kann. Sondern warte lieber, bis du hinuntergegessen hast und das Getränke desto leichter durch die Gurgel laufen kann. Tue auch, nachdem du getrunken, keinen starken Seufzer, um Atem zu holen.«

Manchmal kommt freilich die Natur mit der Kunst in Konflikt. Im allgemeinen sagen Zobel und die Schule allerdings sehr richtig, man solle nicht trinken, während man noch Speise im Munde habe. Wer aber versucht hat, wie gut es schmeckt, frische Feigen und Mandeln oder Nüsse zugleich mit etwas Zyprier oder Malaga im Munde zu schaukeln, wird wohl durch möglich kleinste Bißchen und Schlückchen, Lautlosigkeit und sonstige zierliche Embouchure die Natur mit der Kunst zu versöhnen wissen.

Wichtig für den Genuß beim Trinken sind die Trinkgeschirre. Es paßt hier buchstäblich und eigentlich, was Goethe sagt:

»Überall trinkt man guten Wein,
Jedes Gefäß genügt dem Zecher;
Doch soll es mit Wonne getrunken sein,
So wünsch' ich mir künstlichen griechischen Becher.«

Ich lasse gleich einen Ausspruch Winckelmanns folgen, der genau hierher gehört: »Die Farbe trägt zur Schönheit mit bei, aber sie ist nicht die Schönheit selbst, sondern sie erhebet dieselbe überhaupt und ihre Formen, so wie der Geschmack des Weines lieblicher wird durch dessen Farbe in einem durchsichtigen Glase, als in der kostbarsten goldnen Schale getrunken.«

Wem der Sinn für schöne Formen fehlt, dem wird man freilich vergebens zu erweisen suchen, daß, aus einem schönen Glas getrunken, der Wein besser schmeckt. Wieviel aber der Anblick der Farbe (sei es des funkelnden Purpurs oder des strahlenden flüssigen Goldes) des Weines zum Wohlgeschmack beiträgt, kann man jedem zur Evidenz dartun, wenn man ihm die Augen zubindet und verschiedene Sorten nacheinander zu versuchen gibt: Er wird am Ende nicht mehr wissen, je welchen Wein er eben gekostet. Man trinkt die Farbe auch mit, und der Blinde ist deswegen der unglücklichste Mensch, weil er nicht sieht, was er ißt und trinkt.

Die Trinkgläser sollen also von Glas oder Kristall sein. Aber dieses Glas soll farblos sein. Die, ich weiß nicht, warum, so beliebten grünen Römer wird ein feinsinniger Trinker ablehnen.

Das goldne Trinkgeschirr, welches Herkules von Neptun erhalten, war offenbar von etwas zu großem Kaliber, da sich Herkules dessen zugleich statt eines Fahrzeuges auf dem Meere bediente. Auch die Pokale des Mittelalters waren noch von zu unbequemem Umfang. Es hat etwas Bedenkliches, Bedrohliches, ja fast Schauderhaftes, wenn man, einen solchen Pokal ansetzend, den ungeheuren Wein-Ozean in so gefährlicher Nähe unmittelbar vor der Nase fluten sieht. Dagegen hat die neueste Zeit ohne Frage ins entgegengesetzte Extrem übertrieben, und die Weingläser doch von gar zu winziger Kapazität konstruiert. Solche eignen sich höchstens zum Dessert.

Die Trinkgläser sollen aber ferner nicht nur von entsprechender Größe, sondern auch von anmutiger Form sein. Gibt es doch nichts Abgeschmackteres als z. B. ein Henkelglas. Es ist für einen Mann von Geschmack peinigend, aus solchen gemeinen, rohen, nichtssagenden Formen trinken zu sollen.

Daß man zu verschiedenen Weinsorten verschiedene Gläser gibt, ist bekannt. Das nicht voll Einschenken der Gläser u. a. dergleichen beruht auf unnachdenklicher Konvenienz.

Da gegenwärtig die allerdings appetitlichere Sitte herrscht, jedem Gast ein eigenes Glas zu geben, und nicht, wie früher, aus einem gemeinschaftlichen Becher getrunken wird, so sind Bemerkungen über andere, zum Teil gar nicht verwerfliche Gewohnheiten, wie z. B. die, die Lippen an die Stelle des Becherrandes anzusetzen, wo andere geliebte Lippen genippt hatten, überflüssig.

Es gibt Menschen, welche kaum Wein gesehen und gerochen, als sie singen zu müssen glauben, und nicht rasten können, als sie einen Rundgesang zustande gebracht haben. Diese notenlosen Gesänge haben die gemeinschaftliche Eigentümlichkeit, daß sie, gewöhnlich von den fürchterlichsten Stimmen, mehr gebrüllt als gesungen zu werden pflegen und daß solche leidige Sänger brüderlich, wie es eben trifft, in die Oberstimme, und tiefer organisierte in deren Oktave sich teilen. Höchstens hört man noch von dem und jenem, der etwa einmal ein Flötenduett geblasen, zu dieser edel einfältigen Oktavharmonie, welche die Allegris und Palästrinas zu überbieten strebt, eine Sekunde einschwärzen und *ad libitum* dazuwimmern. Dieses heißt man in deutscher Landessprache einen Rundgesang. Das süßeste Dessert wird dabei in dem Magen dessen, der Ohren hat, in Gift und Galle verwandelt. Um die Qual zu vollenden, ist der Inhalt dieser Trinklieder und Rundgesänge in der Regel so beschaffen, dass man zu dem desperatesten Durst gerührt wird und in dieser Pein leicht in Gefahr kommt, das Übel ärger zu machen. Das Dümmste ist, wenn solche Lieder gescheit sein wollen. So kommen in der Ode unseres größten Barden an den Rheinwein Impertinenzen von Weisheit, Kummer, Sterben und dergleichen vor; umgekehrt ist dessen berühmtes: »Wein und Wasser« so spaßhaft, daß man's nicht ohne Tränen in den Augen und Rührung im Magen hören kann.

In neuerer Zeit hat man sich mehr aufs Gemütliche geworfen; ein gar liebes Genre. – Ein solches Liederbuch hat das Motto auf dem Titel:

»Wo man singt, da laßt euch fröhlich nieder,
Böse Menschen singen keine Lieder.«

Dieses Buch erschien zu einer Zeit, in welcher die Maßregeln der hochnotpeinlichen Polizei in vielen deutschen Gemütern eine komplette Armesünderangst hervorriefen. Kamen zwei, namentlich Angestellte und solche, die es werden oder bleiben, oder steigen wollten, zusammen, so berochen sie sich gegenseitig von allen Seiten, um von etwa wahrgenommenen Liberalitäten und Gallizismen gehörigen Ortes möglichen Nutzen zu ziehen. Da nun auf diesem Talisman-Motto ausdrücklich bemerkt war, daß böse Menschen keine Lieder singen, so lag es nahe, daß man, um zu zeigen, man sei eine gute Haut, nichts Besseres tun könnte als Lieder singen. Lief auch manchmal ein mit zitternder Stimme gesungenes Freiheits- oder Polenlied mit unter, so konnte wieder die Ägide des Mottos vorgehalten werden und decken. Man vergaß aber, daß eine Polizei nicht gerührt werden darf und sehr wohl weiß, daß Don Juan, und Caspar im »Freischütz«, die beide der Teufel holt, auch Lieder singen und Mephistopheles sogar ein moralisches Lied intoniert.

Es gibt ferner ganze Nationen wie einzelne Menschen, welche bei Tisch Gesundheiten trinken zu müssen glauben. Bekanntlich lebt das freie England in dieser Beziehung unter einem sehr unbequemen Zwang. Die alten Römer hatten bei Tische einen eigenen *Magister bibendi,* dem es oblag, die Gesundheiten auszubringen. Es war einigermaßen *gênant,* wenn der Name des Gastes, dessen Gesundheit man zu trinken hatte, etwas lang war, da es die Sitte mit sich brachte, so viel Becher zu leeren, als jener Name Buchstaben enthielt. Auch in Deutschland herrschte früher ein sehr anstrengendes Gesundheittrinken, welches gegenwärtig, mit Ausnahme einzelner Toasts, glücklicherweise so ziemlich außer Gebrauch gekommen, vielleicht aber, in Folge der schon besprochenen weltgeschichtlichen retrograden Schwankungen, bald wieder aufkommt. So glaube ich denn nur bemerken zu müssen, daß ein Toast von Ellenlänge nicht ganz so kurz zu sein scheint, als er vielleicht sein könnte, wenn er weniger lang wäre, und daß es anständig ist, bei hohen Toasts möglichst laut »Hoch!« zu schreien. Es soll vorgekommen sein, daß bei gewissen festlichen Essen ein Freund den andern denunzierte, dieser hätte nicht laut genug geschrien: ein durch die Beschuldigung hinlänglich erwiesenes Verbrechen, welches nicht ohne das größte Mißfallen vermerkt werden konnte. Bei so viel gemachtem, forciertem und surveilliertem Geschrei fühlt sich mancher klare Beobachter, der zugleich ein Mensch ist, in ein sehr appetitstörendes Mißbehagen versetzt und leert lieber sein Glas wahr und aufrichtig im stillen oder unter einem bloß beifälligen, weniger lauten Brummer, um nicht von einem andern Menschen jener unlauteren lauten Klasse beigezählt zu werden.

Noch hab' ich derjenigen jungen und alten gemütlichen Seelen zu erwähnen, welche mit irgendeinem unschuldigen Mitmenschen nicht zum dritten Mal essen können, ohne wie Don Carlos zum Marquis Posa oder der Parapluiemacher Staberl zu aller Welt zu sagen: »Sie, sag'n wir Du zueinander!« – Wäre es wegen unseres sonderbaren deutschen »Sie« – denn Deutschland ist das Vaterland dieser »Dus« –, da wir kein *»vous«* und *»you«* brauchen, ob wir's gleich ebenso gut und gescheit könnten, ja unsere Vorfahren es wirklich taten, so möchte es eher hingehen. Es ist aber nichts weniger als deshalb.

Hier helfen nun oft alle Mittel nichts, dem angedrohten Bruderkuß, welcher oft unter Käuen appliziert wird, zu entgehen. Alle Schlauheiten des Überhörens, des Falschverstehens, des Ablenkens, ja selbst ein deutliches: »*Ihr* Wohl! *Sie* sollen leben!« – ein mit einem andern Nachbarn angefangenes Gespräch, ein fingiertes Nasenbluten etc. etc. sind häufig vergebens, einen solchen Duz-Egel sich vom Leibe zu halten. Das Unabwendbare geschieht, und der neue brüderliche Freund hält sich von diesem unglückseligen Augenblick an für berechtigt, rücksichtslos grob zu sein.

Wohl dem, welchen die Natur so konstruierte, daß er mit eherner Brust zu sagen vermag: »Ich danke schönstens; ich finde es besser, wir lassen's beim ›Sie‹.« Solange es Menschen gibt, die dieses nicht imstande sind, wird sich derjenige, welcher eine andere, bestimmt sichernde Abwehr zu erfinden so glücklich ist, so unverwelkliche Lorbeeren verdienen als etwa einer, der die Kunst, Trüffeln frisch aufzubewahren, entdeckte.

Wenden wir den Blick ab von diesen trüben, die Freuden des Mahles störenden Impertinenzen, die gleichwohl besprochen werden mußten, und blicken wir hin auf den magenschließenden, aromatisch ernsten schwarzen Kaffee!

Unter der Voraussetzung, daß derselbe von einer guten Sorte, von soeben erst gebrannten Bohnen und hinlänglich stark bereitet wird, hat weder Kunst noch Wissenschaft im allgemeinen dagegen das mindeste einzuwenden.

In Frankreich pflegt man schwarzen Kaffee kaum ohne Franzbranntwein oder Rum (*petit verre* schlechthin) zu trinken. Finden die eben angeführten Verhältnisse und Vorbedingungen statt, so bedarf es dieser Verstärkung nicht, welche überdies den Nachteil hat, den spezifischen Wohlgeschmack eines guten Kaffees zu alterieren.

Soviel hierüber! Den Schlußkaffee dieser Vorlesungen werden wir, wenn es beliebt, in der nächsten und letzten derselben zu uns nehmen.

Zwölfte Vorlesung

Schlußbetrachtungen

Indem ich heute eine sehr verehrte Versammlung einerseits mit tiefer Wehmut zum letzten Male hier begrüße, wage ich zugleich andererseits mit hoher Freude in deren zahlreicher Anwesenheit die Bestätigung zu erblicken, daß die sich nun schließenden Eßvorlesungen keineswegs ein verscheuchendes Gefühl der Übersättigung hervorbrachten.

Dieses Gefühl glaubte ich aber nicht anmaßlich etwa dadurch veranlaßt zu haben, daß ich zuviel gab, sondern ich fürchtete vielmehr bescheiden, zu Dünnes und einer sehr verehrten Versammlung Ungenügendes auf- und vorgetragen zu haben.

Daß aber eine sehr verehrte Versammlung mir bis hierher deshalb gefolgt sein sollte, weil dieselbe erwartete, es käme heute erst was Genießbares, kann ich deshalb um so weniger glauben, je mehr ich den Begriff des Desserts als eines Kurzen, wenig Sagenden, für bekannt und zugestanden bei derselben vorauszusetzen berechtigt bin. Die heutige Vorlesung wurde aber als Dessert angekündigt.

Ich werde also erstgenannter froher Annahme mich unverkümmert freuen können. Wohl bin ich mir bewußt und kann mir selber das freudige Zeugnis geben, nur Nötiges, strenge Hergehöriges und nicht das mindeste Überflüssige aufgetischt zu haben. Denn was hätte ich nicht alles noch vorbringen können?

Ich hätte von Adams Apfelbiß, von Esaus Linsengericht, von Aristipps teurem Rebhuhn, von Hannibal in Capua, von dem Fürsten Suidrigellus und seinen 130 Schüsseln starken täglichen Gastmählern, von dem Vielfresser Tarare, von dem Menschen, der gar nichts essen mochte als Gras, von welchem Haller berichtet, von wiederkäuenden Menschen, von dem Geburtstagsgeschenk Rossinis: einer Leier aus Parmesankäse – von dem neapolitanischen Brot aus Mais und Johannisbrot, von Percys und Vauquelins Lob der Linsen, von dem berühmten Pariser Koch Burnet, der einer seiner Nichten bei ihrer Verheiratung 500 000 Francs schenkte, von der ungeheuren Weihnachtspastete, welche Mistreß Kirch 1831 zu London konstruierte und welche vier Gäste aufaßen, von Schottland,

»wo halbverhungerte Spinnen
sich nähren von halbverhungerten Fliegen« –

von der Fähigkeit der Wilden, lange zu fasten, von den geadelten Rinderbraten in England, wovon Lichtenberg Bericht erstattet, etc. reden können.

Es wäre mir freigestanden, ein Heer von älteren und neueren Eßschriftstellern zu zitieren, z. B. Anguilbert, Lignamine, Ryff, Stephanus, Montanus, Phrysius, Bruyere-Champier, Pisanelli, Bonamici, Sala, Nonnius, Sebitz, Durande, Mundy, Lemery, Elsholz, Rosenstein, Lorry, Linné, Plenck, Montechiari, Raynaud, Deboringue, Volte, Danz, Omodei, Virey, Paris, Kolb, Aulagnier, Accum und viele, viele andere; welches mir um so leichter gewesen wäre, als sie bereits Tiedemann auch zitierte, und Ploucquets Bibliothek und Literatur, Bayles »Dictionnaire« u. a. hätte die reichste Ausbeute geboten.

Aus Petronius, Juvenalis, Horatius und vielen anderen wären viele Stellen zu widerlegen gewesen, der Apicier gar nicht zu gedenken.

Die *Medicina Salernitana* hätte über Gebühr benützt werden, es hätten z. B. die Zeichen angeführt werden können, aus welchen man zu beurteilen imstande ist, daß man Hunger hat, und noch viel mehr.

Es wäre mir ein leichtes gewesen, die bedeutendsten Beiträge zur Erklärung der Klassiker zu liefern, z. B. darzutun, woraus die armen Ritter gebacken werden, über die sich Falstaff so ärgerte.

Das große magnetische Gastmahl des Reisemarschalls Worble von Jean Paul, Börnes Eßkünstler etc. hätte auf allen Seiten zu Bemerkungen und Abschweifungen verlocken können.

Ich bewahre die schönsten Reminiszenz-Dokumente der interessantesten Speisezettel und Wirtsrechnungen verschiedener Länder und Sprachen, die ich nur hätte abdrucken lassen dürfen. Ebenso eine Menge Eß-Anekdoten und Eß-Scharaden.

Von den Speisen, welche arme Sünder des verschiedensten Standes, Alters und Geschlechts, von den ältesten bis auf die neusten Zeiten, in den letzten drei Tagen vor der Hinrichtung und unmittelbar vorher zu essen verlangten und aßen, die mit unsäglichem Fleiße und nicht unbeträchtlichem Kostenaufwand gesammelten und angefertigten Verzeichnisse – welche mitzuteilen kaum ein anderer Vorleser sich hätte enthalten können.

Was in der Welt wäre ich nicht alles noch anzuführen imstande gewesen? – Wo aber sagte ich von alledem auch nur eine Silbe?

Ich hätte dergleichen in langen Noten beibringen und nachtragen können. Wo findet sich aber auch nur eine einzige Anmerkung in allen diesen Vorlesungen?

Wer da weiß, wie schwer es ist, gelehrt und ohne Noten* zu schreiben, wird dies zu würdigen wissen. Oder sind diese Vorlesungen am Ende gar nicht gelehrt genug geschrieben? – Ich dächte!

Dies alles nun und unaussprechlich viel mehr hätte ich sagen können, hätten mich nicht gemeldete Gründe davon zurückgehalten.

Obgleich ich nun aber stets darauf bedacht war, dem sinnlosen und unschönen vielerlei und viel Fressen nach Kräften entgegenzuarbeiten, Beispiele von Bestellung und Einrichtung bedeutender Festmähler geflissentlich zurückhielt und durchaus einem edleren, einfacheren, männlichen Stil Bahn zu brechen strebte, so ist mir doch gesagt worden, ich hätte weniger auf große Tafeln als vielmehr auf häusliches Essen, auf den einfachen Familientisch Rücksicht nehmen sollen.

Statt mit einer Selbstapologie die Zeit zu verderben, will ich lieber versuchen, hier alles das nachzuholen, was ich an-

* Ich erfreute mich einer zahlreichen Sammlung von nach Dr. Galls System geordneten schönen Abbildungen und Gipsabgüssen der Schädel ausgezeichneter Eßkünstler. Diese wurden bei den Vorlesungen, wie sie wirklich mündlich gehalten wurden, vorgezeigt und sollten auch lithographiert vorliegendem Abdrucke jener Vorlesungen beigegeben werden. Leider wurde aber der Künstler, welcher deren Ausarbeitung übernommen, auf den Grund und in Folge eines getragenen altdeutschen Rockes in eine Kriminaluntersuchung demagogischer Umtriebe verwickelt, wobei seine Papiere und Effekten, worunter ebenjene mir gehörigen Abbildungen und Gipsabgüsse sowie die wunderschönsten Aquarellgemälde von Torten und Pasteten etc. sich befanden, versiegelt wurden, und liegen gegenwärtig, wer weiß wie lange? – noch unter Siegel. Da nun diese Vorlesungen bis auf diesen Bogen abgedruckt sind und einem sehr verehrten Publikum wohl kaum länger vorenthalten werden dürfen, so muß leider jene, gewiß interessante, Zugabe wegbleiben.

derwärts bestimmt auszusprechen irgend sollte außer acht gelassen haben, wie man ja auch beim Nachtisch gewöhnlich das einzubringen sucht, was man bei den Hauptessen versäumte oder nicht fand.

Eben um jenes unnachdenkliche Vielerlei, Durch- und Übereinander auf natürliche Normen zurückzuführen, habe ich für eigentliche Gastmähler Fische, Vierfüßer und Geflügel postuliert, von welchen drei Grundtypen bei einem und demselben eigentlichen Festmahl allerdings je mehrere und verschiedene Spezies, z.B. Hechte, Lachse, Forellen – Rinds-, Kalbs- und Rehbraten – Schnepfen, Truthahn und Rebhühner (es versteht sich, immer mit ihren vegetabilischen Gegensätzen) aufgetragen werden können.

Aber bei weniger festlichen, bei einfacheren Essen genügt ja z.B. Hecht, Rehbraten und Huhn; bei einem andern: Stockfisch, Hasenbraten und Truthahn; bei einem dritten: Kaviar, Schweinsbraten oder Wildschwein und Krammetsvögel. Oder man kann ja auch bloß Grundeln, Roastbeef und Rebhühner geben; oder auch Sardellensalat, Spanferkel und Schnepfen; oder Lachs, Lammbraten und Kapaun; oder Karpfen, Beefsteak und Auerhahn; oder Forellen, Kalbsbraten und Finken, Lerchen oder wilde Tauben dazu. Für andere Gelegenheiten reicht Heringssalat und Schinken mit darauf folgendem Gansbraten hin. Alles natürlich mit seinen vegetabilischen Gegensätzen.

Will oder kann man's nicht anders als ganz häuslich und ordinär, so kann man ja alles mögliche nach oder ohne Belieben weglassen. Es mußte aber ja doch wissenschaftlich ein gewisses höheres Muster und Vorbild aufgestellt werden.

Sirach sagt: »Besser schlecht zu Hause als gut bei Freunden essen«. – Warum denn aber gerade schlecht? – Wer zu kochen und zu essen versteht, kann ja machen, daß ihm das scheinbar Geringfügigste wonnevoll wohlschmeckt.

Geräucherte kalte Leberwürste (oder auch eine gute Preßwurst) und der vegetabilische Gegensatz: Kartoffelsalat, eine trinkbare Flasche Wein und ein offenes, trautes Gespräch mit ein paar Freunden, die Männer, und Männern, die Freunde sind, dazu – das blinkende zinnerne Salzfaß in der Mitte, gutes selbstverdientes Brot daneben –, das ist allerdings besser, tausendmal besser als alle erdenklichen Leckerbissen die Fülle, und Buben und Lumpenkerle dazu. Ist's denn aber nicht doch noch besser, wenn man bei erstgenannten Verhältnissen eben doch anderes und mehr hat als geräucherte kalte Leberwürste?

Ich stimme Herrn von Rumohr ganz und gar bei, man solle alle Tage gut essen – aber zu gewissen Zeiten noch besser, glaube ich.

Wer die sehr schöne und sehr gescheite Bedeutung des Sonntags (nicht des tristen englischen) erwägt, wer da versteht, was es heißt:

»Tages Arbeit! Abends Gäste!
Saure Wochen! Frohe Feste!«

der wird die Anwendung auf das Thema dieser Vorlesungen von selbst finden, und wohl ihm, wenn er sie findet!

Sei mir freundlich und herzlich gegrüßt, trauter, heimischer Herd des Hauses!

Möge dir Fanatismus, Dummheit, Heuchelei und Lüge, die nächtlich draußen zischen und schleichen oder sich am lichten Tage prostituieren, ferne bleiben!

Mögen fröhliche, aufrichtige, lachende Gesichter, lustig und rotbackig, dich umkränzen, heiliges Asyl menschlicher Wohnplätze! Sei gesegnet!

Somit glaube ich auch dem Familientische gebührendes Recht eingeräumt und zugesprochen zu haben.

Man hat mir ferner ganz fein und von weitem zu verstehen gegeben, ich hätte in diesen Vorlesungen zu oft »ich« gesagt. – Berücksichtigt denn aber eine sehr verehrte Versammlung nicht, wie viele Jahre lang ich schon esse? Sieht dieselbe meine wenigen weißen Haare und meine noch wenigeren schwarzen Zähne nicht?

Wenn neuere blutjunge Dichter fast von gar nichts anderem reden und drucken lassen als von sich selber, warum soll denn ein alter Mann, bei einer Angelegenheit, wo es galt, eigene Erfahrungen und Beobachtungen auszusprechen, nicht auch von sich reden dürfen? Und hab' ich denn ein einziges Mal gesagt, daß ich krank und unglücklich bin?

Kant in seiner Abhandlung von der Macht des Gemütes, durch den bloßen Vorsatz seiner krankhaften Gefühle Meister zu sein, in welcher er auch Selbstbeobachtungen erzählt, entschuldigt sich, daß er »ich« und nicht »wir« sagt.

Wenn ich nun aber auch nach Autorenweise gesagt hätte, z. B.: wir haben eine Bratwurst gegessen, so könnte man ja doch nicht wohl wissen, ob nicht noch jemand dabei war. In diesem Fall wäre offenbar die Bratwurst zuwenig. Will ich aber damit sagen: ich hätte die Bratwurst gegessen, so scheint mir das Wir zuviel. Doch läßt sich mit dem Wir allerlei maskieren, z. B.: »Wir haben ein Spanferkel gegessen.« Es weiß niemand recht, wie er daran ist, ob einer allein es war oder nicht ein anderer dabei war und das Beste dazu oder vielmehr davon getan hat.

Da ich gerade vom Reden spreche, so wäre hier die schönste Gelegenheit, noch mehreres vom Sprechen zu reden, wenn was dabei herauskäme.

Wenn ich nun aber vorhin die edle Einfachheit und andere Vorzüge des häuslichen Essens rühmend anzuerkennen hatte, so darf ich doch nicht unterlassen, ebenso eifrig darauf zu dringen, daß der Eßkünstler nicht ohne Weiterstreben auf der genüglichen Bärenhaut rasten soll. »Es ist nichts so gut, daß es nicht noch Besseres gäbe.« Dies bedenke der Eßkünstler wohl und höre nie auf, nach Erreichung eines höheren Standpunktes zu trachten, wodurch der Horizont zu erweitern, die Objekte zu vervielfältigen, neue Verbindungen und Eßbarkeiten zu entdecken und dieselben zu prüfen, zu bewähren und mitzuteilen wären. Ich darf es nicht verhehlen, daß gerade viele aus der Klasse der Eßkünstler nur zu bald auf ihren Lorbeeren einschlafen und zur Bärenhaut inklinieren.

Allerdings ist's aber auch richtig, daß man das Gute nicht verachten soll, um das, so oft unmögliche, Bessere zu akquirieren, und daß ein Sperling in der Hand besser ist als eine Taube auf dem Dach.

Ich schweige davon, wie viel noch die Chemie für die Koch- und also auch Eßkunst leisten könnte, was um so mehr ihr obläge, je weniger sie im ganzen und einzelnen dafür getan. Man darf aber nur von dem Chemiker etwas dafür erwarten, der zugleich Sinn und Talent für Eßkunst hat.

Noch weniger gehört hierher, wie die Heilkunde, welche längst keine bloße Arzneikunde mehr ist, nicht sowohl für die Eßkunst tun, sondern von ihr lernen könnte, wozu schon Hippokrates, Galen, Celsus, Sydenham, Bagliv, Boerhaave, Alexander Trallianus, de Haen, Zückert, Unzer, Varnhagen, Darwin und viele andere rühmlich die Bahn gebrochen.

Das aber soll hier erwähnt sein, daß eine Vereinfachung und Veredlung der Küchen-Terminologie und Eß-Nomenklatur in unserer Zeit als dringend nötig erscheint. Welche unübersehbare Menge der unverständlichsten, nichts oder zuviel oder zuwenig oder ungeeignet ausdrückenden Küchen-Idiotismen! Welche sesquipedale Länge, welche barbarische Sprache, ja zum Teil welche abschreckende Bedeutungen der Termini, z. B. Maultaschen! Welche unerträgliche Vornehmtuerei und Nachäfferei mit französischen Wörtern, die man tausendmal gescheiter deutsch sagte! Ja wenn's noch gelehrte lateinische oder griechische wären!

Alles dieses sollte geändert, vereinfacht, bezeichnender, sinniger, ästhetischer, edler, appetitlicher gemacht werden. Auch die Eßkunst bedürfte einer Umgestaltung, nicht auf dem blutigen Wege der Revolution, sondern auf dem vernünftigen der Reform.

Damit ich aber nicht bloß leere Worte gesprochen habe, sondern die Eßkunst auch mit einer positiven, konkret daseienden Tatsache bereichere, so will ich es nicht zurückhalten, sondern laut aussprechen und verbreiten: Auch ich habe, ohne mich zu rühmen, eine interessante und für die Eßkunst hochwichtige Erfindung gemacht. Ich habe eine neue Wurst erfunden. Ich habe diese neue, von mir erfundene Wurst auch getauft – und, da es billig ist, daß sie den Namen ihres Erfinders und Schöpfers trägt, so habe ich sie Antonius-Wurst getauft. Hätte ich sie nicht selber gleich so getauft, so wäre ich in Gefahr, der Ehre der Erfindung verlustig zu werden. Auch habe ich sie eigens für diese letzte Vorlesung erfunden, damit etwas darinnen sei.

Diese Wurst – also ist es mir im tiefsten Gemüt aufgegangen, also hat der Geist es mir offenbaret – diese meine Wurst besteht:

1) Aus den Ingredienzen einer gewöhnlichen, jedoch knoblauchlosen, Salami oder Braunschweiger Wurst. – Dies ist bloß die rohe Unterlage, die irdische Basis meiner Wurst, wie Kinds Text des »Freischütz« zu Webers göttlicher Musik – der gemeine Boden, in dem das Höhere keimen und Wurzel schlagen kann.

2) Aus rohem westfälischen Schinken. – Dieser Zusatz repräsentiert zunächst das dem Digestionsapparat wahlverwandteste nutritive Prinzip.

3) Aus Sardellen. – Darin steckt vorzüglich die eßkünstlerische Feinheit.

4) Aus Pfeffer, Piment, Zitronenschale und wenig, wenig Gewürznelken und Ingwer. Punktum. Durch einen Zusatz von Salzburger geräucherter Rindszunge, den ich anfangs beabsichtigte, wäre der männliche Stil, die klassische Simplizität dieser Konstruktion schon überschritten, weshalb ich sie, nach reiflicherem Nachdenken, wegließ.

Wer die erhabene Idee dieser Zusammensetzung zu fassen imstande ist, wird im innerlichsten Gemüte durchdrungen werden von der ungeheuren Bedeutung der sinnigen Verschmelzung gering scheinender Mittel zu einem herrlichen Ganzen, Einem!

Zur Verkörperung dieser Idee ist ein sinniger Wurstmacher nötig. Kennen Sie nun, meine sehr verehrten Herren, einen denkenden Wurstmacher, einen Wurstmacher von philosophisch-ästhetischer Bildung – ich wollte, Sie kennten einen solchen Wurstmacher –, so machen Sie die Probe und bestellen Sie sich eine, noch besser: gleich einige solche Würste* von beliebiger Größe.

* Bei den mündlichen Vorlesungen selbst wurde, statt obiger Sätze, eine solche zierlich aufgeschnittene Wurst herumgegeben und fand vielen Beifall.

Dieser Wurstmacher hat das proportionale Verhältnis der stöchiometrischen Grundbedingungen dieser idealen Naturmischung im Geiste zu erfassen und zu durchdringen und mit Ernst und Liebe zur konkreten Erscheinung zu bringen. Ihm mag es überlassen sein, zu ermitteln, ob ein Pfund Sardellen auf fünf Pfund übriges Wurstgemisch zuviel sei oder ob ¾ Pfund hinreichen. Ihm bleibt es anheimgestellt, die relative Quantität der Gewürze festzusetzen, damit die grimmige Qualität des Ingwers den scharf mephistophelischen Charakter des Pfeffers nicht überschreie, und er hat dafür zu sogen, daß die anmutig aromatische Gestalt des Piments den anderen würzigen Qualitäten harmonisch sich beigeselle.

Er mag sich aber die Gewichtsverhältnisse genau notieren, um, je nach dem individuellen Geschmack der Bestellenden, ändern, weglassen, zusetzen zu können.

Den mechanisch technischen Teil der Operation selbst betreffend, so ist, bei der Encheirese des Mischens und Hackens, des Verschmelzens und Vereinbarens, der Beseitigung aller häutigen, unkaubaren Fleisch- und Schinkenteile, besonders aber dem Entgräten der knochigen und grätigen Sardellengebilde vorzüglich präparative Kunstberücksichtigung zu widmen. Auch darf die Zeit, innerhalb welcher diese Wurst im Raume der Räucherkammer zu verbleiben hat, je nur eine möglichst kleinste sein.

Der Charakter dieser Wurst soll entschieden, ernst, männlich, scharf, ausdrucksvoll – Glut und Hitze des Südens mit trockner Herbheit und Dauerbarkeit des Nordens verbindend und versöhnend – anregend, mephistophelisch reizend, teuflisch humoristisch – und doch lockend, mild und freundlich ansprechend sein. Es soll dadurch sowohl das Verlangen nach jenem schönen Gegensatz flüssigen Goldes (Rheinwein z. B.) ebenso angeregt als auch der verhallende Genuß dieser Wonne des Flüssigen in sanfter, aber kräftiger, fester Vermittlung ausgeglichen werden.

Die Idee des Lebens soll sich abspiegeln in der Idee dieser Wurst: sie soll anregen, aber nicht befriedigen; – sie soll zu kräftiger Tätigkeit aufrufen, aber nicht träges, müheloses Genügen geben.

Soviel nur in bündigster Kürze über meine Wurst, von der noch gar manches zu sagen wäre. Übrigens wird sie natürlich kalt verspeist.

Dieses angeregte Weiterstreben schließt aber zeitweise Rast und Ruhe, neue Kräfte sammelnde Erholung, fröhliches Genießen nicht aus, fordert es vielmehr mit absoluter Notwendigkeit. Wohl dem Manne, der ein Mann ist und zugleich etwas – aber ja nicht zuviel – von einem Jean Paulschen Schulmeisterlein Wuz in sich hat!

Möchte unsere verstimmte, dumme, ernsthafte Zeit wieder gescheit und lustig werden und es sein und bleiben können.

Läge es doch an mir, daß es jedem, der wirklich ein Mensch ist, von ganzem Herzen und so sehr als immer möglich wohlschmeckte auf der Welt, daß der Himmel jeden Nichteßkünstler erleuchtete und begabte und der Teufel jeden holte, der vernünftiges Essen stören will!

Heiterkeit! Kraft! Mannigfaltigkeit! Harmonie! –

»Die Welt ist ein Sardellensalat;
Er schmeckt uns früh, er schmeckt uns spat:
Zitronen-Scheibchen rings umher,
Dann Fischlein, Würstlein, und was noch mehr
In Essig und Öl zusammengerinnt,
Kapern, so künftige Blumen sind –
Man schluckt sie zusammen wie ein Gesind.«

Seite 8: ***Vale faveque …*** – Lebe wohl und bleibe mir gewogen, geneigter Leser!

10: Der 1578 geborene ***François Ravaillac*** wurde 1610 hingerichtet, nachdem er Heinrich IV. ermordet hatte. Die Art der Vollstreckung bestand darin, daß er von vier Pferden zerrissen wurde. • ***Ludwig Börne*** (1786–1837), Schriftsteller und Journalist des »Jungen Deutschland«, plädierte in seinen revolutionären Schriften (u. a. in den »Briefen aus Paris« 1830–1834) für Demokratie und Freiheit; ***Karl Friedrich von Rumohr*** (1785–1843) war ein bedeutender Kunsthistoriker und Schriftsteller. Sein »Geist der Kochkunst« (1822), den Anthus in seinen »Vorlesungen« häufig zitiert, gilt bis heute als eines der Hauptwerke der gastrosophischen Literatur.

11: ***Ein Wort für Sein und Essen*** – Anspielung auf das lateinische Verb *esse* = sein.

14: ***Dionaea muscipula*** – Venusfliegenfalle. • ***Zoophyten*** – »Tierpflanzen«, festsitzende Meerestiere. • ***Echinodermen*** – Stachelhäuter, z. B. Seeigel. • ***Mollusken*** – Weichtiere. • ***Zungen-Vicarii*** – »Stellvertreter der Zunge«. • ***Krustazeen*** – Krebstiere. • ***Mandibeln und Maxillen*** – Mundwerkzeuge. • ***désavantage*** – Nachteil.

15: ***Mammalien*** – Säugetiere.

16: ***Jan van Huysum*** (1682–1749) und ***Philips Wouwerman*** (1619–1668), niederländische Maler. Während van Huysum vor allem Blumen- und Frucht-Bilder malte, wurde Wouwerman durch seine Jagd- und Schlachtenbilder, Reitergesellschaften und Landschaften bekannt. • Der deutsche Mediziner und Zoologe ***Friedrich Tiedemann*** (1781–1861) war mit seinen Untersuchungen zu übereinstimmenden Entwicklungsprinzipien bei der embryonalen Entwicklung des Gehirns bei Wirbeltieren und Menschen einer der Wegbereiter der Evolutionstheorie. Zusammen mit L. Gmelin veröffentlichte er grundlegende Arbeiten zur Verdauung bei Menschen und Tieren (»Die Verdauung nach Versuchen«, 1826–1827). Von einer umfassend angelegten »Physiologie des Menschen«, die Anthus später zitiert, erschienen Teil 1 und 3 (1830/36).

17: Gottlieb Tobias Wilhelm: ***»Unterhaltungen über den Menschen«***, 3 Bde., 1804–1806.

18: ***»Die Symbolik des Traums«*** (1814) von ***Gotthilf Heinrich Schubert*** (1780–1860) gehörte zu den einflußreichsten Werken seiner Zeit. • Die »Theosophischen Send-Briefe« oder »Epistolae theosophicae« des deutschen Mystikers ***Jakob Böhme*** (1575–1624) erschienen zwischen 1618 und 1624. • Über den Verfasser des Werkes ***»Philosoph für die Welt«*** (1775–1800), ***Johann Jakob Engel*** (1741–1802), schrieb dessen Schüler Wilhelm von Humboldt: »Meine erste bessere Bildung bekam ich durch Engel. Er ist ein sehr feiner und lichtvoller Kopf, vielleicht nicht sehr tief, aber so schnell auffassend und darstellend, wie ich es nie wieder gefunden habe.«

19: ***Bricken*** – Pricke oder Neunauge, auch Lamprete genannt, ist ein aalförmiger Fisch.

21: ***»Die Anweisung zum seligen Leben«*** von Johann Gottlieb Fichte (1775–1814) erschien 1806.

22: »***Tout est bien …***« – »Alles ist gut, wie es aus den Händen des Schöpfers kommt; alles entartet unter den Händen des Menschen.« • ***vindizieren*** – etwas als Eigentum in Anspruch nehmen.

23: ***François Quesnay*** (1694–1774), ***Anne Robert Jacques Turgot*** (1727–1781), ***Joseph Clément Garnier*** (1813–1881) und ***Theodor Anton Heinrich Schmalz*** (1760–1831) waren Begründer bzw. Vertreter der physiokratischen Schule, einer ökonomischen Theorie, die davon ausging, daß der Wohlstand des Volkes allein auf der Landwirtschaft im eigenen Land beruhte.

24: Der Schweizer Philosoph ***Johann Georg Sulzer*** (1720–1779) veröffentlichte u. a. eine »Allgemeine Theorie der schönen Künste« (1771–74), die v. a. von den Vertretern des Sturm und Drang heftig angegriffen wurde; ***James Beattie*** (1735–1803), schottischer Dichter und Essayist, verteidigte in seinen Schriften die christliche Religion und Moral gegen den Skeptizismus. • Der schlesische Arzt ***Johann Joseph Kausch*** (1751–1825) verfaßte zahlreiche Schriften zur Medizin, aber auch zur Ästhetik, Literatur und Psychologie, u. a. eine »Psychologische Abhandlung über den Einfluß der Töne und insbesondere der Musik auf die Seele nebst einem Anhange über den unmittelbaren Zweck der schönen Künste« (1782). • ***kollinieren*** – auf etwas hinzielen. • ***Johann Joachim Winckelmann*** (1717–1768) entwickelte eine Ästhetik der Kunst des Altertums. • ***magister naturae*** – Herrscher über die Natur.

25: ***Horror vacui*** – Angst vor der Leere, nach der Aristotelischen These, daß die Natur vor leeren Räumen zurückschrecke. • ***Esoteriker*** – Eingeweihter.

26: ***Prospektus*** – Vorblick, Plan, Entwurf.

27: ***Aristippos*** (um 435 – um 366 v. Chr.), Schüler des Sokrates, erkannte im Genuß das Hauptziel menschlichen Handelns. • Daß man Feinschmecker auch ***Apicier*** nennt, geht auf Marcus Gabius Apicius zurück, der zur Zeit des Augustus und Tiberius als großer Gourmet galt. Ob er ein (verlorengegangenes) Kochbuch geschrieben hat, ist nicht geklärt. Das berühmte »De re coquinaria«, als dessen Autor ein Caelius Apicius firmiert (s. u. Anm. zu S. 142), stammt aus dem 3./4. Jahrhundert.

28: ***Decimus Magnus Ausonius*** (309–375 n. Chr.) gilt als der berühmteste Dichter des 4. Jahrhunderts. • ***Gaius Cilnius Maecenas*** (70 v. Chr. – 8 n. Chr.), politischer Berater des Augustus und wohlhabender Förderer u. a. von Vergil und Horaz, schätzte festliche Gastmähler. • ***Antoine du Prat***, auch Duprat (1463–1535), zunächst Kanzler Franz' I., ließ sich später zum Priester weihen, wurde schließlich Kardinal und verfehlte um ein Haar, zum Papst gewählt zu werden. • Der römische Politiker und Schriftsteller ***Plinius der Jüngere*** (61/62 – um 113 n. Chr.) ist v. a. aufgrund seiner »Epistulae«, u. a. an Trajan und Tacitus, bekannt.

29: Der römische Dichter ***Horaz*** (65–8 v. Chr.) läßt im zweiten Buch seiner »Satirae« den Landmann Ofellus eine Rede wider die prunkvollen römischen Gelage halten, in der verschiedene Speisen aufgezählt werden. • ***Gesinnungs-Examinibus*** – Anspielung auf die in der Zeit des Vormärz übliche Überwachung der Universitäten, evtl. auch direkt auf die Entlassung der »Göttinger Sieben« im Dezember 1837. • ***Rezidive*** – Rückfälle.

30: Das Haus von ***Philemon und Baucis*** blieb aus Dankbarkeit für ihre Gastfreundschaft gegen Zeus und Hermes vom strafenden Hochwasser verschont; sie selbst wurden, anstatt zu sterben, in zwei Bäume verwandelt. • ***Ceres***, die römische Göttin der Fruchtbarkeit, wird oft mit der griechischen Göttin Demeter gleichgesetzt. Anthus spielt hier wahrscheinlich auf die Sage an, nach der Demeter auf der Suche nach ihrer Tochter Persephone von ***Celeus*** und seiner Gattin aufgenommen wurde und dafür deren Sohn Demophon unsterblich machen wollte und später dessen Bruder ***Triptolemus*** (s. u.) in die Kunst des Ackerbaus einführte. • Die Insel ***Delos*** war die einzige Insel, die die von Hera verfolgte hochschwangere ***Latona*** oder Leto aufnahm, die dort Apollo und Artemis gebar. • ***Phineus***, der Sohn des phönizischen Königs Agenor, hatte seine Söhne aus erste Ehe blenden lassen und wurde dafür bestraft. • Der Göttersohn ***Tantalus*** mußte dafür, daß er den Menschen das Rezept von Nektar und

Ambrosia verraten und Tischgespräche der Götter ausgeplaudert hatte, in der Unterwelt in einem See stehen, umgeben von Speisen, die zurückwichen, sobald er nach ihnen griff. • ***Niobe,*** Tochter des Tantalus, prahlte gegenüber der Leto mit ihren 14 Kindern, woraufhin Apollo und Artemis zwölf davon töteten.

31: ***Vesta*** war die römische Göttin des Herdes. • Der in Rom geborene Schriftsteller ***Claudius Aelianus*** (um 170–235 n. Chr.) verfaßte in griechischer Sprache u. a. die »Varia historia«, eine Sammlung von Anekdoten, Beschreibungen von Naturwundern und regionalen Bräuchen, Eßgewohnheiten, Religion etc. • ***Triptolemus*** s. o. Anm. zu S. 30.

32: ***Aulus Cornelius Celsus*** (um 25 v. Chr. – um 50 n. Chr.) war seit dem Mittelalter bekannt für das einzige erhaltene Buch seiner enzyklopädischen »Artes«, »De medicina«, und galt neben Galen als der wichtigste Medizinschriftsteller.

33: ***Ad captandam benevolentiam*** – wörtl.: »um das Wohlwollen zu gewinnen«, rhetorische Figur.

34: ***Johann Heinrich Voß*** (1751–1826) wurde neben seinen eigenen Werken v. a. durch seine Übersetzungen berühmter Klassiker bekannt, u. a. von Homers »Odyssee« und der »Ilias«.

36: ***Elfer*** bzw. Eilfer – der legendäre Wein des Jahrgangs 1811, der auch von Goethe mehrfach als Sinnbild des Vorzüglichen und Inspirierenden gepriesen wurde.

37: ***Solon*** (um 640–559 v. Chr.) war griechischer Staatsmann und Gesetzesgeber. • ***Prosper Alpin,*** eigentlich Prospero Alpini, italienischer Arzt und Botaniker (1553–1671), lebte 1580–83 in Ägypten. Sein bekanntestes Werk »De Plantis Aegypti liber« erschien 1592 in Venedig. Er berichtete als erster über die Kaffeepflanze.

38: ***Spelz,*** Spelze – Schale des Getreidekorns. • ***pro captu*** – je nach Fassungsvermögen, soweit es das Begriffsvermögen zuließ.

39: ***Asa foetida*** – außerhalb Indiens wenig bekanntes Gewürz, das aus den Wurzeln und Stengeln von Ferula (Steckenkraut) und Riesenfenchel gewonnen wird. Wird auch als Stinkasant oder Teufelsdreck bezeichnet und war in der römischen Küche sehr beliebt. • ***Ambrosius Theodosius Macrobius*** (395–423 n. Chr.) war römischer Grammatiker und Philosoph. • Plutarch erwähnt in seiner Biographie über den Staatsmann und Feldherrn Marcus Antonius, kurz ***Antonius*** genannt (83–30 v. Chr.), diese Anekdote aus dem Leben des Arztes ***Philotas*** aus Amphissa. • Der römische Feldherr und Konsul ***Lucius Licinius Lucullus*** (117–56 v. Chr.) war berühmt für seine üppigen Gastmähler.

40: Der römische Tragödiendichter ***Clodius Aesopus,*** der zur Zeit Ciceros lebte, war für seinen verschwenderischen Lebensstil bekannt. • ***Kollation*** – Mahlzeit.

41: ***Antiquare Stuckius …*** – Anthus bezieht sich hier auf eine Reihe von Theologen, Philosophen und Ärzten des 16. und 17. Jahrhunderts, die sich in ihren Werken u. a. mit der (antiken) Gastrosophie beschäftigen. • ***déjeuner à la fourchette*** – Gabelfrühstück.

42: ***François-René de Chateaubriand*** (1768–1848) war einer der wichtigsten Vertreter der französischen Romantik. In seinem »Genie du christianisme« (1828) verklärte er die vorrevolutionäre und vorreformatorische Zeit. • Anthus legt nahe, daß sich über Jahrhunderte nichts änderte: ***Papst Zacharias*** amtierte von 741 bis 752, ***Johannes XXII.*** von 1316–1334. • ***sottises paisibles*** – wörtl.: friedliche Dummheiten. S. u. Anm. zu S. 109.

43: Die ***Salernitanische Schule*** war die Pflanzstätte aller medizinischen Fakultäten Europas und erlebte ihre Blütezeit zwischen dem 11. und 13. Jahrhundert. Anthus spielt mehrfach auf die in seinen Augen unzeitgemäßen »Regulae Salernitanae« an. • Anthus streift nun das 16. Jahrhundert: ***Papst Leo X.*** regierte 1513–1521, sein Nachfolger ***Hadrian VI.*** 1522–1523. ***Augustin Chigi,*** der Gönner Raffaels, starb 1520 in Rom.

44: Als ***»Handelsvertreter Tetzel«*** bezeichnet Anthus den berüchtigten Dominikanermönch und Ablaßprediger Johann Tetzel (1465–1519); mit der »weltgeschichtlichen Katastrophe« ist die Reformation gemeint.

45: ***Die Mediceischen Prinzessinnen*** – Katharina von Medici (1519–1589), die Gemahlin des französischen Königs Heinrich II., reiste zu ihrer Hochzeit 1533 mit einer stattlichen Anzahl bedeutender Köche aus Italien an und revolutionierte damit die französische Küche durch Verfeinerung. Ihre Tochter Maria von Medici (Margot), die Gattin Heinrichs IV., setzte das Werk ihrer Mutter fort.

46: ***Marie-Antonin Carème*** (1784–1833), Autor des »Cuisinier parisien«, war einer der bedeutendsten Köche seiner Zeit und diente unter anderem Charles Talleyrand, dem englischen König, dem russischen Zaren und dem österreichischen Kaiser. Nichts hätte unpassender sein können als sein Name, der auf französisch »Fastenzeit« bedeutet. In seinen *pièces montées* konnte der Koch seine architektonischen Talente entfalten. Keine Feinschmecker waren seiner Aussage nach außer Napoleon ***Jean-Jacques Régis de Cambacérès,*** Herzog von Parma (1753–1824), und der General

Anne Jean Marie René Savary, Herzog von Rovigo (1774–1833). Kenner und Genießer waren hingegen der Staatsmann ***Charles-Maurice de Talleyrand-Périgord*** (1754–1838), Napoleons Schwager ***Joachim Murat*** (1767–1815), König von Neapel, der General ***Andoche Junot*** (1771–1813), der Politiker und Dichter ***Jean-Pierre Louis de Fontanes*** (1757–1821), der russische Zar ***Alexander I.*** (1777–1825), der englische König ***Georg IV.*** (1762–1830) sowie ***Louis, Marquis de Cussy*** (1766–1837), Haushofmeister Napoleons und Autor gastronomischer Werke.

50: ***Krähwinkel*** – laut Grimms Wörterbuch »der Name eines nur gedachten Ortes, der als Musterbild beschränkter Kleinstädterei gilt«, möglicherweise nach Kotzebues »Deutsche Kleinstädter« und nach seinem Lustspiel »Des Esels Schatten oder der Prozeß in Krähwinkel«.

52: ***Gaspare Spontini*** (1774–1851) war italien. Opernkomponist.

54: Anthus bezieht sich hier vermutlich auf den britischen Naturforscher ***Edward Forbes*** (1815–1854), der 1837 zu Meeresstudien nach Algier reiste. • ***Anton Graf von Prokesch-Osten*** (1795–1876) war österreichischer Staatsmann und Schriftsteller. Er zeichnete sich besonders in seinen Reisebeschreibungen und Charakterschilderungen durch glänzende Darstellung, scharfe Auffassung und freimütige Urteile aus. 1836–37 erschienen seine dreibändigen »Denkwürdigkeiten und Erinnerungen aus dem Orient«.

56: Gemeint ist wahrscheinlich ***Carl Große*** (1768–1847), dessen Schauerroman »Der Genius – aus den Papieren des Marquis C* von G**« (1791–94) und »Spanische Novellen« (1794) damals sehr verbreitet waren. • ***Gioacchino Rossini*** (1792–1868) feierte mit seinen Opern – u. a. »Tancredi« (1813) und »Der Barbier von Sevilla« (1816) – zu Anthus' Zeit große Erfolge.

57: Der englische Dichter ***Lord Byron*** (1788–1824), den Anthus oft zitiert, reiste viel durch Europa und starb 1824 im Dienst der griechischen Freiheitsbewegung. • ***Mahmud II.*** (1785–1839) war von 1808 bis 1839 Sultan des Osmanischen Reiches.

58: Die historischen Wurzeln der ***Kalmücken*** liegen in der Mongolei. Ab 1608 wanderten sie nach Rußland bis in das Steppengebiet der unteren Wolga. Mittlerweile ist die Kalmückische Republik Mitglied der Russischen Föderation. • Die Naturwissenschaftler ***Johann Baptist Ritter von Spix*** und ***Carl Friedrich von Martius*** bereisten zwischen 1817 und 1820 Brasilien und veröffentlichten zwischen 1823 und 1831 ihr dreibändiges Werk »Reise nach Brasilien«.

59: Der ***hl. Laurentius*** von Rom starb nach der Überlieferung den Martertod, indem er auf einem Rost gebraten wurde. Er ist u. a. Patron der Bibliothekare, Kuchenbäcker, Köche, Schüler, Studenten und Feuerwehrleute und wird gegen Feuersbrunst, Hautjucken und die Qualen des Fegefeuers angerufen. Der ***hl. Bartholomäus,*** einer der zwölf Apostel, soll gekreuzigt worden sein, nachdem man ihm bei lebendigem Leib die Haut abgezogen hatte. Er ist unter anderem Schutzpatron der Gerber, Sattler, Metzger und Buchbinder und hilft bei Zuckungen, Haut- und Nervenleiden.

60: ***ein Traktament geben*** – ein Gastmahl geben. • ***Vetturino*** – Droschkenkutscher.

61: ***Lacrima Christi*** – Wein aus der Campania.

63: ***Johann Heinrich Wilhelm Tischbein*** (1751–1829) war Landschafts-, Historien- und Stillebenmaler. • Der Landschaftsmaler ***Jakob Philipp Hackert*** (1737–1807) lebte ab 1768 in Italien, vornehmlich in Neapel, und unterwies 1787 Goethe im Zeichnen. Goethe beschrieb Hackerts Leben in der 1811 veröffentlichten Biographie »Philipp Hackert. Biographische Skizze. Meist nach dessen eigenen Aufsätzen entworfen von Goethe«. • Johann Joachim Winckelmann, der seit 1755 in Rom war, nahm dort Zeichenunterricht bei dem Maler ***Giovanni Battista Casanova*** (1722 bis 1795), der auch die Platten zu Winckelmanns »Monumenti antichi« zeichnete.

64: Anthus nennt in diesem Zusammenhang eine Reihe von antiken und zeitgenössischen Ärzten und Philosophen, auf die er sich auch im folgenden häufig bezieht: ***Hippokrates*** (um 460 bis 375 v. Chr.), den berühmtesten Arzt der Antike; den Philosophen ***Aristoteles*** (384–322 v. Chr.); ***Galen,*** d. i. Galenos von Pergamon (129–199 n. Chr.), der griechischer Arzt und Anatom in Rom war; den Naturforscher und Arzt ***Dioskorides*** (Pedanios), der um die Mitte des 1. Jh. n. Chr. geboren wurde und eine Arzneimittellehre (»De materia medica«) verfaßte, in der er zahlreiche Mitteilungen über Arzneipflanzen niederlegte und die Arzneistoffe und ihre Wirkungen benannte; ***Plinius den Älteren*** (23–79 n. Chr.), der sich im 32. Band seiner »Historia naturalis« mit den Heilkräften der Natur auseinandersetzt, den römischen Kaiser (306–337 n. Chr.) ***Constantinus Cäsar*** oder Konstantin I.; und den persischen Arzt und Philosophen ***Avicenna,*** latinisiert für Abu Ali al-Husain ibn Sina-e Balkhi (980–1037 n. Chr.), u. a. Autor des berühmten und einflußreichen medizinischen Handbuches »Kanun fi attibb« – »Kanon der Medizin«; ***Aemilius Macer*** († 15 v. Chr.), römischer Dichter aus

Verona und ein Freund des Dichters ***Vergil*** (70–19 v. Chr.), war Verfasser verschiedener Lehrgedichte, die verlorengegangen sind. Das ihm zugeschriebene Gedicht »De naturis herbarum«, auf das Anthus hier wohl anspielt, ist allerdings das Werk des französischen Arztes Odo Magdunensis aus dem 11. Jahrhundert; es erschien 1832 in Leipzig; ***Stilpon*** (etwa 370–290 v. Chr.) war Leiter der Philosophenschule von Megara und lehrte um 330 in Athen. • ***Johann Georg Zimmermann*** (1728–1795), Schweizer Arzt und Schriftsteller, seit 1768 königlicher Leibarzt in Hannover und später Leibarzt Friedrichs des Großen, war entschiedener Gegner der »Mordbrenner, welche Deutschland und ganz Europa aufklären wollen«. Sein berühmtestes Werk »Über die Einsamkeit« (1756) erlebte mehrere Auflagen. • ***Teufelsdreck*** – s. ***Asa foetida***, Anm. zu S. 39.

65: ***Borellus***, d. i. Giovanni Alfonso Borelli (1608–1679), italienischer Arzt und Mathematiker. • ***Felix Platter*** oder Plater (1536–1614), Basler Arzt und Universitätslehrer. • ***Lazarus Riverius*** (1589–1655), eigtl. Rivière, aus Montpellier, war dort von 1622 bis 1655 Ordinarius für praktische Medizin. ***Friedrich Hoffmann*** (1660–1742) war Leibarzt König Friedrichs I. Er prüfte zahlreiche wichtige Arzneimittel, klärte ihre Anwendung auf und erzielte durch einfache Mittel und Diät große Erfolge. • Der Berliner Arzt ***Johann Friedrich Zückert*** (1737–1778) veröffentlichte zahlreiche medizinische Schriften, insbesondere auf dem Gebiet der Diätetik. • ***Menander***, auch Menandros (342–293 v. Chr.), diente gemeinsam mit Epikur als Ephebe in Athen und schrieb mehr als hundert Komödien. • ***Hieronymus Bock***, genannt Tragus (1498–1554), war Botaniker, Arzt und lutherischer Prediger. Der profunde Kenner der süddeutschen Pflanzenwelt veröffentlichte 1539 das »New Kreutterbuch«. In seiner »Teutsche Speißkammer, oder was gesunden und kranken Menschen zur Leibesnahrung gegeben werden soll« geht es um die Bedeutung der Küchenkräuter. • ***Zedoaria curcuma*** – Zitwerwurzel, ist mit dem stark färbenden Kurkuma (Gelbwurz) verwandt. • ***Gratarolus*** oder Guglielmo Grataroli (1516–1568), italienischer Arzt aus Bergamo, wanderte nach Basel aus und verfaßte zahlreiche Schriften über philosophische und medizinische Themen.

67: ***Karl Friedrich Vollrath Hoffmann*** (1796–1841) mußte seine Privatdozentur an der Münchner Universität wegen freimütiger Äußerungen über den Katholizismus aufgeben. Er veröffentlichte unter anderem »Die Erde und ihre Bewohner« (1833) und »Die Völker der Erde, ihr Leben, ihre Sitten und Gebräuche« (1840).

68: Mit Goethe bekannt, von Wieland geschätzt, Jean Paul freundschaftlich verbunden, war ***Ernst Wagner*** (1769–1812) ein erfolgreicher Romanschriftsteller. Seine »Reisen aus der Fremde« erschienen 1808/09.

69: ***Georg Christoph Lichtenberg*** (1742–1799), deutscher Aphoristiker und Physiker.

70: ***Alexandre Balthazar Laurent Grimod de la Reynière*** (1758 bis 1837) wurde mit verstümmelten Armen geboren. Nach dem Tod seiner wohlhabenden Eltern widmete er sich ganz der Feinschmeckerei. Als Herausgeber des »Almanach des gourmands« (1803–1812) erfand er die Gastronomiekritik. Sein »Manuel des Amphitryons, à l'usage des nouveaux parvenus« (1808) enthält eine Anleitung zum Tranchieren, Menüfolgen und Anstandsregeln.

72: ***Sophrosyne*** – besonnene Gelassenheit, von Aristoteles als Haupttugend des Menschen bezeichnet.

74: ***Torquierter*** – Gefolterter.

75: ***August von Kotzebue*** (1761–1819), zu seiner Zeit sehr erfolgreicher Verfasser zahlreicher Dramen und Lustspiele, griff in seinem *Literarischen Wochenblatt* liberale Tendenzen an und wurde 1819 von dem Burschenschaftler und Studenten Karl Ludwig Sand ermordet. • ***Jean Paul, wenn er einen Mann …*** – Anspielung auf Jean Pauls Roman »Leben des Quintus Fixlein«, der 1796 erschien.

77: ***Joachim von Sandrart d. Ä.*** (1606–1688), deutscher Maler, Kupferstecher und Kunsthistoriker. »Das große Friedensmahl« stellt das Diner des Pfalzgrafen Karl Gustav mit den kaiserlichen und schwedischen Kommissaren und den Reichsständen dar, das am 25. September 1649 stattfand; ***Salomon Gessner*** (1730–1788), Schweizer Idyllendichter, Maler und Graphiker; ***Melchior d'Hondecoeter*** (1636–1695), ***Willem van Aelst*** (1626/27–1683), ***Jan Weeninx*** (1642–1719), ***Alexander Coosemans*** (1627–1689), ***Philips Koning*** (1619–1688), ***Jan Fyt*** (1611–1661), ***Frans Snyders*** (1579 bis 1657), ***Willem Kalf*** (1619–1693) und ***Juriaen van Streeck*** (1632–1687) waren niederländische und flämische Maler. ***Heinrich Sintzenich*** (1752–1812) war deutscher Radierer und Kupferstecher.

80: ***François Pascal Simon, Baron Gérard*** (1770–1837) malte 1798 das Bild »Psyche et l'Amour«. • ***se plaire*** – an etwas Gefallen finden.

81: Das Buch ***Jesus Sirach*** (Ben Sira, Siracides, Sophia Seirach oder Ecclesiasticus) wurde ungefähr 180 v. Chr. von dem in Jerusalem lebenden Juden Jesus ben Eleazar ben Sira auf hebräisch verfaßt und später von seinem Enkel in Ägypten ins Griechische übersetzt.

82: ***Giovanni Battista Martini,*** auch Padre Martini genannt (1706–1784), unterrichtete Mozart im Kontrapunkt. Die Oper ***»Cosa rara«*** (1786), der Mozart die Tafelmusik für seinen »Don Giovanni« entlieh, stammt allerdings von dem spanischen Komponisten Vicent Martin y Soler (1754–1810).

83: ***»Die Schweizer Familie«*** von Joseph Weigl (Musik) und Ignaz Franz Castelli (Libretto) wurde 1809 in Wien uraufgeführt und zählte in der ersten Hälfte des 19. Jahrhunderts zu den meistgespielten Opern in Europa. Der junge Franz Schubert bewunderte und liebte das Werk, und selbst Richard Wagner, der die Oper mehrmals dirigierte und sogar dafür eine Einlage-Arie komponierte, schrieb darüber anerkennend.

84: ***Joshua Reynolds*** (1723–1792) war ein bedeutender englischer Porträtmaler.

85: Der deutsche Baumeister ***Erwin von Steinbach*** (um 1244 bis 1318) stand lange in dem Ruf, alleiniger Erbauer des Straßburger Münsters zu sein.

86: ***»Die Gemälde«*** ist eine der bekanntesten Novellen des romantischen Schriftstellers ***Ludwig Tieck*** (1773–1853).

87: ***Prévenir*** – Vortritt, Vorrang. • ***Bertel Thorwaldsen*** (1770 bis 1844), dänischer Bildhauer.

88: Das Romanfragment ***»Aristipp und einige seiner Zeitgenossen«*** (1801/2) des Vorklassikers ***Christoph Martin Wieland*** (1733 bis 1813) hatte seinerzeit großen Erfolg und Einfluß.

89: ***Heinrich Clauren,*** eigentlich Carl Gottlieb Samuel Heun (1771–1854), einer der meistgelesenen deutschen Trivialschriftsteller seiner Zeit, der in Wilhelm Hauff einen satirischen Gegner fand. • ***Johann Heinrich Voß'*** Gedicht ***»Luise«*** entstand 1795.

91: ***ein großes … Nationalwerk*** – gemeint ist »Brockhaus' Real-Enzyklopädie«, die 1833–1837 in der 8. Auflage erschienen war.

92: Der Maler und Bildhauer ***Adam Friedrich Öser*** (1717–1799) gab zwischen 1765 und 1768 dem Studenten Goethe Zeichenunterricht.

94: ***Versieren*** – verkehren, sich aufhalten, Konversation machen; ***in Generalioribus*** – im Allgemeinen, in Allgemeinplätzen.

95: ***Enfin, er ist poussiert*** – es gibt ihm Auftrieb. • ***petschiert*** – versiegelt.

101: ***Marcus Tullius Ciceros*** (106–43 v. Chr.) Buch »De officiis« hatte in Deutschland in der Zeit der Aufklärung großen Einfluß.

103: ***Sottises des deux parts*** – wörtl.: Dummheiten beider Seiten. Eventuell eine Anspielung auf das kleine Werk »Sottise de deux parts« von Voltaire, in dem der Autor mehrere Streitigkeiten der vergangenen Jahrhunderte Revue passieren läßt, um damit zu demonstrieren, daß in einem Streit oft beide Parteien unrecht haben.

104: ***Cartesius***, d.i. René Descartes (1596–1650): ***»Si l'espèce humaine…«*** – »Wenn die Menschheit verbessert werden soll, so wird man das Mittel dazu in der Medizin finden.« (Anthus übersetzt hier »Medizin« sehr frei mit »Essen«). • ***»Yoricks empfindsame Reise durch Frankreich und Italien«*** von Laurence Sterne (1713 bis 1768) erschien 1768. • Der in Ölmütz tätige Arzt und Naturforscher ***Johann Gottlieb Stephan Schimko*** († 1868) veröffentlichte u.a. »Die physische Restauration der civilisierten Völker, oder das Nothwendigste über Gesundheit, Nahrungsmittel, Getränke, physische und geistige Kraft«. • Die Schriftstellerin ***Bettina von Arnim*** (1785–1859) war mit Goethes Mutter und mit Goethe selbst befreundet.

106: ***Frans van Mieris*** (1635–1681), holländischer Genremaler. • Der belgische Scholastiker ***Leonhard Lessius*** (1554–1623) war zu seiner Zeit ein einflußreicher Theologe, der mit seiner Gnaden- und Prädestinationslehre oft auch innerhalb des Jesuitenordens auf Kritik stieß. • ***»Il ne faut pas trop régner«*** – Montesquieu zugeschriebener Satz: »Man darf nicht zu viel durch Gesetze regeln.« • ***John Dundas Cochrane*** (1793–1825) war schottischer Reisender und Entdecker. Sein bekanntestes Werk, »Fußreise durch Rußland und die Sibirische Tartarei, und von der Chinesischen Grenze nach dem Eismeer«, wurde 1825 ins Deutsche übersetzt. • ***Renaud de Beaune***, Erzbischof zu Bourges (1527–1606) war nicht nur ein berühmter Prediger, sondern trug wesentlich zum Friedensabkommen zwischen Heinrich IV. und der »Liga« bei. • ***gênant*** – unangenehm, lästig.

107: ***Experimentum est periculosum*** – Das Experiment ist gefährlich. • ***»J'ai mille diables de choses…«*** – »Ich habe tausend teuflische Dinge im Bauch, die allein mein Übel ausmachen.«

108: ***Jakob Kahle***, genannt Freßkahle, findet sich noch heute in dem Sprichwort »Er ist ein wahrer Freßkahle« wieder. • Der Literaturhistoriker ***Daniel Georg Morhof*** (1639–1691) trug durch seinen »Polyhistor« (1688) und die »Opera poetica« (1697) entscheidend zu einem planmäßigen Studium der Literaturgeschichte bei.

110: ***Pater Abraham a Sancta Clara*** (1644–1709), eigentlich Johann Ulrich Megerle, war katholischer Prediger und Schriftsteller.

111: Das bei dem dänischen Alchemisten ***Olaus Borrichius*** (1626 bis 1690) erwähnte Phänomen des Gastwirts findet sich z. B. auch in Jean Pauls Exzerptheften.

113: ***Shakespeares gezähmte Keiferin*** – Anspielung auf »Der Widerspenstigen Zähmung«.

115: ***Johann Jakob Wagner*** (1775–1841), deutscher Philosoph.

116: ***Graf Rumford***, eigentlich Benjamin Thompson (1753 bis 1814), wurde im US-Staat Massachusetts geboren und starb als Amerikaner, Brite, Bayer und Franzose in Paris, wo er in zweiter Ehe die Witwe des berühmten französischen Physikers Lavoisier geheiratet hatte. Im 19. Jahrhundert machten ihn seine Erfindungen – allen voran die Rumford-Suppe – bekannt.

121: Die von Anthus hier aufgezählten Dichter und Philosophen – der griechische Dichter ***Anakreon*** (ca. 580 – nach 495 v. Chr), der Philosoph ***Demokrit*** (460–371 v. Chr.), ***Voltaire*** (1694–1778) und ***Goethe*** (1749–1832) – wurden alle über 80 Jahre alt; der französische Schriftsteller ***Bernard Le Bovier de Fontenelle*** (1657–1757), starb sogar erst kurz vor seinem 100. Geburtstag. • ***Heinrich Rantzau***, auch Henricus Rantzovius (1526–1599), war holsteinischer Politiker und Schriftsteller. Seine Schrift ***De conservanda valetudine*** (1576) (Vom Erhalten der Gesundheit) erlebte zahlreiche Auflagen.

122: ***Callot-Hoffmanns Märlein …*** – E.T.A. Hoffmanns Märchen »Die Königsbraut«, eines der Märchen »in Callots Manier«, erzählt von dem tückischen Gemüsegnom Daucus Carota, der das Mädchen Anna heiraten will, das dadurch beinahe selbst in eine Rübe verwandelt wird.

123: ***Johannes van Heurnius*** (1543–1601) war Professor der Medizin in Leyden. • Das lateinische ***sapientia*** (= Weisheit, Verstand, Klugheit) wird in der Tat auf das Verb ***sapere*** (= Geschmack, Verstand haben, schmecken) zurückgeführt. • ***Pauvres honteux*** – wörtl. »die verschämten Armen«, im Französischen ein feststehender Begriff, der hier von Anthus ironisch verwendet wird.

125: Der Arzt ***Christoph Wilhelm Hufeland*** (1762–1836) wurde mit seinem Werk »Die Kunst, das menschliche Leben zu verlängern« (1797) weltberühmt, in dem er ein ausgewogenes Maß zwischen Askese und Schlemmerei forderte. Sein Plädoyer für die Nutzung der Heilkräfte der Natur und seine diätetischen Prinzipien hatten großen Einfluß auf die Naturheilkunde des 19. Jahrhunderts. • Anthus führt hier vier Gelehrte des 16. und 17. Jahrhunderts an: ***Petrus Forestus*** (Pieter van Foreest) (1522–1597), einen niederländischen Arzt, den Franzosen ***Riverius*** (s. o. Anm. zu S. 65), den deutschen Arzt ***Johannes Crato von Crafftheim***, ursprünglich: Johannes Krafft (1519–1585), und den elsässischen Theologen, Dichter und Naturwissenschaftler ***Johannes Fabricius Montanus*** (1527–1566).

126: ***Georg Friedrich Hildebrandt*** (1764–1816) war Professor der Physik, Chemie und Medizin in Erlangen. Um 1800 erschien sein von Anthus später erwähntes »Taschenbuch für die Gesundheit«, das in den folgenden Jahren zahlreiche Auflagen erlebte.

128: ***Styptisch*** – zusammenziehend, in diesem Zusammenhang wohl: säuerlich.

129: ***Franz Joseph Gall*** (1758–1828) begründete mit der Phrenologie die Wissenschaft von der Anatomie und Physiologe des Schädels und Gehirns. Der erste Band seines Hauptwerks »Anatomie et physiologie du système nerveux en général et du cerveau en particulier« (1810) erschien zugleich in deutscher Übersetzung.

130: Der römische Kardinal ***Alessandro Albani*** (1692–1779), der 1760 die berühmte Villa Albani in Rom errichten ließ, erblindete im Alter.

132: ***Ientaculum*** = (leichtes) Frühstück; ***comissatio*** = geselliges Trinkgelage nach der *cena;* ***merenda*** = Mahlzeit zwischen Mittag- und Abendessen, Vesperbrot.

133: Der britische Dichter, Wissenschaftler und Arzt ***Erasmus Darwin*** (1731–1802) war der Großvater Charles Darwins. • ***Papst Julius III.*** wurde während des Konzils von Trient nach zweimonatigem Konklave als Kompromißkandidat gewählt und konnte in seiner Amtszeit (1550–1555) den Konflikt zwischen Heinrich II. und Karl V. nicht lösen.

134: ***Goethe hat … so unrecht nicht*** – Goethe verfaßte mit Bezug auf die vielzitierte Aufforderung γνῶϑι σεαυτόν – »Erkenne dich selbst« über dem Eingang zum Tempel des Apoll ein spöttisches kurzes Gedicht: »Erkenne dich! – Was soll das heißen? / Es heißt: Sei nur! Und sei auch nicht! / Es ist eben ein Spruch der lieben Weisen, / Der sich in der Kürze widerspricht«, sowie außerdem den Zweizeiler: »Erkenne dich! – Was hab' ich da für Lohn? / Erkenn' ich mich, so muß ich gleich davon.«

135: ***Thomas Sydenham*** (1624–1689), ein berühmter englischer Arzt, wird oft als »englischer Hippokrates« bezeichnet. • ***Alexander***

Monro (1733–1817), englischer Anatom. • Daß Anthus hier möglicherweise den bedeutenden Göttinger Chirurgen August Gottlieb ***Richter*** (1742–1812) meinte, der in Göttingen lehrte, kann lediglich vermutet werden.

137: ***Vapeurs*** nannte man im 18. Jahrhundert jene Dämpfe, die vom Körper ins Gehirn stiegen und mit denen sich alle möglichen Krankheiten und Zustände erklären ließen. Rousseau spricht einmal von den »berauschenden *Vapeurs* des Hochmuts«. • Der französische Schriftsteller ***Louis-Sébastien Mercier*** (1740–1814) schilderte in »Le Nouveau Paris« (1799) die politischen Ereignisse und Alltagserfahrungen aus den Revolutionsjahren.

138: Der Ruf des Dichters ***Christoph August Tiedge*** (1752 bis 1841) gründete auf dem Lehrgedicht »Urania« (1800), das allerdings, wie die »Allgemeine Deutsche Biographie« 1897 angibt, »keinen allgemeinen Anklang« fand, »wenn sich auch manche sentimentale Natur ... um einiger ansprechenden Einzelheiten willen sehr für das Werk begeisterte«.

139: ***»Un peu gourmande«*** – Die Hauptfigur aus Rousseaus »Julie ou La Nouvelle Héloise« (1761) wird als »ein bißchen feinschmeckerisch, vernascht« bezeichnet.

141: ***Friedrich Wilhelm Schellings*** »Vorlesungen über die Methode des akademischen Studiums« erschienen 1803. • Anthus spielt hier auf die »Schülerszene« im ersten Akt von Goethes »Faust« an, der 1808 gedruckt und 1829 uraufgeführt wurde.

142: ***Ab ovo ...*** – »vom Ei bis zu den Äpfeln«, d. h. von der Vorspeise bis zum Dessert, im übertragenen Sinn: vom Anfang bis zum Ende; ***abstinere se cibo*** – sich des Essens enthalten; ***jejunare*** – fasten; ***comedere Cererem, bibere Bacchum*** – wörtl.: Ceres essen, Bacchus trinken, metonymisch für: Brot essen, Wein trinken; ***da cito cantharum circum*** – gib schnell den Krug herum; ***date ei bibere*** – gebt ihm zu trinken. • ***Titus Maccius Plautus*** (um 254–184 v. Chr.) und ***Publius Terentius Afer,*** auch Terenz genannt (um 195/190 bis 159 v. Chr.), waren bedeutende römische Komödiendichter. • ***Caelius Apicius*** firmiert als Autor des Kochbuchs »De re coquinaria« aus dem 3./4. Jahrhundert und wird oft mit dem früheren Marcus Gabius Apicius (s. o. Anm. zu S. 27) verwechselt.

143: ***Prosektor*** – wörtl.: Vorschneider. • ***Homiletik*** – Geschichte und Theorie der Predigt. • ***Pandékten*** (griech. »Allumfassendes«) – Justinians Sammlung von Erörterungen, Aussprüchen und Gutachten altrömischer Rechtsgelehrter. • ***Venter non patitur moram.*** –

Der Bauch duldet keinen Verzug; ***Tot portiones, tot capita*** – So viele Teile, so viele Köpfe; ***Melius est …*** – Es ist besser, Überflüssiges hinzuzufügen, als Notwendiges wegzulassen.

145: ***Variatio delectat*** – Abwechslung erfreut. • ***ex post*** – im nachhinein.

147: ***Eine neuere Eubiotik*** – gemeint ist vermutlich das Buch des Arztes und Psychologen Johann Michael Leupoldt (1794–1874): »Eubiotik oder Grundzüge der Kunst, als Mensch richtig, tüchtig, wohl und lang zu leben«, das 1828 erschien.

148: Anthus stellt in seiner Aufzählung drei Gruppen von Ärzten einander gegenüber: auf der einen Seite den französischen Arzt und Naturwissenschaftler ***Pierre Marie Auguste Broussonet*** (1761 bis 1807), den Mathematiker, Biologen und Schriftsteller ***Georges-Louis Leclerc Comte de Buffon*** (1707–1788), den Schweizer Anatom und Botaniker ***Albrecht von Haller*** (1708–1777), den deutschen Anatom und Anthropologen ***Johann Friedrich Blumenbach*** (1752 bis 1840), den britischen Arzt ***William Hunter*** (1718–1783), ***Alexander von Humboldt*** und ***Friedrich Tiedemann*** (s. o. Anm. zu S. 16); auf der anderen Seite den italienischen Arzt, Philosophen, Antiquar und Freimaurer ***Antonio Chochi*** (1695–1758) sowie (vermutlich) den englischen Mathematiker ***John Wallis*** (1616–1703) und ***Jean-Jacques Rousseau.*** Die dritte Gruppe (der »Carnivoren«) bilden der Philosoph ***Claude Adrien Helvétius*** (1715–1771) aus der Schule der Enzyklopädisten, der britische Arzt und Zoologe ***Edward Tyson*** (1650–1708), der Orthopäde ***Nicolas Andry*** (1658 bis 1742), der 1741 ein Buch für Eltern veröffentlichte, in dem er eine natürliche Erziehung der Kinder forderte und den in der Medizingeschichte revolutionären Vorschlag machte, Verkrümmungen der Wirbelsäule und der Beine durch Schienen zu korrigieren, der schottische Arzt und Satiriker ***John Arbuthnot,*** (1667–1735) und ein gewisser ***Bianchi,*** mit dem Anthus entweder den Turiner Arzt Giovanni Battista Bianchi (1681–1761), Verfasser u. a. von »De naturali in humano corpore vitiosa morbosaque generatione historia«, oder aber Giovanni Bianchi, einen Arzt aus Rimini (1693–1775), gemeint haben könnte, der unter dem Pseudonym Janus Plancus viele anatomische Untersuchungen veröffentlichte.

149: ***Salvator Rosa*** (1615–1673), italienischer Maler, Kupferstecher und Dichter.

151: ***Tractus intestinorem*** – Verdauungstrakt.

154: ***Wie Verrina neben Fiesco*** – Anthus spielt hier auf Schillers Drama »Die Verschwörung des Fiesco zu Genua« (1783) an. Der alte, ernste, düstere Verrina und der junge, undurchschaubare Fiesco sind gemeinsame Verschwörer.

161: Das »Praktische Kochbuch für Hausfrauen und solche, die sich zu diesem Stande vorzubereiten wünschen« der deutschen Erzählerin und Übersetzerin ***Louise Marezoll*** (1792–1867) erschien 1834. Louise Marezoll gründete die Zeitschrift *Frauen-Spiegel,* in der die Unfreiheit und Unterschätzung der Frauen beklagt wurde. Aus ihrer Feder stammte die erste Übersetzung von Jane Austens »Pride and Prejudice«.

162: ***Trachten*** – Gänge, Gerichte.

163: ***»Malo convivis …«*** – Ich will lieber, daß es den Gästen als den Köchen gefällt.

165: Der Pädagoge und Philanthrop ***Johann Bernhard Basedow*** (1724–1790), ein Freund Lavaters und Goethes, behandelte in seinem »Elementarbuch« (1774) Grundfragen des menschlichen Lebens.

166: 1643 erschien in Hamburg der ***»Jugendspiegel«*** von Christ. Actatius Hagerius »Über die Art zu essen«. ***»Der höfliche Schüler«*** ist ein Benimmbuch für Schüler; es wurde 1745 von Andreas Christoph Graf verfaßt, über dessen Leben wenig bekannt ist. Das ***»Neu angerichtete Hand- und Reisebuch«*** des Theologen Ernst Friedrich Zobel (1687–1756) erschien erstmals 1737.

168: ***Heinrich August Iffland*** (1759–1814) feierte zur Zeit Goethes und Schillers als Schauspieler große Erfolge und verfaßte eigene Dramen.

169: ***Encheirese*** – Handhabung.

174: ***Eructieren*** – rülpsen. • ***Kautelen*** – Vorsichtsmaßnahmen.

179: ***In folgender tragischer Geschichte*** – Emil Ermatinger wies bereits 1922 darauf hin, daß Gottfried Keller Anthus' »Eßkunst« gelesen hatte. Keller nahm dessen Anekdote vom naschhaften Apotheker zur Vorlage für seine 1847 anonym im »Bündner Kalender« erschienene Erzählung »Die mißlungene Vergiftung«, deren Autorschaft inzwischen unbestritten ist. • ***ex hypothesi*** – aufgrund der Hypothese; ***supplieren*** – ergänzen.

180: ***»Handwerker trugen ihn …«*** – Anthus zitiert hier ironisch die letzten Sätze aus Goethes »Werther«.

181: ***Accessorium sequitur …*** – Die Nebensache folgt der Hauptsache.

182: ***Gaius Sallustius Crispus*** (86–35 v. Chr.) war römischer Politiker, der sich später ganz der Geschichtsschreibung widmete. •

In obscuris … – In unklaren Fällen pflegt man das Augenmerk auf das zu richten, was wahrscheinlicher ist oder was meistens zu geschehen pflegt.

183: ***Ad semel renunciatum …*** – Rechte, auf die einmal verzichtet wurde, können nicht mehr eingefordert werden. • Das ***Corpus juris*** bezeichnet allgemein eine Sammlung von Gesetzestexten und insbesondere die im 12. Jahrhundert zu einer geschlossenen Sammlung, dem »Corpus juris civilis«, zusammengefaßten Rechtsbücher des Kaisers Justitian.

184: ***Quod fieri potest …*** – Was mit wenig Aufwand getan werden kann, soll nicht mit mehr getan werden. • Der Staatsmann und Schriftsteller ***Theodor Gottlieb von Hippel*** (1741–1796) war ein früher Wegbereiter der Frauenemanzipation und Verfasser geistreicher Traktate, etwa »Über die bürgerliche Verbesserung der Weiber« (1793).

187: Kasseler ***Rippespeer*** – geräuchertes Schweinerippenfleisch.

188: ***Im übrigen aber steht's …*** – Anthus spielt hier auf die restaurative Metternich-Zeit an, in der es, wie er bemerkt, schon lange keine reformbereiten Fürsten wie Kaiser Joseph II. († 1790) und dessen Vorbild Friedrich den Großen († 1786) mehr gibt. • ***»une petite seconde …«*** – »Einen Augenblick, Sie bekommen es sofort.« • ***»Pain à discrétion«*** – Brot, so viel man will. • ***dame du comptoir*** – Büffetdame.

192: ***Rottenfeuer*** (auch Heckenfeuer) ist im Gegensatz zur Salve oder zum gleichzeitigen Feuer einer Infanterieabteilung diejenige Feuerart, bei der die einzelnen Rotten ihr Feuer ohne Rücksicht auf die Nebenrotten und ohne immer neues Kommando abgeben; ***tiraillieren*** – in einer Reihe, in offener Ordnung kämpfen. • Der französische Tänzer ***Auguste Vestris*** (1760–1842) wurde als »Dieu de la danse« verehrt. • ***Melius est praevenire …*** – Es ist besser, (den anderen) zuvorzukommen, als überholt zu werden.

194: ***Gêne*** – Beklemmung, Verlegenheit.

195: ***Error nocet …*** – Der Irrtum schadet dem, der irrt.

197: ***Impossibilium nulla est obligatio*** – Nichts ist Pflicht bei Unmöglichkeit. • Das ***»Magdeburgische Kochbuch*** für angehende Hausmütter, Haushälterinnen und Köchinnen. Nebst einer Unterweisung in anderen zu einer guten Haushaltung gehörigen Wissenschaften« von Johanna Katharina Morgenstern-Schulze erschien erstmals 1782 und wurde in den folgenden Jahren immer wieder aufgelegt. Es enthielt über 900 Rezepte und Anweisungen zum Kochen, Backen, Einmachen, Waschen, Färben etc.

200: ***Felix …*** – Glücklich der, den die Gefahren anderer vorsichtig machen.

202: Das dreibändige Werk ***»Semilassos vorletzter Weltgang«*** von Hermann Fürst von Pückler-Muskau (1785–1871) erschien 1835.

203: ***Superflua …*** – Überflüssiges schadet nicht. • Zu den bekanntesten Werken des bedeutenden italienischen Goldschmieds ***Benvenuto Cellini*** (1500–1571) gehört ein Salzfaß, das er für den französischen König Franz I. gestaltete. • ***adhibieren*** – hinzuziehen, anwenden.

208: Bevor sich der französische Dichter ***Alexis Piron*** (1689 bis 1773) der religiösen Lyrik zuwandte, wurde er durch seine pornographische »Ode an Priapos« (1710) bekannt, die von Johann Heinrich Voß (s. o. Anm. zu S. 34) ins Deutsche übersetzt wurde. Darin heißt es unter anderem: »Mensch, Adler, Wolf und Walfisch lehren, / Wie man beständig vögeln soll; / Der Sperling ist nie genug zu ehren, / Denn er ist immer samenvoll. / Kurz, alles muß gevögelt werden, / Die Votz enthält, was man auf Erden / Erhabenes nur denken kann; / Sie zeigt sich, – tausend Schwänze starren, / Der Weise vögelt mit dem Narren, / Der Bürger mit dem Edelmann.«

209: ***Caput mortuum*** – wörtl.: Totenkopf. In der Alchimie auch ein bläulich-violettes Pulver, das als Abfallprodukt »caput mortuum«, d. h. »wertloses Zeug«, genannt wurde.

212: ***Tout ensemble*** – Gesamtheit.

213: ***Sapienti pauca*** – Dem Weisen genügen wenige Worte.

217: ***Komestibel*** – Nahrungsmittel.

219: ***Scorzonera*** – Schwarzwurzel.

220: ***Dragun*** – Estragon. • ***Johann August Unzer*** (1727–1799) war Mediziner und Journalist. Mit seiner erfolgreichen Zeitschrift »Der Arzt« wurde der »treffliche Unzer«, wie Jean Paul ihn lobte, zu der am häufigsten konsultierten Autorität in Gesundheitsfragen seiner Zeit.

221: Der von niederländisch-deutschen Vorfahren abstammende, in Südafrika geborene Mykologe ***Christian Hendrik Persoon*** (1761 bis 1836) überarbeitete und erweiterte Linnés Systematik der Pilze.

222: ***Vulva porci …*** – Es gibt nichts Köstlicheres als eine große Vulva eines Schweins. • ***Marcus Valerius Martialis,*** auch Martial (ca. 40–104 n. Chr.), römischer Dichter. • ***Horaz … Ofellus*** – s. o. Anm. zu S. 29.

225: ***Rasch*** – locker gewebtes wollenes Material.

226: ***Rhazes*** (864–925 n. Chr.), persischer Arzt, Naturwissenschaftler und Philosoph, dessen medizinische Werke im Mittelalter ins Lateinische übersetzt wurden.

227: ***Von Wurstgift …*** – Im 19. Jahrhundert konnte der Verzehr einer Wurst durchaus lebensgefährlich sein. »In der That verdienen diese traurigen Vorfälle bey uns auch wegen ihrer so bedeutenden Häufigkeit die ernsteste Betrachtung«, schrieb 1820 der schwäbische Arzt und Dichter Justinus Kerner. »Es ist möglich, daß in einem gleich großen Landstriche der tropischen Länder nicht viel mehr Menschen durch Schlangengift, als wie bey uns durch dieß unseelige Wurstgift, siech oder getödtet werden.« Kerner (1786–1862) hatte bereits Anfang des 19. Jahrhunderts die Idee, das in den Lebensmitteln vermutete »Wurstgift« zur Behandlung von »krankhaften Übererregungen« der Nerven zu verwenden. 1895 wurde entdeckt, daß das Gift vom Bakterium *Clostridium botulinum* gebildet wird. Mit einem Milligramm dieses stärksten natürlichen Giftes, das später auch für die biologische Kriegführung präpariert wurde, könnte man Tausende von Menschen töten. Erst 1973 kam der amerikanische Augenarzt Alan Scott erneut auf die Idee, Botulinumtoxin zu Heilzwecken einzusetzen.

228: In der griechischen Mythologie überläßt ***Meleager*** der Jägerin ***Atalante*** die Haut samt Kopf des erlegten Kalydonischen Ebers. • ***Averroes*** (1126–1198) war arabischer Philosoph, Theologe, Jurist und Mediziner, dessen Lehren im Mittelalter viel diskutiert wurden. • ***odoris suavioris …*** – wegen des milderen und angenehmeren Dufts. • ***humida …*** – feucht, zäh und mager.

229: Das unter dem Namen ***Johannes Mesue*** (der Jüngere) bekannt gewordene Buch, das um 800 n. Chr. entstand, ist ein aus mehreren Schriften zusammengesetztes pharmakologisches Werk, das bis ins 17. Jahrhundert hinein Medizin und Pharmazie beeinflußte. • ***Simon Seth*** lebte im 11. Jahrhundert und war Leibarzt des Kaisers Romanos III. in Konstantinopel. Seine Schrift über die Wirkungen der Nahrungsmittel ist die erste ihrer Art, die einen Einblick in die Ernährungsweise jener Zeit im byzantinischen Reich gibt.

231: Anthus stellt hier wiederum eine Reihe von Ärzten und Philosophen quer durch die Jahrhunderte medizinischer Literatur zusammen: ***Baldachus*** wurde in Bagdad als Ububchsym de Baldach geboren und starb dort 1068; sein medizinisches Handbuch »Tacuinum sanitatis in medicina« wurde im 13. Jahrhundert ins Lateinische übersetzt und hatte großen Einfluß auf die abendländische Medizin; ***Aloysius Mundella*** war ein berühmter italienischer Philosoph und Mediziner, der in der ersten Hälfte des 16. Jahrhunderts in Brescia lebte; ***Rabbi Moses*** oder Moses ben Maimon (1135 bis 1204), auch als Maimonides oder Maimuni bekannt, war einer der bedeutendsten jüdischen Gelehrten des Mittelalters; ***Michael Psellus*** (1018–1078) war byzantinischer Philosoph, Theologe und Staatsmann; ***Girolamo Savonarola*** (1452–1498) studierte Philosophie und Medizin, wurde dann jedoch Dominikanermönch und hielt flammende Bußpredigten gegen die Verkommenheit des Adels. 1498 wurde er auf der Piazza della Signoria in Florenz gehängt und dann verbrannt.

234: ***»Quamvis heluonum guttur …«*** – Wenn sie auch dem Schlund der Prasser angenehm milde sind. • ***Babington und Tishburn*** – Im ersten Akt von Schillers Drama erinnert die gefangene Maria Stuart Mortimer an das schreckliche Ende der entdeckten Verschwörer gegen Elisabeth I.: »Was unternehmt ihr? Wißt ihr's? Schrecken euch / Nicht Babingtons, nicht Tishburns blut'ge Häupter / Auf Londons Brücke warnend aufgesteckt?«

238: ***Welsche Nusse*** – Walnusse. • Der französische Abt ***Michelle de Marolles*** (1600–1681) übersetzte zahlreiche lateinische Klassiker. • ***Avenzoar,*** eigentlich Abu Merwan Abd Al-Malik Ibn Zuhr (1091–1162), war spanisch-arabischer Arzt jüdischer Religion.

239: ***Sans comparaison*** – hier im Sinne von: ohne einen Vergleich ziehen zu wollen. • ***Thersites,*** der im Trojanischen Krieg auf seiten der Griechen kämpfte, war »der häßlichste Mann«, der sich nur durch seine Schmähreden gegen die Befehlshaber hervortat und, als er den um Penthesilea trauernden Achill verspottete, von diesem erschlagen wurde.

243: ***Corpora non agunt …*** – Nur flüssige Körper wirken aufeinander.

244: ***Inter prandendum …*** – beim Frühstück soll oft und wenig getrunken werden; ***ut minus aegrotes …*** – damit du weniger krank bist, sollst du zwischen den Gängen nicht trinken. • Der Medizinprofessor ***Johann Gottlob Krüger*** (1715–1759) verfaßte neben zahlreichen anderen Schriften das Werk »Träume« (1754), eine Sammlung fiktiver Traumerzählungen, in die naturphilosophische und theologische Gedanken Eingang fanden.

257: ***Vincenz Prießnitz*** (1799–1851), eigentlich Landwirt, war Naturheiler und erneuerte die Kaltwasserkur. Der »Wasserdoktor«, der mehrfach der Kurpfuscherei bezichtigt wurde, erlag mit 52 Jahren einem Schlaganfall.

246: ***Erasmus von Rotterdam*** (1466/1469–1536), niederländischer Humanist und Reformator. • ***Antonio Persio*** (1542–1612), italienischer Philosoph und Naturwissenschaftler, schrieb unter anderem »Del bever caldo«.

248: ***Autopsie*** – (griech.) Selbstschau, Selbstbeobachtung. • ***supponieren*** – an die Stelle setzen. • ***assimilieren*** – sich einverleiben.

249: ***Eulenböck*** – Figur aus Tiecks Novelle »Die Gemälde« (s. o. Anm. zu S. 86).

253: ***Climax adscendens*** – wörtl.: in aufsteigender Steigerung.

254: ***Athenaios,*** auch Athenäus (Ende des 2. – Anfang des 3. Jh. n. Chr.), griechischer Rhetor und Grammatiker, schrieb u. a. »Das Gastmahl der Gelehrten«. • ***Isaac Casaubon,*** auch Casaubonus (1559–1614), Genfer Altphilologe und Vertreter eines gemäßigten Calvinismus, war Herausgeber und Kommentator lateinischer und griechischer Klassiker. • Der französische Publizist und Philosoph ***Pierre Bayle*** (1647–1706) war einer der Hauptvertreter der Frühaufklärung. Sein »Dictionnaire historique et critique« (1695/6 und 1702), das in den Fußnoten zahlreiche Quellen zitiert, erschien 1741–44 auch in deutscher Übersetzung. • ***»une bonne qualité…«*** – »eine gesunde Natur, Stärke, Leistung, Ausdruck einer robusten Veranlagung…« • ***Goethe*** zitiert in seinem Bericht über das ***»St. Rochusfest zu Bingen«*** aus einer »Fastenpredigt« des Erzbischofs, in der jener den Genuß des Weines fröhlich lobpreist.

255: ***Constantinus Africanus,*** auch Konstantin der Afrikaner (um 1020–1087), stammte vermutlich aus Karthago, war Laienbruder des Benediktinerordens, bereiste Afrika und war medizinischer Forscher und Schriftsteller. • ***in Baccho über die Schnur zu hauen*** – Alkoholexzesse. • Der schottische Arzt ***Jacob Primerosius*** bzw. James Primerose (gest. 1659) brachte seine Geringschätzung der damaligen anatomischen Entdeckungen u. a. auch in seinem Werk »De vulgi erroribus in medicina« – »Über verbreitete Irrtümer in der Medizin« (1638) zum Ausdruck.

256: ***Embouchure*** – wörtl.: Eingang, Mündung, Mundstück.

258: ***Gregorio Allegri*** (1582–1652) und ***Giovanni Pierluigi da Palestrina*** (um 1525–1594), italienische Komponisten. • ***Ode unseres größten Barden …*** – Anspielung auf Klopstocks Ode »Der Rheinwein« • ***Gallizismen*** – gemeint sind französische, d. h. liberale oder gar revolutionäre Ideen.

259: ***Surveilliert*** – überwacht.

261: ***Alterieren*** – ändern, verfälschen.

264: ***Aristipps teurem Rebhuhn*** – In den von Wieland kommentierten Briefen von Horaz wird in einer Fußnote die Anekdote erwähnt, der zufolge Aristippos einmal ein Rebhuhn für 50 Drachmen kaufte und auf die Vorhaltungen eines Freundes entgegnete, ihm seien diese 50 Drachmen eben nicht mehr wert als jenem ein Albus; ***Hannibal in Capua*** – Auf welche konkrete Begebenheit aus dem 2. Punischen Krieg Anthus hier anspielt, ist nicht gewiß, möglicherweise auf das üppige Winterlager Hannibals in Capua (216/5 v. Chr.), aus dem das Heer und Hannibals Autorität geschwächt hervorgingen, oder auf die Belagerung durch die Römer im Jahr 211; ***Albrecht von Haller*** (1708–1777) lehrte Anatomie, Chirurgie und Botanik in Göttingen, gab die »Göttingischen Gelehrten Anzeigen« heraus und verfaßte medizinische Schriften, Gedichte und Romane; ***Percy*** – gemeint ist vermutlich der Militärarzt Pierre-Francois Baron Percy (1754–1825), der an den napoleonischen Feldzügen teilnahm und später Schriften zur Chirurgie u. a. verfaßte; ***Louis Nicolas Vauquelin*** (1763–1829) war Apotheker und Chemiker.

265: ***Anguilbert …*** – Wer sich einen umfassenden Überblick über die historische Kochbuchliteratur verschaffen will, dem sei folgende website empfohlen: www.unistuttgart.de/hi/lg/forschung/historisches_kochen/literatur • ***Wilhelm Gottfried Ploucquets*** (1744–1814) Bibliographien »Initia bibliothecae medico practicae et chirugicae realis sive repertorii medicinae practicae et chirurgiae« (10 Bde., 1793–1800) und »Literatura medica digesta sive repertorium medicinae practicae, chirurgiae atque rei obstetricae« (4 Bde. 1808/9) bieten ausführliche Verzeichnisse medizinischer Literatur. • Der römische Schriftsteller ***Petronius*** war als Weltmann am Hofe Neros der »Elegantiae arbiter« (Schiedsrichter des feinen Geschmacks). Er wurde 66 n. Chr. von Nero wegen angeblicher Beteiligung an der Pisonischen Verschwörung zum Selbstmord gezwungen. • Der römische Satiriker ***Decimus Junius Juvenalis*** lebte im 1./2. Jahrhundert n. Chr.

269: ***Inklinieren*** – zu etwas neigen, tendieren.

270: In Anthus' Aufzählung der Ärzte, die Heil- und Eßkunst verbinden, finden sich neben den bekannten wiederum neue Namen: der italienische Arzt ***Giorgio Baglivi*** (1668–1707), der als Professor der Medizin in Rom für eine vorurteilsfreie Beobachtung und gegen den Einfluß hypothetischer Schulsatzungen eintrat; der niederländische Mediziner ***Herman Boerhaave*** (1668–1738);

Alexandros von Tralleis, auch Alexander Trallianus, griechischer Arzt des 6. Jahrhunderts, der durch seine zwölfbändige Abhandlung über Pathologie und Therapie berühmt wurde; ***Anton de Haen*** (1704–1776), erster Vorsteher der Wiener medizinischen Klinik, und (vermutlich) der Historiker, Gelehrte und Diplomat Karl August Varnhagen van Ense (1785–1858) • ***sesquipedale*** – (wörtl.: anderthalb Fuß lang) hochtrabend.

273: Der Schriftsteller und Journalist ***Johann Friedrich Kind*** (1768–1843) schrieb das Libretto zu Carl Maria von Webers Oper »Der Freischütz«.

Alain Claude Sulzer

Gipfel und Blüte der Eßkunst

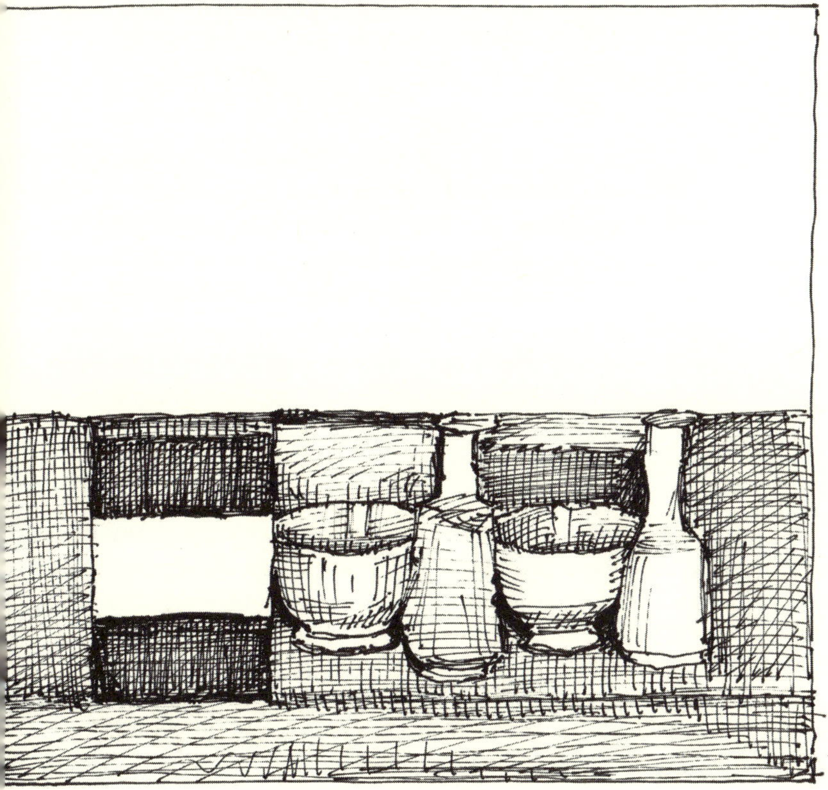

Erstens

Kunst lebt von Diskussion, vom Experiment, von Wissensdrang, von der Variation der Versuche, vom Austausch der Ansichten und dem Vergleich der Standpunkte; und es ist zu mutmaßen, daß Zeiten, in denen niemand etwas Besonderes darüber zu sagen und niemand einen Grund für Ausübung oder Bevorzugung anzugeben weiß – obwohl sie Zeiten der Ehre sein mögen –, keine Zeiten der Entwicklung sind – Zeiten möglicherweise sogar von ein wenig Sterilität.

Henry James*

Neun Musen kannte die Mythologie, sie verkörperten die Künste und dienten ihnen. Doch was Erato der Lyrik, Polyhymnia der Beredsamkeit, Klio der Geschichtsschreibung, Urania der Sternkunde, war keine der Kochkunst. Vergaß Zeus, sie zu zeugen, weil er das Essen geringer schätzte als das Heldengedicht (um das Kalliope besorgt war), geringer als die Tanzkunst (die von Terpsichore in ständiger Bewegung gehalten wurde)? Wir wissen es nicht. Eines ist sicher, Zeus war kein Mann des gastronomischen Genusses, kein Gott des Ancien régime noch gar des Bürgertums; sonst wäre es ihm leichtgefallen, sich zum Feinschmecker zu bilden und sich als solcher hervorzutun; auf Nektar und Ambrosia als Hauptnahrungsmittel beschränkt, ließ Essen sich nicht gut als Kunst bewerten. Speise diente im Altertum allein den natürlichen, nicht den verfeinerten Bedürfnissen.

Keine Muse stand also in mythologischen Zeiten hinter den Adepten der Kochkunst, niemand, der ihnen über die Schulter in die Töpfe hätte gucken oder spucken können, kein höheres Prinzip, das in die Niederungen der Küchendünste vorgedrungen wäre. Von den Experimenten am Herd, über deren Ausgang sich schon damals oft ebenso klagen ließ wie über den jener Dramen, denen Melpomene Patin stand, hielt die Göttin sich fern, die man notfalls für das Fiasko hätte verantwortlich machen können, in dem das eine oder

* Henry James: »Die Kunst des Romans«. Übersetzt von Helga Eberhardt. Leipzig 1984.

andere Gericht endete. Blieb sie ungeboren oder ungenannt, weil sie für die allzu alltäglichen Katastrophen und schlecht honorierten Erfolge die Verantwortung nicht übernehmen wollte? War sie sich begreiflicherweise zu fein, ihre schützende Hand über Gerstenbrei und Blutsuppe zu halten, oder gab es andere einleuchtende Gründe, das, was zunächst einmal dem schieren, ungewürzten Lebenserhalt diente, nicht den Künsten zuzuschlagen, die sich erst dann entfalten konnten, wenn der Bauch satt war? War das Essen einfach zu schlecht, um irgendeinem anderen Kunstwerk gleichgestellt zu werden?

Die Frage, ob die Kochkunst zu den Künsten gerechnet werden dürfe, ist unter Gastronomen wie Gastrosophen bis heute ungeklärt; wer sie bejaht, muß damit rechnen, daß heftig widersprochen wird; wer in der Kochkunst bloß ein Handwerk sieht, trifft auf den Widerstand dessen, der ihr die Weihen einer höheren Ästhetik verleihen möchte.

Anthus gehörte unzweifelhaft zu denen, die dafür plädierten, daß diese Gabe auf das Podest gehörte, auf dem sie in Frankreich schon stand. Ja, er ging noch weiter. Wenn schon das große Kochen eine Kunst war, warum nicht auch das verständige Essen? Er schuf einen Begriff, den es vor ihm nicht gab, der allerdings auch nach ihm nicht in den allgemeinen Sprachgebrauch überging. Im Wörterbuch der Brüder Grimm sucht man vergeblich sowohl nach der »Eßkunst« als auch nach dem »Eßkünstler«, dessen Ziel es ist, »in sich hinein zu arbeiten«, während die anderen Künstler »etwas außer sich darzustellen suchen und streben«.*

* A. Anthus: »Vorlesungen über die Eßkunst«, S. 98.

Zweitens

Die ewigen Kategorien Vernunft und Freiheit liegen sehr vielen Sterblichen noch immer so fern und so weit auseinander wie böhmische Dörfer und spanische Schlösser, sollten aber doch endlich als gegenseitige Voraussetzungen und Bedingungen ihres eigenen Daseins, als notwendig gefordertes, tatsächlich zu verwirklichendes Eines begriffen werden.

Eine ohne die andere ist ihre eigene und der anderen Ironie. – Zu schauen nun, wie diese und jene verstanden, mißverstanden, gewollt, halb gewollt, halb nicht gewollt, gefürchtet und begehrt, verneint und bejaht und wie das alles formuliert wird – das ist der Humor der Paulskirche.

Gustav Blumröder, Frankfurt am 16. März 1849*

Wer war der Autor, oder vielmehr: Was wissen wir über den Mann, der sich hinter dem Pseudonym Antonius Anthus verbirgt, dessen »Vorlesungen über die Eßkunst« (1838) gemeinsam mit Carl Friedrich von Rumohrs »Geist der Kochkunst« (1822) und Eugen von Vaersts »Gastrosophie oder die Lehre von den Freuden der Tafel« (1851) die unübertroffene Trias der deutschen klassischen gastrosophischen Literatur bildet, die sich hinter dem, was man gemeinhin ihr großes französisches Vorbild nennt – Jean-Anthèlme Brillat-Savarins »Physiologie des Geschmacks« – keineswegs zu verbergen braucht? Die »Physiologie« erschien übrigens erst vier Jahre *nach* Rumohrs »Kochkunst«, und es mußten noch vierzig Jahre verstreichen, bis man sie endlich auf deutsch lesen konnte. Ob Anthus sie kannte, wissen wir nicht.

Anders als Rumohr, der seinen »Geist der Kochkunst« zwar zunächst unter dem Namen seines Leibkochs Joseph König veröffentlichte, sich aber in der zweiten Auflage von 1832 als der wahre Verfasser und nicht bloß als jener Herausgeber zu erkennen gab, als welcher er zehn Jahre zuvor auf dem Titelblatt firmiert hatte, hielt Gustav Blumröder alias

* »Parlamentsalbum. Autographierte Denkblätter der Mitglieder des ersten deutschen Reichstages.« Frankfurt am Main 1849.

Antonius Anthus zeitlebens an seinem Pseudonym fest (er überlebte die erste Auflage der »Vorlesungen« um fünfzehn Jahre).

Die Frage, woher er seinen *nom de plume* herleitete, ob vom griechischen *anthos* (Blume, Blüte) oder vom zoologischen Namen des zur Stelzenfamilie gehörenden Baum-, Brach- oder Rotkehlpiepers *(Anthus trivialis, Anthus campestris, Anthus cervinus),* läßt sich heute ebensowenig beantworten wie die, ob Blumröder womöglich dazu tendierte, »rot wie ein Pieper zu werden«, wenn er in Zorn geriet. Daß er seine Autorschaft zu Lebzeiten öffentlich nicht preisgab, lag vermutlich an seiner verschiedentlich bezeugten Bescheidenheit, die bis ins Jahr 1908 nachwirkte, als sich seine Tochter Auguste dagegen aussprach, eine Straße in Nürnberg nach ihrem über fünfzig Jahre zuvor verstorbenen, aber nicht in Vergessenheit geratenen Vater zu benennen. »Das bescheidene Wesen« ihres Vaters, so meinte sie, harmoniere nicht mit solchen Ehrungen,* was den Ausschuß für Straßenbenennungen der Stadt Nürnberg nicht daran hinderte, »die in westlicher Richtung von der Ebenseestraße gelegene Straße D zu Ehren des Nürnberger Arztes und wissenschaftlichen Forschers Gustav Blumröder […] Blumröderstraße zu nennen« – wie sie noch heute heißt.

Anders als seine geistigen Mitstreiter von Rumohr und von Vaerst trug Blumröder kein Prädikat im Namen. Angesichts der Tatsache, daß reichhaltig-raffiniertes Essen zu seiner Zeit vielerorts noch immer als obskures Privileg des Adels und der katholischen Geistlichkeit galt, mag man sich darüber wundern, daß ihn seine dezidiert bürgerliche Haltung nicht daran hinderte, die ungetrübte Freude am Essen zu feiern und deren Verbreitung zu fördern; aus seiner liberalen Gesinnung machte er jedenfalls keinen Hehl, weder als Politiker noch als Verfasser der »Eßkunst«, im Gegenteil, sie bildete das konsequente Ostinato, mit dem er seine »Vorlesungen« unterlegte. Damit wird auch die Rolle unterstrichen, die

* Zitiert nach: H. Meyer: Dr. Gustav Blumröder. In: Die Krebsbacker. Eine Schriftenreihe des Stadtarchivs Kirchenlamitz, Heft 1.

Koch- und Eßkunst im Haushalt der bürgerlichen Familie spielten und noch spielen sollten, denn an keinem andern Ort traf die Familie regelmäßiger zusammen als dort. Daß Anthus dieses Beisammensein als Lust und nicht als Last verstanden wissen wollte und Sanktionen, vor allem gegenüber Kindern, dort nichts verloren hatten, ersieht man daraus, daß wir in seinen »Vorlesungen« vergeblich nach jenen gestrengen Regeln suchen, die Kinder des Tisches verwiesen, wenn sie etwa beim Essen sprachen, oder sie erst gar nicht zu Tisch ließen, wenn sie nicht pünktlich zum Essen erschienen waren.*

GUSTAV PHILIPP BLUMRÖDER wurde am 27. Juni 1802 als elftes und letztes Kind einer wohlhabenden Bürgersfamilie in Nürnberg geboren. Der Vater war Lederhändler, die Mutter Tochter eines Bierwirts. Nach dem Besuch des Gymnasiums studierte er Medizin in Erlangen, ein kurzer theologischer Exkurs wurde nicht weiter verfolgt. Er trat dem liberalen »Burschenverein Concordia« bei, der seinen Zweck nicht allein im »Saufen« sah, sondern auch darin, hin und wieder »ein vernünftiges Wort« zu sprechen. Was es war, ob das Trinken oder das Reden, das Gustav während seiner Studentenzeit mehrfach in den Karzer brachte (sowohl wegen »nächtlicher Exzesse« als auch »wegen Tragens von Abzeichen geheimer Verbindungen«), ist nicht bekannt, gibt uns jedoch eine Vorstellung von seiner frühen Renitenz. Zeit seines Lebens trug er das sogenannte »Ordenskreuz der Liberalen« in der Brieftasche bei sich.

Von 1824 bis 1826 setzte Blumröder sein Studium in Würzburg fort, wo er 1827 zum Dr. med. promoviert wurde und ein Jahr später sein Staatsexamen ablegte; zuvor hatte er sich in Berlin, Wien und Paris weitergebildet. Gegenstand seiner Dissertation war die Hypnose (»De hypnoticis oder die Einwirkung der Musik auf die Irren«). Doch obwohl er sich auf die Psychiatrie spezialisiert hatte, ließ er sich noch im

* Vgl. Carl Büchsel (1803–1889): »Erinnerungen eines Landgeistlichen«, 1861.

selben Jahr in Hersbruck als praktischer Arzt nieder. 1835 heiratete er die 1807 geborene Hersbruckerin Sabina Elisabetha Schmidt, die Tochter eines Bierbrauers und Weinhändlers; ihre Herkunft entsprach in etwa jener von Blumröders Mutter.* Dank dieser Heirat wurde Sabina Elisabethas fünf Jahre zuvor geborene uneheliche Tochter legitimiert; Blumröder, der mit einiger Sicherheit nicht der leibliche Vater war, erkannte die Vaterschaft an. Aus der Verbindung gingen vier weitere Kinder hervor, zwei starben kurz nach der Geburt, eines wurde tot geboren, überlebt hat lediglich die bereits erwähnte Auguste. Geboren wurden die Kinder im bayerischen Kirchenlamitz im Fichtelgebirge, wo Blumröder von 1835 bis 1848 seinen Dienst als »königlicher Landgerichtsphysikus« versah. 1838 erschienen die »Vorlesungen über die die Eßkunst«.** Am 1. Juni 1840, einen Monat nach der Geburt ihres letzten Kindes Marie und nur drei Tage nach dessen Tod, starb auch Sabina Elisabeth Blumröder im Alter von 32 Jahren an »Lungenlähmung nach Entkräftung durch schwere Niederkunft«. Mit achtunddreißig Jahren war Gustav Blumröder Witwer.

Blumröder war für seinen trockenen Witz bekannt, ja bei manchen gefürchtet. Er war ihm bei seiner Wahl ins Frankfurter Parlament 1848/49 vermutlich von Nutzen; allerdings tat er sich dort als Redner kaum hervor, was, wie sein Biograph Heinrich Meyer vermutet, möglicherweise an dem beginnenden Lungenleiden lag, das ihm größere Anstrengungen verbot. Blumröder, der der gemäßigten Linken angehörte, forderte »ein einiges Deutschland, eine Zentralgewalt, Beseitigung der staatlichen Vielfalt. Damit stand er im Gegensatz zu den damaligen Regierungsgewalten.«

* In diesem Zusammenhang sei auf Karl H. Wegerts Beobachtung hingewiesen, daß »die Wirte, Bierbrauer und Bäcker auf den Mitgliederlisten der demokratischen Vereine konstant überrepräsentiert« waren. In: »Revolution in Deutschland«, Frankfurt am Main 1998.

** Anthus veröffentlichte zwei weitere Schriften: »Shakespeares Affe« (1841) und »Ein Preislustspiel« (1842), die aufzutreiben dem Herausgeber leider nicht möglich war.

Nachdem das Frankfurter Parlament aufgelöst worden war, ging Blumröder als Mitglied des sogenannten »Rumpfparlaments« nach Stuttgart, wo er »Unentwegtes Mitglied« des sogenannten Märzvereins war, dem auch Ludwig Uhland angehörte; ein Umstand, der fatale Folgen für ihn haben sollte. Blumröder kehrte nach Kirchenlamitz zurück, als das Rumpfparlament von der Polizei aufgelöst wurde; am 22. August 1849 wurde er auf Antrag der Staatsanwaltschaft beim Stadtgericht Augsburg verhaftet und unter Aufsicht dorthin verbracht. Als »Aufrührer«, »politisch schädliches Element«, ja als Hochverräter beschimpft, wurde er zu vier Monaten Haft verurteilt. Er saß sie allerdings nur teilweise ab, da er in den Genuß einer königlichen Amnestie kam, die ihm die Rückkehr nach Kirchenlamitz erlaubte, wo er sein Amt als Gerichtsarzt aber nicht weiter ausüben durfte. So groß war das Mißtrauen der Behörden, daß sie ihn sogar dazu verdammten, sich einmal wöchentlich beim Landgericht zu melden. Am 9. November 1850 wurde er »aus administrativen Gründen« seines Amtes für immer enthoben und in den vorzeitigen Ruhestand versetzt.

Noch drei Jahre blieben ihm zu leben. Der »passionierte Kunst- und Menschenfreund« (wie er sich selbst einmal beschrieb) war krank und vereinsamte zusehends. »Unzufrieden, enttäuscht und verbittert über sein ungerechtes Schicksal«, mochte er sich dann an jene glücklicheren Tage erinnern, in denen er im Kreis von Gleichgesinnten einmal monatlich in pointierter Form Mitteilung darüber gemacht hatte, was er sich unter Eßkunst vorstellte, was sie ihm bedeutete und was sie allen anderen Gesitteten und Wohlgesinnten bedeuten sollte. Nun aber sah er sich von den Gepflogenheiten der Zeit, in der allenthalben »ästhetische Tees«, Salons, Tisch- und Lesegesellschaften entstanden, ausgeschlossen. Offenbar waren ihm nur wenige Freunde geblieben; ob und inwiefern seine gastronomischen Bedürfnisse gestillt wurden, wissen wir nicht. Die einst von ihm beklagten »gefrornen Tendenzen« seiner Zeit* hatten ihn

* A. Anthus: »Vorlesungen über die Eßkunst«, S. 239.

längst eingeholt. Anders als Ende der 30er Jahre waren die Aussichten trübe, politisch wie persönlich.

Einen Tag vor Heiligabend, am 23. Dezember 1853, starb Blumröder im Alter von einundfünfzig Jahren in seiner Heimatstadt Nürnberg an Lungentuberkulose. Am 27. Dezember 1853 wurde er in der Familiengruft auf dem Nürnberger Johannisfriedhof beigesetzt.

Ein halbes Jahrhundert später – am 15. Oktober 1908 – erstellte der Städtische Archivdirektor der Stadt Nürnberg jenes Gutachten, das schließlich in die bereits erwähnte

Blumröderstraße münden sollte. Als Kronzeugen für die Bedeutung Blumröders führte Ernst Mummenhof den königlichen Professor zu Kaiserslautern Oskar Steinel mit folgenden Worten ins Feld: »Gustav Blumröder war als Arzt und wissenschaftlicher Forscher eine Zierde seiner Zeit und seines Standes. Er gründete mit Friedreich* die ›Blätter für Psychiatrie‹ und eröffnete in seinem bedeutendsten medizinischen Werk ›Über das Irresein‹ (1836, Leipzig) seinen Fachgenossen den Blick in die Zukunft, indem er wohl als erster und unter dem Widerspruch der damaligen Mediziner die Ansicht verfocht, beim Irresein handle es sich nicht um die Krankheit des Leibes oder der Seele; nicht diese, nicht jener, der ganze unteilbare Mensch sei irre. Ein bedeutendes, stilistisch hervorragendes und geistreiches Werk ist sein Buch über die Eßkunst.«

Seiner Zeit war sowohl der musikliebende Nervenarzt als auch der genießende Philosoph voraus. Die späte Ehre, die Blumröder alias Anthus erwiesen wurde, galt also einem zweifachen Talent, wie es auch damals eher selten gewesen sein dürfte.

»Der Eßkünstler ißt, um zu essen, und hat sich um Nebensachen wie langes Leben und dergleichen nicht weiter zu kümmern.«** Ob es Gustav Blumröder bis ans Ende seines kurzen Lebens vergönnt war, so herzhaft zuzulangen, wie es das Hauptanliegen eines Eßkünstlers vom Kaliber eines Antonius Anthus war, muß allerdings bezweifelt werden.

* Nikolaus Friedreich (1825–1882), dt. Pathologe.

** A. Anthus: »Vorlesungen über die Eßkunst«, S. 121.

DRITTENS

Es ist wahr, man hat's in der Philosophie mit den Gegensätzen und in der Kunst mit dem ewigen Kontrast und Kontrapost etwas übertrieben; nichtsdestoweniger bleibt gewiß, daß ohne die genannten Gegensätze von wahrer Eßkunst gar keine Rede sein kann. Ein bloß vegetabilisches wie ein bloß animalisches Gastmahl ist für den Eßkünstler schlechthin ein Absurdum, ein Gemälde ohne Licht und Schatten, also gar nichts.

Wie für die schönen Künste und die Lebenskunst, so gilt auch für die Eßlust das Erfassen des Momentes, das Festhalten glücklicher Aperçus.

Antonius Anthus*

DIE ESSKUNST ist von der Kochkunst nicht zu trennen. Obwohl Antonius Anthus die Eßkunst für sich behandelt wissen wollte und ihr (was vor und nach ihm keiner unternommen hat) eine eigenständige Monographie widmete, war er sich natürlich darüber im klaren, daß sich ohne die Kunst der Köche (die er, nebenbei bemerkt, den Köchinnen vorzog) nicht einmal der Griff nach der Serviette lohnte. Solange der Mensch vom Strauch ißt und nach Wurzeln gräbt, solange also kein Koch sein Essen zubereitet, kann er guter Manieren bei Tisch entraten, der Tisch – der »lediglich des Essens wegen erfunden wurde«,** wofür einiges spricht – ist noch gar nicht gezimmert, Messer und Gabel harren ungeduldig ihrer Erfindung, das Tischtuch ist weit davon entfernt, gewoben zu sein; in diesem öde unkünstlerischen Urnaturzustand ist die Menschheit weder bereit noch in der Lage, jene Eßkunst – die Anthus einmal Eßlust nennt – zu entwickeln, ohne die nur »wilde Roheit oder pathologische Abnormität« herrscht, da »der Mensch frißt« und damit von seinem »niederen Standpunkte«*** Zeugnis ablegt. Erst wenn dieser rohe Zustand überwunden ist, befinden wir uns in jener besseren Welt, in der »die Erfindung

* Ebd. S. 150, S. 69. ** Ebd. S. 36. *** Ebd. S. 109.

der Gabeln und Servietten« für die Eßkunst ist, was »für die Wissenschaften die Erfindung der Buchdruckerkunst«* war.

Wenn die beiden Künste untrennbar miteinander verbunden sind, steht die eine – die Eßkunst –, wenn nicht im Schatten, so jedenfalls gewiß im Dienst der anderen; so wie einst die Schauspiel- im Sold der Dichtkunst stand. Stets bereit, miteinander zu verschmelzen, arbeiten sie einander vom Herd über den gedeckten Tisch in die Hände und Mägen.

In der siebenten Vorlesung (»Prinzip der Eßkunst«), in der er eingangs beklagt, daß in den »philosophischen Kollegia«, die er in seiner Studentenzeit besuchte, »nicht einmal in der Ästhetik, der Geschmackslehre«, von »Eßkunst die Rede gewesen« sei, äußert Anthus die Hoffnung, dies werde sich mit der Veröffentlichung seiner Vorträge ändern. Doch das war nicht der Fall. Selbst in Frankreich und Italien, wo man der Gastronomie, ihren Einflüssen und Auswirkungen, stets mehr Bedeutung beimaß als anderswo, dauerte es noch lange, bis der leibliche Genuß zum Gegenstand des kulturwissenschaftlichen Interesses wurde, das Anthus hier einfordert. Lange blieb ihr der Eintritt in den Olymp verwehrt (und bis heute gibt es keinen Lehrstuhl weder für die Koch- noch für die Eßkunst), wodurch sie allerdings in den Genuß größerer Freiheiten kam als ihre schwerfälligeren Schwestern, die häufig im Korsett akademischer Konventionen gefangen waren. Während letzteren die unbegrenzten Möglichkeiten nicht immer offenstanden, konnten Küchen- und Eßkünstler greifen, wonach sie gerade Lust hatten, und, je nach Geschmack und Eingebung, aus altbekannten Zutaten etwas Neues schaffen.

Essen und Kochen, ob als Ausdruck bürgerlichen Wohlstands oder aristokratischen Raffinements oder ausnahmsweise tatsächlich als genuine Kunst betrachtet, standen immer wieder im Verdacht, Ausdruck von Überfluß, wenn nicht purer Luxus, zu sein, sobald man es damit »übertrieb« – und Übertreibung war (und ist) so manchem alles, was über

* Ebd. S. 44.

die unumgängliche Nahrungsaufnahme hinausgeht. Luxus aber ist unseriös, er zählt zu jenen Todsünden, die nach den ersten sieben noch erfunden werden mußten, um die abzuschrecken, die sich schon von den ersten sieben nicht hatten ins Bockshorn jagen lassen. Daß so manches Produkt der anerkannten Künste zu Anthus' Zeit ebenfalls im Ruf des Überkünstelten und Dekadenten stand, rückte Eß- und Kochkunst zwar in deren Nähe; die Unterstellung, sie sei entbehrlich, blieb jedoch bei vielen bestehen und besteht bei manchen bis heute fort; nicht zuletzt deshalb, weil ihre Ausübung zu Unrecht in dem Ruf steht, ein dickes Portemonnaie zu erfordern.

Daß ohne Verfeinerungen Fortschritte auf keinem Gebiet zu machen sind, kümmert den nicht, der keine Augen, keine Zunge, keinen Sinn dafür hat. Der Eßkünstler aber ist im Besitz all seiner Sinne. Er weiß sie aufs Essen zu konzentrieren, wenn es darauf ankommt, und er verliert sein Ziel, sie weiterzubilden, nie aus den Augen. Er ist ein neugieriger, großherziger und vorurteilsloser Mensch, der nichts anderes will, als »daß es ihm und der ganzen Welt schmecke«. So, wie er niemandem etwas wegißt, verlangt auch er »billig ein Gleiches«. Er wird gewiß niemandem etwas vom Teller wegschnappen, solange man *ihm* nichts vom Teller nimmt. Probleme entstehen erst dann, wenn »Hunger mit Hunger in Kollision« gerät. Dann nämlich tritt »der fatale Fall von den zwei Schiffbrüchigen auf einem Balken ein, der nur einen trägt«.* Doch diesen tiefen Fall verfolgt der Verfasser, der an den Anblick Hungernder gewiß gewöhnt war – er war schließlich auch Armenarzt –, nicht weiter.

Antonius Anthus betrachtete es als Aufgabe seiner Zeit, »Quantitatives mit Qualitativem, Formales mit Materialem, das Schöne mit dem Kräftigen, das Strenge mit dem Zarten, das Starke mit dem Milden zu verbinden, beides gemeinsam in Bewußtsein und Freiheit, natur- und kunstgemäß in Wahrheit und Schönheit wissenschaftlich zu begründen, zu entwickeln, zu verschmelzen, der Menschen-Idee lebendig

* Ebd. S. 101.

näherzubringen, praktisch zu verwirklichen.«* Nicht nur damit, auch sonst immer wieder – und immer wieder auch mit offenkundigem Genuß an der ironischen Formulierung – ging er über sein Thema hinaus, ohne es allerdings auch hier je aus dem Auge zu verlieren. Das lag gewiß nicht zuletzt daran, daß Anthus' alias Blumröders Blickfeld wie das jedes überzeugten Gastrosophen weder auf seine Küche noch auf sein Eßzimmer beschränkt blieb. Die Fenster seines Eßzimmers und die Türen seiner Küche waren weit geöffnet, anders wären Fisch und Fleisch, Gemüse und Obst (die Hervorbringungen der Natur), die Welt der Vielfalt und die Vielfalt der Welt nicht hineingelangt.

ANTONIUS ANTHUS (oder Gustav Blumröder?) war offenbar kein Freund von Fußnoten. Man wird in seinen »Vorlesungen« lange suchen müssen, bis man schließlich, fast ganz am Ende, doch fündig wird. Eine von zwei Anmerkungen betrifft die von ihm erfundene »Antonius-Wurst«, die bei den mündlichen Vorlesungen präsentiert wurde, wo sie »vielen Beifall«** fand. Die andere Fußnote*** ist ausführlicher und bezieht sich auf Abbildungen von »Gipsabdrücken der Schädel ausgezeichneter Eßkünstler«, die, geordnet nach dem Gallschen System, genauso wie die Wurst bereits bei den Vorlesungen herumgereicht worden waren und Teil der Druckfassung hätten sein sollen. Daß es dazu nicht kam, bedauert Anthus ebensosehr wie die Umstände, die dazu führten, daß auch »die wunderschönsten Aquarellgemälde von Torten und Pasteten etc.« nicht gedruckt werden konnten, da der Künstler, »welcher deren Ausarbeitung übernommen, auf den Grund und in Folge eines getragenen altdeutschen Rockes in eine Kriminaluntersuchung demagogischer Umtriebe verwickelt« wurde, »wobei seine Papiere und Effekten [...] versiegelt wurden.« Da die Vorlesungen »einem sehr verehrten Publikum wohl kaum länger vorenthalten werden« durften, mußten diese »gewiß

* Ebd. S. 46. ** Ebd. S. 271. *** Ebd. S. 268.

interessanten Zugaben« wegbleiben. Sie tauchten auch bei sämtlichen späteren Ausgaben nicht wieder auf.

Jetzt, zu Beginn des 21. Jahrhunderts, schien es uns an der Zeit, das, was damals aus politischen Gründen versäumt, ja unterdrückt wurde, endlich nachzuholen. An die Stelle der Porträts großer Eßkünstler, deren schiere Zahl den vorgegebenen Rahmen sprengen würde, sind hier Zeichnungen getreten, die nach bekannten Vorbildern entworfen wurden; daß es sich bei den Malern, denen Eß- und Backwaren, Obst und Geschirr so wichtig waren, daß sie sie ins Zentrum ihrer Stilleben stellten, um Eßkünstler handelte, lange bevor Antonius Anthus diesen Begriff geprägt hatte, ist augenfällig. Dem hätte Anthus gewiß nicht widersprochen.

Zu den Autoren

Antonius Anthus, der in Wirklichkeit Gustav Blumröder hieß, wurde am 27. Juni 1802 in Nürnberg geboren. Nach dem Studium der Medizin in Erlangen und Würzburg wurde er mit der Arbeit »De hypnoticis« promoviert, praktizierte als Landgerichtsphysikus in Kirchenlamitz und war Mitherausgeber der »Blätter für Psychiatrie«. Die »Vorlesungen über die Eßkunst« veröffentlichte der Autor 1838 anonym.

1848 zog Gustav Blumröder als Abgeordneter in das Frankfurter Parlament und in das Rumpfparlament in Stuttgart ein, kam, nachdem dieses aufgelöst worden war, für vier Monate in Haft und wurde im November 1850 aus seinem Amt entlassen.

Er starb am 23. Dezember 1853 in Nürnberg.

Alain Claude Sulzer wurde 1953 in Basel geboren und lebt als freier Schriftsteller in Basel und im Elsaß. Seine jüngsten Veröffentlichungen sind »Urmein« (1999), »Annas Maske« (2001) und »Ein perfekter Kellner« (2004). Zusammen mit Eckhart Witzigmann und Heinz Winkler hat er die kulinarischen Anthologien »Das literarische Menü« herausgegeben.

Zu den Vignetten

Stephan Jon Tramèr wurde 1956 in Basel geboren und lebt dort als freier Künstler. Seine Vignetten für diese Neuausgabe sind rein mit Augenmaß verfertigte Zeichnungen nach Gemälden berühmter Maler der europäischen Kunstgeschichte.

Seite 9: Cornelius Jacobsz Delft: Stilleben mit Küchengeräten, um 1580/90. Keine technischen Angaben, Musée Sandolin, Saint-Omer.

Seite 27: Francisco de Palacios: Stilleben mit Gebäck, 1648. Öl auf Leinwand, 59 x 76 cm, Schloß Rohran, Graf Harrasch'cke Familiensammlung.

Seite 47: Jean-Baptiste Siméon Chardin: La Brioche, 1763. Öl auf Leinwand, 47 x 56 cm, Musée du Louvre, Paris.

Seite 73: Albert Anker: Stilleben mit Kaffee und Cognac, 1870/80. Öl auf Leinwand, 34,5 x 46,5 cm, Kunstmuseum Winterthur.

Seite 99: Jean-Etienne Liotard: Das Teetablett, 1781–83. Öl auf Leinwand, 37,5 x 51,4 cm, Los Angeles, The J. Paul Getty Museum.

Seite 119: Pieter Claesz: Austernfrühstück, 1633. Öl auf Holz, 37,8 x 53,2 cm, Staatliche Kunstsammlungen, Kassel.

Seite 141: Balthus: Stilleben, 1983. Öl auf Holz, 80 x 100 cm, Privatsammlung.

Seite 165: Luis Egidio Meléndez: Stilleben mit Früchten und Käse, 1771. Öl auf Leinwand, 40 x 62 cm, Museo Nacional del Prado, Madrid.

Seite 191: Francisco de Goya y Lucientes: Stilleben mit Flaschen, Obst und Brot, 1808–12, 45 x 63 cm, Sammlung Oskar Reinhart, Winterthur.

Seite 215: Henri-Horace Roland Delaporte: Der kleine Imbiß, 1787. Öl auf Leinwand, 37 x 46 cm, Musée du Louvre, Paris.

Seite 241: Paul Cézanne: Stilleben mit Zwiebeln und Flasche, 1895–1900. Öl auf Leinwand, 66 x 81 cm, Musée du Louvre, Paris.

Seite 263: Jan Jansz. van de Velde: Stilleben mit Bierglas, 1647. Öl auf Holz, 64 x 59 cm, Amsterdam Rijksmuseum.

Seite 299: Giorgio Morandi: Stilleben mit Tassen, 1953. Öl auf Leinwand, 36 x 40 cm, Rom, Sammlung Ingrao.

Seite 314: Michelangelo Merisi da Caravaggio: Früchtekorb, 1593. Öl auf Leinwand, 31 x 47 cm, Pinacoteca Ambrosiana, Mailand.

VORLESUNGEN ÜBER DIE ESSKUNST von Antonius Anthus ist im Dezember 2006 als zweihundertundvierundsechzigster Band der *Anderen Bibliothek* im Eichborn Verlag in Frankfurt am Main erschienen. Die Vorlesungen wurden erstmals 1838 unter dem Titel »Vorlesungen über Esskunst« veröffentlicht. Der hier vorliegende Text folgt der zweiten Ausgabe, die 1881 in Leipzig im Verlag von Otto Wigand erschien. Orthographie und Interpunktion wurden dem heutigen Gebrauch angeglichen.

Die Vignetten für dieses Buch hat Stephan Jon Tramèr gezeichnet. Alain Claude Sulzer hat die Neuausgabe herausgegeben und ein Nachwort verfaßt.

Das Lektorat lag in den Händen von Angelika Winnen.

DIESES BUCH wurde in der Korpus Janson Antiqua von Wilfried Schmidberger in Nördlingen gesetzt und bei der Fuldaer Verlagsanstalt auf 100 g/m² holz- und säurefreies mattgeglättetes Bücherpapier der Papierfabrik Schleipen gedruckt. Der Einband stammt von der Buchbinderei G. Lachenmaier, Reutlingen.

Ausstattung & Typographie von franz.greno@libero.it

1. bis 7. Tausend, Dezember 2006. Von diesem Band der *Anderen Bibliothek* gibt es eine handgebundene Lederausgabe mit den Nummern 1–999; die folgenden Exemplare der limitierten Erstausgabe werden ab 1001 numeriert.

Dieses Buch trägt die Nummer: 3359